中共中央党校（国家行政学院）
马克思主义理论研究丛书

身份政治的历史演进研究
——以社会批判理论为视角

RESEARCH ON THE HISTORICAL EVOLUTION
OF IDENTITY POLITICS
—From the Perspective of Social Critical Theory

张丽丝 ◎ 著

中国马克思主义研究基金会 资助

社会科学文献出版社
SOCIAL SCIENCES ACADEMIC PRESS (CHINA)

中共中央党校（国家行政学院）
马克思主义理论研究丛书
编委会

出版前言

马克思主义是我们立党立国的指导思想。马克思主义科学理论指导是我们党鲜明的政治品格和强大的政治优势。任何时候，我们都不能淡化这个政治品格，都不能丢掉这个政治优势；任何时候，我们都要彰显这个鲜明的政治品格，都要发挥这个强大的政治优势。

中共中央党校（国家行政学院）是党中央培训全国高中级领导干部和优秀中青年干部的学校，是研究宣传习近平新时代中国特色社会主义思想、推进党的思想理论建设的重要阵地，是党和国家哲学社会科学研究机构和中国特色新型高端智库，是党中央直属事业单位。在习近平总书记的亲自关怀下，全体教职工在校（院）委领导下正致力于将中共中央党校（国家行政学院）建设成为党内外公认的、具有相当国际影响力的中国共产党名副其实的最高学府，建设成为在党的思想理论建设特别是在研究宣传习近平新时代中国特色社会主义思想上不断开拓创新、走在前列的思想理论高地，建设成为人才荟萃、名师辈出、"马"字号和"党"字号学科乃至其他一些学科的学术水准在全国明显处于领先地位的社会科学学术殿堂，建设成为对党和国家重大问题研究和决策提供高质量咨询参考作用的国家知名高端智库。

中共中央党校（国家行政学院）马克思主义学院是党中央批准成立的。2015 年 12 月 11 日，习近平总书记在全国党校工作会议上强调："中央批准中央党校成立马克思主义学院，就是坚持党校姓

'马'姓'共'之举。"① 习近平总书记的重要讲话和中共中央党校（国家行政学院）"四个建成"目标的提出，为我们建设好马克思主义学院指明了方向。

为了展示中共中央党校（国家行政学院）马克思主义学院学者政治过硬、理论自觉、本领高强、作风优良、建功立业的学术风范和最新研究成果，学好用好习近平新时代中国特色社会主义思想，推动中共中央党校（国家行政学院）马克思主义学院建成一流的马克思主义教学基地、一流的马克思主义研究高地、一流的马克思主义思想阵地，努力在国内乃至国际上产生重要的政治影响力、学术影响力和社会影响力，我们编辑出版了"中共中央党校（国家行政学院）马克思主义理论研究丛书"。

第一批丛书献礼新中国成立70周年，共出版11册，包括《探求中国道路密码》《对外开放与中国经济发展》《国家治理现代化的唯物史观基础》《中国道路的哲学自觉》《历史唯物主义的"名"与"实"》《马克思主义中国化的理论逻辑》《发展：在人与自然之间》《马克思主义基本原理若干问题研究》《马克思人学的存在论阐释》《新时代中国特色新型城镇化道路》《比较视野下的中国道路》，社会科学文献出版社2019年出版。该丛书被中共中央宣传部推荐参加了庆祝新中国成立70周年大型成就展。

第二批丛书共12册，包括《马克思主义经典著作与当代中国》《马克思主义政治经济学与当代中国经济发展》《马克思早期思想文本分析——批判中的理论建构》《出场语境中的马克思话语》《当代资本主义新变化——金融化、积累危机与社会主义的未来》《当代马克思主义若干问题研究》《中国道路与中国话语》《历史唯物主义的返本开新》《新时代中国乡村振兴问题研究》《被遮蔽的马克思精神哲学》《论现代性与现代化》《青年马克思与施泰因：社会概念比较研究》，社会科学文献出版社2020年、2021年出版。

---

① 习近平：《在全国党校工作会议上的讲话》，人民出版社，2016，第8页。

马克思主义学院决定2022年继续组织出版第三批丛书。此批丛书共6册，包括《异化劳动与劳动过程：理论、历史与现实》《政党治理的逻辑——中国共产党治党的理论与实践研究》《身份政治的历史演进研究——以社会批判理论为视角》《西方马克思主义文化批判理论研究——"去经济学化"的视角》《马克思利润率趋向下降规律研究》《马克思恩格斯对黑格尔历史观的批判与超越》。

第一批、第二批丛书的顺利出版，得到了时任中共中央党校（国家行政学院）分管日常工作的副校（院）长何毅亭同志、李书磊同志和时任副校（院）长甄占民同志的大力支持。现在，第三批丛书将陆续出版，中共中央党校（国家行政学院）分管日常工作的副校（院）长谢春涛同志和副校（院）长李毅同志充分肯定本丛书的学术意义和社会价值，鼓励把它打造成享誉学界的品牌丛书。社会科学文献出版社社长王利民、该社政法传媒分社总编辑曹义恒及各册书的编辑也为丛书出版作出了重要贡献。在此一并感谢。

由于水平有限，错误之处在所难免，请读者批评指正。

丛书编委会
2022 年 8 月 26 日

目　录

第一章
为什么需要"身份政治"

在当代社会，我们每一个人都扮演着不同的角色，都具有一定的身份。在一定程度上，身份概念解构了传统理念对理性的推崇，满足了主体间性的关系表达。后现代社会的人们面临着严重的认同危机，迫切地需要回答"我是谁？"与"我们是谁？"这两个问题。这使身份政治成为当代社会的重要组成部分，它的存在具有必要性与重要意义。

第一节　身份与认同危机

现实生活中每个主体都需要一定的身份，身份建构着自我，同时又具有解构的意义。在后现代社会，身份概念满足了他者反压迫的政治诉求，身份政治运动是关系社会的现实需要。在全球化背景下，民族国家面临的认同危机同样凸显了身份政治的重要价值。

一　身份建构着自我

在哲学中，身份概念对应的是人的主体性概念，但是身份又不完全等同于主体。主体与身份的结合要求倡导主体，还要求主体与身份的完全黏合。"身份就好像是主体不得不采取的地位，尽管主体总是'知道着'（这里意识语言背叛了我们）它们是表现，'知道着'表现总是建构于'缺乏'上，建构于分割上，建构自'另一个'地方，因此永远不适于——等同于——投入表现中的主体过程。"① 个人主体身份的建构过程需要一个自我表达的过程。人们的语言似乎总是参与在个人的主体建构之中，这与自我表述能力有关。霍尔指出，身份包含两个过程："一方面是企图'质询'、责令或欢迎我们作为特殊语篇论述的社会主体的语篇论述和实践；另一方面是产生主观性的过程，建构我们认为能被'表达出来'的主体的过程。这样，身份就成为暂时附着在推论实践为我们建构的主体位置上。"② 论及意识形态与主体的关系之时，阿尔都塞援引了质询概念（Interpellation），个体成为公民需要询问诸如"你是谁"这样的问题。身份问题是人的主体化过程需要回答的首要问题，身份是主体必须具备的社会地位和角色，尽管主体一直只是"知道着"身份。

"身份"概念适应了时代的发展，满足了"他者"的政治诉求。解构主义一反传统理念对"逻各斯"的推崇，消解了现有的社会道德秩序与权威。解构主义从现代社会出发，否定了传统的权威与秩序。因此，现代社会需要一个新的理念与概念来重构混乱的秩序。"身份就是这样一个概念——在逆转和出现的间隔里起着'抹除过程之中'的作用。这是一个不能以旧方式思考的观念，但没有这个概念某些关键性的问题就完全不能被思考。"③ 身份概念不是逻各斯似的真理，而是既完成了对过去的抹杀，同时又建立了新的理解范式。在后现代社会，不同文化背景的人们之间的交往不可避免。因而，我者与他者的关系成为社会问题思考的角度，身份作为一个新的概念应运而生。身份是一个建立在对过去的扬弃基础之上的概念，它以一种新的方式、一种现代的方式来认识社会中不同角色之间的关系。当然，身份政治在满足他者的诉求上，并不只是简单地认定差

---

① 〔英〕斯图亚特·霍尔：《是谁需要"身份"》，载〔英〕斯图亚特·霍尔、保罗·杜盖伊编著《文化身份问题研究》，庞璃译，河南大学出版社，2010，第7页。
② 〔英〕斯图亚特·霍尔：《是谁需要"身份"》，载〔英〕斯图亚特·霍尔、保罗·杜盖伊编著《文化身份问题研究》，庞璃译，河南大学出版社，2010，第6~7页。
③ 〔英〕斯图亚特·霍尔：《是谁需要"身份"》，载〔英〕斯图亚特·霍尔、保罗·杜盖伊编著《文化身份问题研究》，庞璃译，河南大学出版社，2010，第2页。

异的合法性。因为，对于种族、性别、后殖民问题，身份政治并不是简单地肯定差异，而是支持对他者的承认。这些具体身份的承认诉求问题都亟须回答，事关诸多主体身份的建构过程。

身份概念是一个直接的概念，它可以不借助任何"中介"来解释社会实践。福柯指出，我们需要的不是一个具有忠实源头的概念，而是一个非中心化的、散发性实践的理论。"这个非中心化所需要的不是对'主体'的放弃或废除——正如福柯研究的演变所清晰地表示的——而是重新使其概念化，即换位到这个范式里的新的或非中心化的位置上来思考它。这看起来似乎是在企图重新表述主体和推论实践间的关系中，身份问题再次引发——或更确切地说，如果宁愿强调将发散性实践置于主观化的过程，并且所有这样的主观化看来似乎需要排斥政治，那么就再次引发——身份认同的问题。"① 现代社会的身份建构并非形成关于主体的理论，相反是需要形成新的范式。这种新的范式主张非中心化的主体建构，非中心化不是对主体的废弃，而是以一种"中介"的方式去建构意义。身份认同具有发散性，强调主体身份，却并非以自身为中心，也反对核心与权威身份。

身份政治运动是网络社会的现实需要。"我们的世界，我们的生活，正在被全球化和认同的对立趋势所塑造。信息技术革命和资本主义的重构，已经诱发了一种新的社会形式——网络社会……由于除了我们感受到的历史之外别无什么历史感，因此从分析的角度来说，社会运动也没有'好'与'坏'、进步与倒退之分。它们全都是'我们是谁'的征候，也都是我们的社会转型的路途，因为转型可能通往天堂，可能通往地狱，也可能通往天堂般的地狱。"② 我们所处的网络社会让人们迫切地追问自我"我们是谁"，对这个问题的回答直接影响着社会的转型道路。"我们是谁"直指身份认同，身份

① 〔英〕斯图亚特·霍尔：《是谁需要"身份"》，载〔英〕斯图亚特·霍尔、保罗·杜盖伊编著《文化身份问题研究》，庞璃译，河南大学出版社，2010，第2页。
② 〔美〕曼纽尔·卡斯特：《认同的力量》，曹荣湘译，社会科学文献出版社，2006，第1~3页。

政治运动是现代社会政治运动的新形式。现代人需要从心理层面获得意义，而身份认同则是基于心理层面慰藉人们的不确定感。处于流动性极强的社会，人们需要确定的身份归属感来实现个人意义的重构。

20 世纪 60 年代，各种诉诸身份认同的社会运动蓬勃兴起。随着现代化的推进，人们的生活发生了巨大变化，相应地观念也发生了深刻变迁，对个体身份的关注也逐渐增加。许多政治运动都与身份政治休戚相关，同一性与差异性的争论几乎可以涵盖所有身份关系的矛盾与冲突。比如，60 年代美国南部地区存在严重的种族歧视问题。"绿皮书"是指专门为黑人而著的旅行指南，美国诸多地方的旅馆、餐馆、商店甚至道路是严禁黑人出现的。不仅南方地区存在严重的种族隔离，甚至纽约市也存在对有色人种的偏见。事实上，自我歧视远远比种族歧视更为可怕。自我歧视是有色人种的认知迷茫，这实际上又是个人认同问题。可见，种族歧视之中还包含着个体的认同问题，与群体的身份认同迷茫掺杂在一起，难以分割。

二　全球化背景下民族国家面临的认同危机①

全球化背景之下，民族国家无法回避现代性。"现代性天生就能全球化。"② 各个民族国家皆会受此影响，并且在不同层面都会受到现代性的影响。现代性是一个复杂的概念，不同的学者已从不同的角度做过解读。吉登斯认为："全球化本质上是一种流动的现代性。现代性作为一种风险文化，使生活于其中的现代社会成员变得日益焦虑、恐惧、烦躁、缺乏信任与安全感。"③ 哈贝马斯主要从交往方面理解现代性，认为现代性一定程度上影响了个体之间的合理交往，个体之间需具有交往理性。马克斯·韦伯从工具理性与价值理性来理解现代性，认为在现代性的背景之下，当今世界是一个祛魅的时

---

① 本小节部分内容已发表，参见张丽丝《自由主义国家认同思想的发展脉络与当代困境》，《高校马克思主义理论研究》2019 年第 2 期。

② A. Giddens, *The Consequences of Modernity* (Cambridge: Polity Press, 1990), p.63.

③ 〔美〕安东尼·吉登斯：《现代性与自我认同：现代晚期的自我与社会》，赵旭东、方文译，生活·读书·新知三联书店，1998，第 247 页。

代。这两个方面皆会涉及个体自身认同与群体认同问题。

流动的现代性导致个体的分裂。在传统社会中，社会是稳定的，这源自个体之间稳定的联系，社会具有良好的秩序。然而，现代社会使人与人之间的关系疏远，对他人先验的承认不复存在。"我的认同部分地是由他人的承认构成的；同样，如果得不到他人的承认，或者只是得到他人扭曲的承认，也会对我们的认同构成显著的影响。"① 现代社会伴随着诸多不确定性，以往不变的事物被不确定性取代。在"祛魅"之后，人们怀疑一切，难以形成稳定的价值观，对许多事物的认知具有嬗变性。价值被工具理性所取代，一切事物皆可以计算，都能在程序层面得到解决，社会由冷冰冰的机器与理性的制度构成，人与人之间不再具有紧密的纽带，更不用说存在共同的纽带。社会被分离，一个个独立的个体组成毫无紧密性的非有机社会。个体自身也存在诸多分裂问题，个体在冷漠的社会关系之中，开始怀疑"我是谁"，对自我的目的进行思考。在相对不稳定的环境之下，个体之间相互孤立，而认同以稳定性与归属感为特征。这种不确定性恰巧引发认同危机。

在"祛魅时代"，国家的意义被弱化，内在的价值逐渐淡化。国家的存在完全是工具性的存在，最初城邦的内在"善"不复存在，个体对国家难以怀有崇敬之心，对国家的忠诚也不像之前一样深厚。现代社会，国家被认为是人为建造的政治产物，仅仅为了维持社会的正常秩序，是国家机器，不具有生命意义。在这一层面，个人与国家的关系不再具有神秘性，国家越来越具象化，由一系列的制度构成，国家意志也被理解为诸多不停变换政策的流动的利益取向。国家不再是一种价值存在，不再具有"善"的含义，其正当性存疑。因此在现代社会，个体对国家的忠诚度不再深刻，不再是先验的承认。即使产生某种群体，也会具有不断变化与持久性不足的特征，群体内部的凝聚力较弱，难以形成稳定、持续且深刻的政治文化。

---

① 〔加拿大〕查尔斯·泰勒：《承认的政治》，载汪晖主编《文化与公共性》，生活·读书·新知三联书店，1998，第290页。

"全球化仅仅是指更多的联系和破除疆域。"①"对于现代社会来说，这种疆域首先便是民族国家的疆域"②，全球化并不仅仅是指各种相同文化的融合，还催发了异质文化的显性化，民族运动、移民浪潮就是明显表现。想象共同体存在的前提是以共同的想象，即以同质性的文化来辨认共同体的身份认同。然而，并非所有的民族国家都具有同质性文化，抑或民族国家所具有的同质性文化并非能在全球化过程中保持持久。全球化过程中，民族国家面临着"去中心化"的挑战，民族国家的民族矛盾日益凸显，身份认同出现重大危机。在一定的意义上，到了全球化时代，似乎人的认同才成为一种问题，因为人们会从自然经济的熟人社会进入市场全球流通的契约社会，人们生活在一个差异和不断变化的环境中，不得不思考自己是谁以及自己属于什么群体的问题。③ 20 世纪 90 年代，随着苏联解体和冷战结束，世界矛盾出现了转移。长期性的民族政治冲突在全球范围，尤其是在非洲大陆和东南亚激增，其总数大约占到世界正在发生的民族冲突的 80%。④ 与此同时，大规模的移民潮作为全球化的结果之一，多数移民国家出现了移民的身份认同问题，如何对待原初身份认同与移民国家的认同问题成为焦点。

此外，政治冷漠与恐怖行为则是更细微层面的体现。在政治学理论中，有一个选举困境，即表现为越来越多的选民不参与选举过程。民主国家的选民对政治现象不敏感和对政治制度不了解，形成了一种现代性的冷漠型的政治文化。在有关政治价值的相关调查中，这种冷漠型的政治文化呈现为倾向于选择"不知道"或者是"一

---

① M. Waters, *Globalization* (London: Routledge, 1995), p. 136.

② 徐贲：《通往尊严的公共生活：全球正义和公民认同》，新星出版社，2009，第 9 页。

③ 韩震：《论国家认同、民族认同及文化认同——一种基于历史哲学的分析与思考》，《北京师范大学学报》（社会科学版）2010 年第 1 期。

④ Monty G. Marshall and Ted Robert Gurr, *Peace and Conflict 2003: A Global Survey of Armed Conflicts, Self-Determination Movements, and Democracy* (University of Maryland. Center for International Development and Conflict Management, 2003), pp. 12 - 17.

般"的比例愈来愈多。这种现象在很多地方都存在，显现为人们逐渐更加重视个体的生活变化，对共同体的命运感到无力也难以产生深厚的感情。选民越来越流于形式地参与政治活动，不愿对政治生活投入感情，更加关心个人的收入，难以形成政治价值感，更别说政治责任与政治使命感。因此，亨廷顿在 20 世纪末提出"我们是谁"的疑问。21 世纪初，出现了一些恐怖行为。部分恐怖行为与信仰和种族问题有关。在复杂的国际环境与国内环境下，因个别群体的认同在全球化时代难以为继，表达其诉求的方式也较为极端，人的生活空间逐渐全球化，但信仰并没有达到全球化的统一度，或者并不是所有的移民国家都能包容多元信仰格局。由此，少数群体的信仰缺少表达的空间，因而他们采取了极端的方式以求平等对待。由此可见，民族国家的身份认同问题逐渐被认为是政治学要解决的棘手问题。

很多国家的政府虽然都意识到认同危机所导致的严重后果，但大多都没有对认同的内容作统一的论述，甚至没有形成统一的认识。比如，亨廷顿明确提出了"我（们）是谁"，开始忧虑美国的国家认同问题。这一问题关涉国家认同，"我们是'我们'吗？我们是一种人，还是几种人？如果说我们确定是'我们'，那么'我们'和'他们'即每个人以外的人们区别何在呢？在于人种和民族属性、宗教、价值观、文化、财富、政治或别的什么吗？"① 同样，加拿大学者金里卡认为绝大多数国家的公民并非共享同一种语言，"这种多样性引发了一系列重大且潜在的招致分裂的问题。"② 由多元文化引发的认同的分裂与冲突已经成为很多国家问题的根源，"然而当下这些冲突并没有表现出缓和的迹象。"③

近年来，社会批判理论开始介入身份政治。自 20 世纪 60 年代开

---

① 〔美〕塞缪尔·亨廷顿：《我们是谁：美国国家特性面临的挑战》，程克雄译，新华出版社，2005，第 8 页。
② 〔加拿大〕威尔·金里卡：《多元文化公民权：一种有关少数族群权利的自由主义理论》，杨立峰译，上海译文出版社，2009，第 1 页。
③ 〔加拿大〕威尔·金里卡：《多元文化公民权：一种有关少数族群权利的自由主义理论》，杨立峰译，上海译文出版社，2009，第 2 页。

始，认同问题成为国内外学术研究的热点，其中不乏社会批判理论。在后现代社会，认同危机与资本主义社会的深层结构矛盾不无关系。社会批判理论旨在诊断资本主义社会现实，揭露并克服社会矛盾，最终实现人类美好生活的愿望。近 100 年来，社会批判为许多现实问题提出了具有重要意义的理论。对于身份政治，第三代社会批判理论学者霍耐特重提承认理论，实现了社会批判理论对身份政治的介入。逐渐地，第四代批判理论学者对承认理论与身份政治二者进行了反思，重新回到马克思主义，极具前瞻性与理论意义。对中国而言，"'身份认同'一直是近现代一百多年来所遭遇的一个严峻问题，在后殖民化、全球化愈演愈烈的今日世界，面临世纪大转轨的当代中国更是面临如何在国学/西学、传统/现代、东方/西方之间进行文化重建、身份重构的重大问题。"① 身份认同理论对当代我国社会所产生的影响不可忽视，站在马克思主义的立场上，以唯物主义辩证法和历史唯物主义的立场、观点和方法为前提，从社会批判理论出发，客观地、理性地评析身份政治，这无疑具有重要的理论价值与现实意义。

第二节　身份政治理论的核心议题

认同政治理论始于 20 世纪 50 年代，与自由主义民主政治的发展辅车相依。自 20 世纪中期以来，政治文化领域内的学者开始关注民族国家的民主机制危机。美国政治学家派伊将之称为"认同危机"②，亨廷顿认为现代化的认同带来了不同群体之间的冲突与矛盾③，因而阿尔蒙德在其比较政治学的体系中指出"身份认同意识"的重要性。④

① 罗如春：《后殖民身份认同话语研究》，中国社会科学出版社，2016，第 35 页。
② 〔美〕鲁恂·W. 派伊：《政治发展面面观》，任晓等译，天津人民出版社，2009。
③ 〔美〕塞缪尔·P. 亨廷顿：《变化社会中的政治秩序》，王冠华、刘为等译，生活·读书·新知三联书店，1989，第 30~36 页。
④ 〔美〕加布里埃尔·A. 阿尔蒙德、小 G. 宾厄姆·鲍威尔：《比较政治学——体系、过程和政策》，曹沛霖、郑世平、公婷、陈峰译，上海译文出版社，1987，第 35~40 页。

自此，"认同政治学在美国得到了充分的发展，像英国等自由民主主义国家也有了认同政治学兴起的趋势。"① 从身份政治理论的发展脉络来看，其核心议题有后殖民主义、女性主义与差异政治。

一　认同政治理论与三大议题②

西方学界对于认同（Identity，又译作身份）的关注始于心理学，继而哲学、政治学学科开始关注个体认同的形成。20 世纪中叶，各学派因认同危机开始关注身份政治，逐渐地形成了认同政治理论。

身份认同理论兴起于 20 世纪中晚期，经常与自由主义的公民理论、群体权利理论交织而呈现。认同政治学的代表人物来自多种学术派别，查尔斯·泰勒、艾丽斯·玛里恩·杨、威尔·金里卡、大卫·密尔、玛丽·C. 沃特斯、耶尔·塔米尔、安东尼·吉登斯、鲁恂·W. 派伊、塞缪尔·亨廷顿、艾瑞克·霍布斯鲍姆、阿尔塞克·霍耐特、詹姆斯·塔利、艾维格尔·埃森伯格等人皆对此有过相关论述。认同政治学的研究主要有三种路径：第一种是以查尔斯·泰勒为代表的社群主义者，主张承认构成认同，承认的前提是文化的平等；第二种是以金里卡为代表的自由平等主义者，主张个体自由与群体权利具有一致性，支持多元文化的共存；第三种是以艾丽斯·玛里恩·杨为代表的少数民族权利论者，主张差异性的公民身份，保障少数群体的特殊权益。③

身份政治主要集中在三种身份政治理论之中，即后殖民主义、女性主义与差异政治。后殖民主义最重要的议题是身份认同的问题，并且该议题必然会引出自我与他者的关系，赛义德、法侬、斯皮瓦克、巴巴、德里克等人是主要代表人物。后殖民主义对于身份政治

①　David L. Miller, *Citizenship and National Identity* (Cambridge: Polity Press, 2000), p. 128.

②　本小节部分内容已发表，参见张丽丝《自由主义国家认同思想的发展脉络与当代困境》，《高校马克思主义理论研究》2019 年第 2 期。

③　刘向东：《文化多元语境下的国家认同建构》，吉林大学，博士学位论文，2015，第 8～9 页。

的关注主要集中在对殖民主客体关系、认同现状与机制的研究，其中包含不同族裔的认同、普世文化与本土文化的正当性、殖民地的认同建构实践等问题。后殖民时代，反对"主奴"关系成为身份政治的导火索。后殖民主义理论主张二元对立的认同构建与身份叙事，主要代表人物有阿赫默德、小圣胡安等人。实际上，后殖民主义批判的是殖民主义的遗产，反对的是殖民者与被殖民者之间的二元对立的身份认同关系，即宗主国对殖民地居民的"文化殖民"。提到后殖民主义，不得不提以斯图亚特·霍尔、保罗·吉尔罗伊为代表的英国伯明翰学派，伯明翰学派聚焦于文化层面，文化即为人们的生活方式，揭示了现代社会人们的认同转型。霍尔的代表作有《文化认同与族裔离散》（1990）、《民族、认同与差异》（1991）、《本土与全球：全球化与民族性》（1992）等。他指出了全球化背景之下的文化认同问题，这引发了现代认同政治的新转向。① 例如，1993 年，吉尔罗伊在《黑色大西洋：现代性与双重意识》中论述后殖民时代，黑人流散于大西洋两岸，文化认同也漂泊于两重状态。②

　　女性主义从来就是关于身份的政治，性别身份平等是其核心主张。关于女性主义身份政治的研究，代表人物有西蒙娜·波伏娃、贝蒂·佛李丹、凯特·米利特、弗吉尼亚·伍尔夫、雅克·拉康、拉沃热·齐泽克等人。早期女性主义以捍卫女性平等的、普遍主义的身份为主要诉求，波伏娃、佛李丹等激进女性主义思想家主张从解放身体开始。例如，《第二性》被誉为是"女性圣经"，从社会历史与精神视角分析了女性所面临的地位与权利歧视。1970 年，美国激进主义女性主义者凯特·米利特所著《性政治》被誉为是女性主义的"里程碑"，从性别差异入手揭示了两性之间的权力关系，揭露了父权制对于女性的支配政治。20 世纪 90 年代以来，黑人女性主义

---

① S. Hall, "Cultural Identity and Diaspora", in J. Rutherfors ed., *Identity: Cummunity, Cuture, Difference* (London: Lawrence & Wishart, 1990).

② Paul Gilroy, *The Black Atlantic: Modernity and Double Consciousness* (Cambridge: Harvard University Press, 1993).

者柯林斯、印度裔美国学者莫汉蒂以及美国学者玛丽琳·J. 波克塞、南茜·弗雷泽等学者都对女性主义的身份政治转向进行过论述，指出女性寻求差异承认的政治诉求。近年来，虽然女性主义显然已不能完全涵盖性别身份政治，酷儿理论的发展开拓了性别政治与性政治的研究。虽然如此，女性身份政治仍然是性别身份政治的主要组成部分，也是身份政治的重要议题。

差异政治是西方学者面临身份政治所提出的区别于自由主义和社群主义的第三条道路。主要代表人物有艾丽斯·玛里恩·杨（Iris Marion Young），代表作有《正义与差异政治》（1990）、《包容与民主》（2000）、《正义的责任》（2013）。她对自由主义的普遍主义公民身份进行了批判，主张一种差别对待的公民身份。群体代表机制有利于缓解少数群体的边缘化程度，赋予少数群体特殊权利也是弥补弱势群体不平等地位的必要手段。在一定程度上，差异理论一改正义理论的传统哲学范式。南茜·弗雷泽区别了两种差异，一种是社会经济上的差异，需要消除；另一种是文化上的差异，需要承认。① 差异政治主要集中于多元文化主义之中，以其公民身份认同与少数群体权利为主，主要代表人物有加拿大学者查尔斯·泰勒、威尔·金里卡、盖尔斯敦等人。相关著作有查尔斯·泰勒的《自我的根源：现代认同的形成》《多元文化主义：检验承认的政治》《承认的政治》等；威尔·金里卡的《自由主义、社群与文化》《多元文化公民权：一种有关少数族群权利的自由主义理论》《少数的权利：民族主义、多元文化主义和公民》等；美国学者盖尔斯敦的《自由多元主义》；英国学者沃特森的《多元文化主义》等。文化多元主义多被认为是社群主义，关注的核心内容是保障少数族群的文化权，使其免受多数族群的侵犯。泰勒论证了对不同群体之间的差异给予平等的尊重与个体的平等同样重要，因而他提出"承认政治"来包容不同文化群体，针对自由主义对少数族群的忽视进行了严肃的

---

① Nancy Fraser, "Rethinking Recognition," *New Left Review* Vol. 3 (2000): 107 – 120.

批判。① 金里卡在继承泰勒的基础之上对多元文化主义进行了论证，个体选择由其所处社群的文化结构所决定，社会群体具有文化权利。② 金里卡将多元文化主义纳入自由主义框架内，指出尊重社群差异与其文化权是自由主义的应有之义。

近年来，从社会批判理论角度分析身份政治问题的研究并不多，且大多从跨学科的角度进行批判。对承认政治的研究始于20世纪90年代，如泰勒与古特曼的《多元文化主义与承认政治》（1992）、泰勒的《多元文化主义：承认政治的考察》（1994）、哈贝马斯的《民主体制中的承认斗争》（1994）等。2006年，以色列政治学教授耶夫塔克在其专著《一族统治：以色列/黎巴嫩土地与身份政治》中，以一种新的批判理论和比较框架来论述种族隔离、种族间争夺承认、民族主义与多元文化主义等，批判了犹太人与阿拉伯人之间的冲突。玛丽克·博伦指出女性主义认同政治从正义与承认政治到自由实践的特性。③ 其实，提出反思与批判身份政治的文章还不多，主要有柯如科斯《回归经验：女性主义政治中的主体性与认同》（2001）、艾尔科夫《身份政治的再审视》（2006）、阿列尔《我们的政治：当代批判理论中的权力、自主与性别》（2008）。美国女性主义者西克曼·苏珊在《超越身份政治：女性主义、认同与认同政治》（2000）中对身份政治本身进行了批评，指出应当将身份从政治领域内去除。再者，即使有从社会批判理论角度评析身份政治的研究，但也多是从跨学科的角度。的确，身份政治的研究不应仅仅停留在社会学与政治学的研究之中，应当从跨学科也即批判心理学的角度对身份政治进行研究。④ 有研究揭示了文学实践与批判理论对话在身份政治与

① Charles Taylor, "The Politics of Recognition" Multiculturalism, Amy Gutmann ed., Princeton: Princeton University Press, 1994.
② 〔加拿大〕威尔·金里卡：《自由主义、社群与文化》，应奇、葛水林译，上海译文出版社，2005，第157~158页。
③ Borren, Marieke, "Justice, the Politics of Recognition, and Identity Politics," *Hypatia*, 28 (1), 2012, pp. 197–214.
④ Dege M., "Identity Politics", in Teo T. (eds.), *Encyclopedia of Critical Psychology* (New York: Springer, 2014).

混杂性理论之间的作用。① 同时，《身份观念：黑人后殖民、女性主义混杂身份与文化整合》从教育学的角度论述社会批判理论与身份政治的关系。不仅如此，哈佛大学教育学院开设了课程《批判理论：认同、政治与实践》。可见，社会批判理论关于身份的政治近年来成为热点问题，但实际上还未从马克思主义基本原理出发，去更加彻底与全面地批判身份政治所揭示的社会问题与矛盾。

二 身份政治的观念史与事件史

国内关于身份政治的研究有两个特征，一是身份政治观念史与事件史研究不分家；二是学界从社会批判理论的角度切入身份政治的研究还较少，对承认理论的介绍性文章较多。

第一，近几年，关于身份政治的一般性研究在短时间内飞速增长，主要呈现为身份政治与其对西方民主政治的影响研究。2019 年 6 月，《当代美国评论》期刊发表了四篇关于身份政治的文章，涉及身份政治的概念发展脉络与其对当代西方社会的秩序与合法性冲击，文章有《身份政治、多元文化主义及其对美国秩序的冲突》《从现代认同到承认的政治——身份政治的一个思想溯源》《身份政治与当代西方民主的危机》《在契约与身份之间：身份政治及其出路》。《中国图书评论》期刊近些年也尤为关注身份政治问题，并且关注同样的议题，见《德勒兹，抑或拉康——身份政治的僵局与性差异的两条进路》（2018）、《身份政治与公民政治》（2017）、《哪种差异？如何认同？——启蒙的身份政治》《身份政治的陷阱与跨身份政治》（2011）、《身份政治、文明冲突与美国的分裂》（2010）。

对于身份政治的理论研究存在两个线索，一个是观念史，另一个是事件史，针对二者的研究难以割裂。首先，单纯针对身份政治观念史的研究并不多，并且研究深度与全面性皆有限。《身份政治的理论逻辑》（2018）一文对身份政治的理论起源进行主体形而上学的

---

① Douglas Hutchings, Kevin, "Notions of Identity: Hybridity vs. Cultural Consolidation in Some Black Post-Colonial and Women's Fiction", *English*, 1994.

解构，认为他者的斗争实践便是身份政治。"本质上，身份政治是一种文化政治与差异政治，并提出身份政治实质上成了资本逻辑的共谋。"①《身份政治与世界秩序的演变》（2019）一文从世界历史进程的角度梳理了身份政治的事件史，从冷战前后殖民主义身份政治到冷战后的多元文化主义，实现了从革命政治到表演政治的蜕变。《多民族国家共同体的建构与治理——身份政治的发展与影响》（2017）论述了身份政治对于多民族国家建构的主要意义，推进了多民族国家的现代化治理发展，同时也指出了身份政治对共同体建构的冲击与消极影响。

　　身份政治的事件史研究较为丰富，往往呈现为具体地区的身份政治研究。2009年，博士学位论文《主权和移民：从"旧约"到"新约"——以马来西亚华人身份政治为案例》从主权与移民两个维度上研究了20世纪50年代以来东南亚华人身份政治，指出主权与移民的关系是一种契约性的身份政治互构的过程。新移民时代，全球主义身份成为一种新的契约身份。2017年，《社会性别与身份政治：西方女性加入ISIS的原因》则关注女性身份政治，阐释性别政治对ISIS的影响，揭露了ISIS忽视女性获得认同诉求的主要矛盾。2019年，《特朗普时代美国身份政治的现状分析》一文介绍了2016年以来身份政治对于美国大选的影响，指出了身份政治所陷入的分裂社会的困境，共和党人对身份政治持反对态度。《身份政治与国家认同——经济全球化时代美国的困境及其应对》（2019）研究了21世纪以来美国面临的身份政治与国家认同的互斥困境，如何建构国家认同成为西方规避民粹主义的重要难题。《"去族群化"：大屠杀后卢旺达身份政治的重建》（2019）一文从群体记忆角度揭露了大屠杀历史对于卢旺达建构国族身份的深刻影响，然而卢旺达并没有摆脱身份政治带来的利益与资源配置分化的困境。此外，身份政治的本土化研究也不少，例如关于身份认同的研究有张静的《身份认同

---

① 汪越：《身份政治的理论逻辑》，《学术界》2018年第3期。

研究：观念、态度、理据》、钱超英的《身份概念与身份意识》、陈映芳的《"农民工"：制度安排与身份认同》、卢霞的《农村社区精英的身份认同——以"赶礼"的交往形式为例》、后小仙的《制度创新与政策选择——基于农民身份转换的视角分析》、乔丽荣的《石桥村纠纷中身份、认同与权利——一个人类学的个案考察》。这些研究基于当前中国的现状，反映出当前身份政治在中国本土化的研究成果和趋势。

身份政治不仅是民族国家内部的政治运动，同时也对民族国家之间的关系产生很大影响。《中国参与联合国维和的身份政治》（2012）一文从身份政治的建构意义出发，探讨了中国参与联合国维和所遇到的身份困境，指出中国要想在联合国维和中发挥更大作用，需要在身份认同层面和国家社会的共同体价值与规范层面保持一致。《冷战后的中国—东盟关系探析：身份政治的视角》（2014）从身份政治的视角分析了我国在外交中的身份定位，对于二者关系的建构具有意义。《澳大利亚对美联盟中的身份政治——历时性分析（1942～2016年）》（2016）从澳美联盟关系角度揭露澳大利亚历史文化与地理位置的认同矛盾，文化的西方性与地理的亚洲性催生了身份冲突。《身份政治驱使下的美国对外政策——以美国空袭叙利亚境内目标为例》（2015）直接表达了美国的对外政策往往是受身份政治的影响。《"脱欧"、身份政治与英国政党政治格局的未来走向》（2020）一文分析了英国"脱欧"实际上与英国社会深层结构的变化有关，它引起了阶级政治向身份政治的转变。

身份政治与民粹主义的关系也是近两年国内对于身份政治研究的重要问题。《民粹主义是一种身份政治吗?》（2019）一文分析了民粹主义与身份政治的相同的同质性与反抗性逻辑，而二者却在民主体制中彼此对立；但是，近年来身份政治有着与民粹主义耦合的趋势。《后现代主义身份政治的衰颓与新民粹主义的崛起》（2020）从时间史角度分析了20世纪70年代以来，身份政治的兴衰，敏锐地看到后现代主义身份政治的式微与新民粹主义的兴起。

身份政治的困境是当代身份政治研究的前沿问题。王蔧在《文化多元主义的身份政治困境》（2019）一文中论及身份政治的同质化与异质化之间的紧张关系，着重分析文化多元主义面临证成差异性正当性的问题，以及实质正义是否能持久、对差异的承认与价值共识的裂痕等困境问题。《身份政治：根源、挑战与未来》（2020）指出了身份政治源自对于本真性的自我预设，现代国家的政治认同有瓦解的风险，因而要"建构性的人民主权者作为一个基于特殊政治关系的共同体，也有望为经济正义意义上的承认诉求提供道德理由"①。《身份自由主义的困境》（2020）指出了美国自由主义面临的两个难题，即"民粹主义的外部病症"与"身份政治的内部病症"，公共自由主义有望平衡身份政治与公民政治。《政治正确、文化宽容与身份政治的限度何在》（2018）认识到美国社会的政治正确共识动摇的现实，指出身份政治存在分裂美国社会同一性的问题，因而对身份政治设置同一性的限度尤为必要。《身份的迷思——当代西方身份政治学的兴衰》（2018）指出身份政治有多元文化主义与正义式身份两种模式，然而身份政治在金融危机爆发之后难以从根本上批判资本主义，重回马克思主义是当代身份政治的必经之路。

可见，近年来，国内学界开始对身份政治进行集中关注，但是对身份政治的观念史关注还较少，多集中于对其事件史的研究。其实，国内对身份政治的研究始于也多分散为对后殖民主义、女性主义与差异政治的身份认同理论研究。

国内对于后殖民主义的研究较为丰富，集中于全球化过程中第三世界的认同、东方主义、中国化等方面。学者陶家俊对后殖民主义的研究较为系统，梳理了黑格尔、葛兰西、萨特、法侬、赛义德、斯皮瓦克、巴巴等人的思想观点，以主题、文化联合、人本主义为线索勾勒了后殖民主义思想认同的问题。② 华裔学者徐贲所著的

---

① 谭安奎：《身份政治：根源、挑战与未来》，《探索与争鸣》2020年第2期。
② 陶家俊：《思想认同的焦虑：旅行后殖民理论的对话与超越精神》，中国社会科学出版社，2008。

《走向后现代与后殖民》（1996）关注了第三世界的身份认同问题，揭示了现代化理论直接影响对后殖民主义理论的研究。徐贲认为，后殖民主义理论应当接纳它并将它扩展为社会实践领域，并实现由知识分子本土身份政治向公民身份政治的转型。陶东风在《全球化、文化认同与后殖民批评》（1998）一文中创新性地研究了全球化、身份认同与后殖民主义三者的关系。[①] 宋国诚、王岳川皆研究了后殖民理论的中国化问题[②]，并且赵稀方研究了后殖民主义在海峡两岸暨香港的不同状况。[③] 学者杨俊蕾从身份与话语权的角度研究了后殖民文本中的东方问题。[④] 李应志的《后殖民主义：人物与思想》（2015）与博士学位论文《解构的文化政治实践——斯皮瓦克后殖民文化批评研究》（2008）研究了后殖民主义的主要代表人物、理论、实践、属下关系与意识问题。当然，后殖民主义也关注女性主义的身份认同问题，这部分不是本书讨论的重点。贺玉高的博士学位论文专注于霍米·巴巴的后现代身份研究，以及巴巴后殖民主义的杂交性。[⑤] 2016 年，罗如春以话语为切入点研究了殖民者与受殖者的主体与他者关系，集中关注后殖民语境下的民族认同话语、知识分子身份认同话语、流散族裔认同话语。[⑥] 此外，针对具体的殖民历史的研究也不少。二战时期的种族灭绝历史是人类集体记忆不可磨灭的痕迹，当代西方社会还面临着后殖民主义的问题，例如，《"大屠杀后叙事"与美国后现代身份政治：论犹太大屠杀的美国化现象》（2009）论及美国社会的犹太人的身份认同问题。关于香港的身份认同研究多

---

① 陶东风：《全球化、文化认同与后殖民批评》，《马克思主义与现实》1998 年第 6 期。

② 宋国诚：《后殖民理论在中国——理论旅行及其中国化》，《中国大陆研究》2000 年第 10 期；王岳川：《后现代后殖民主义在中国》，首都师范大学出版社，2002。

③ 赵稀方：《一种主义，三种命运——后殖民主义在两岸三地的理论旅行》，《江苏社会科学》2004 年第 4 期。

④ 杨俊蕾：《后殖民文本中的东方问题：身份考察与话语权确立》，载余虹等主编《问题》，中央编译出版社，2003。

⑤ 贺玉高：《霍米·巴巴的杂交性身份理论研究》，中国社会科学出版社，2012。

⑥ 罗如春：《后殖民身份认同话语研究》，中国社会科学出版社，2016。

集中在教育层面，例如，《身份政治与去殖民化焦虑——对香港国际学校的一种解读》（2005）与《身份政治与民族国家认同焦虑——对香港国际学校的一种解读》（2005）。

　　国内对后殖民主义的身份政治的研究集中在对后殖民主义与身份政治的关系、后殖民主义学家霍米·巴巴认同思想的研究。实际上，国内的研究始于 2001 年的一份访谈，《关于文化研究的对话——约翰·罗访谈录》中探讨了后殖民主义批判与身份政治议题，探讨了"性别压迫、阶级压迫或少数种族压迫是同一性的意识形态的结果还是差异性的意识形态的结果"。① 巴巴的研究并不是一开始就聚焦于身份政治。博士学位论文《霍米·巴巴的后殖民理论研究》（2004）第六章文化定位聚焦于文化的差异性、同一性问题，其他章节对少数族群、民族认同、混杂性等认同的基本议题有所涉猎。博士学位论文《霍米·芭芭的杂交性理论与后现代身份观念》（2006）一文实际上看到了民族文化身份的衰落，并意识到了杂交性理论的兴起对身份概念的巨大影响。2019 年，常江与史凯迪指出，巴巴理论中文化错位、身份认同与归属感，实际上建构了一种赋权政治。②

　　对于后殖民主义身份政治的一般性介绍内容还相对分散，深度明显不够。2007 年，吴翔指出，后殖民主义国家的"特殊血统"身份实际上就是一种身份政治，他们的目的是从边缘走向主流话语中心。③ 2012 年，《身份政治与后殖民主义文论》一文才将身份政治称作是后殖民主义的核心议题，介绍了萨义德与巴巴的批判性、政治学的文化认同思想。相比较而言，邹威华对后殖民话语转型具有较为全面的视野，它揭示了后殖民语境实现了由"我们是谁"到

① 〔美〕约翰·罗、王逢振、谢少波：《关于文化研究的对话——约翰·罗访谈录》，《文艺研究》2001 年第 1 期。

② 常江、史凯迪：《霍米·巴巴：理论建构是一种赋权的政治——文化错位、流散与身份政治》，《新闻界》2019 年第 1 期。

③ 吴翔：《谁是这个叫卡希纳华的说书人——透视后殖民理论家的"身份政治"，或传播策略》，《艺术百家》2006 年第 6 期。

"我们会成为谁"的转变，实现了从族裔散居文化认同的转型。[①]

女性主义对于中国学界来说，是一个舶来品。《平等与发展》指出第三世界妇女运动对于女性主义研究的重要意义。[②] 在 20 世纪 80 年代，禹燕参照西方女权主义，对女性人类学进行了简单的介绍，描绘了女性在社会历史上受压抑的历史与相关思想。[③] 90 年代的《社会性别研究选译》介绍了社会性别研究的主要议题，特别关注女性主义、性别差异、性别平等等话题。[④] 2000 年后，相关研究不断丰富，学科建设也有了进一步发展。2002 年，北京大学举办了全国女性学学科建设研讨会。2003 年，"性·性别与社会转型"研讨会也推进了女性主义的本土化进程。《女权主义的划界、反思与超越》较为全面地介绍了女性主义的理论概观、世界影响与自我超越。2010 年，博士学位论文《从反再现到承认的政治——女性身份认同研究》梳理了女性主义从反再现的逻辑起点到承认政治的历史变迁，并指出承认对身份认同的超越，前者为后者提供了道德基础。也有从马克思主义的角度阐释女性解放的历史与发展，如《中国化马克思主义妇女观的伦理意蕴》（2010）、《社会性别视域下的妇女解放与发展》（2014）。学者张念从伦理学与文学角度探讨了性别差异以及性别歧视，代表作是《性别之伤与存在之痛》（2018）与《性差异：一种激情的伦理学》（2019）。

实际上，国内学界对女性主义身份政治的研究还比较少，还处于起步阶段。2006 年，《西方女性主义理论中的"身份/认同"》介绍了 20 世纪 60 年代以来，女性主义理论的同一性与差异性之间的张力。2007 年，吴新云在其著作《身份的疆界：当代美国黑人女权主义思想透视》中从身份认同的视角分析了黑人女权主义的思想与身份政治话语。2015 年，逐渐有学者开始发表专门研究女性与身份

---

① 邹威华：《后殖民语境中的文化表征——斯图亚特·霍尔的族裔散居文化认同理论透视》，《当代外国文学》2007 年第 3 期。

② 李小江等编《平等与发展》，生活·读书·新知三联书店，1997。

③ 禹燕：《女性人类学家》，东方出版社，1988。

④ 王政、杜芳琴主编《社会性别研究选译》，生活·读书·新知三联书店，1998。

政治的学术成果，例如，《性别与身份政治刍议》（2015）、硕士学位论文《社会性别与身份政治：西方女性加入 ISIS 的原因》（2017）。前者介绍了性别身份政治的语境、对女性主义的超越以及女性身份政治的超越。后者不当地把恐怖主义当作身份政治，提出值得肯定的是后者认为宗教塑造着女性的社会性别。2016 年，《女性主义与女性政治参与：从社会思潮到政治实践》介绍了女性主义从社会思潮到政治实践的转变，实际上参与政治实践便是身份政治的主要内容。2017 年，吴越菲指出女性主义社会工作伦理存在从身份政治到话语政治的当代转向①，但是很明显该文错误地将话语政治与身份政治二元化。2019 年，吴冠军在《德勒兹，抑或拉康——身份政治的僵局与性差异的两条进路》中，以近两年发生的"米兔"运动引入反思性别政治的道路，主张身份政治在一定程度上会使性别政治消退，因而倡导性别政治与身份政治划清界限。②

　　国内对于差异政治的研究集中在差异理论与多元文化主义。任平等人（2001）首次介绍了后现代政治哲学的差异政治向度，指出文化差异与差异政治难以分割，二者是政治学的新范式。2010 年，卞绍斌对差异政治进行了合法性溯源，指出差异政治是启蒙精神的当代阐释。《异质性哲学视野中的现代身份政治——以阿伦特和伯林对犹太复国主义的分歧为例》（2013）肯定了异质性哲学对于现代身份政治的重要意义，身份政治走出困境需要抛弃共同属性所带来的桎梏。2019 年，汪卫华站在新的历史时期重新审视了差异政治，介绍了其发展历程，并指出差异政治对于民主政治的重要价值，也批判简单地将群体性差异的存在归根于经济因素失之偏颇。早在 2009 年，刁瑷辉便介绍了协商民主领域内，差异政治与多元文化主义的价值分歧，即个人主义或社群主义之争。2015 年，王敏则完全将多

---

① 吴越菲：《从身份政治到话语政治：女性主义社会工作理论的当代转向及其影响》，《社会工作》2017 年第 6 期。

② 吴冠军：《德勒兹，抑或拉康——身份政治的僵局与性差异的两条进路》，《中国图书评论》2019 年第 8 期。

元文化主义等同于差异政治，《论差异政治与多元文明——简评帕依"多元政治文化分析"和亨廷顿"文明冲突论"》（2008）、《在平等与差异之间——自由主义与多元主义的论争》（2008）、《普遍平等与差异政治——自由主义与多元文化主义平等观之争》（2012）也同样持此态度。《当代多元文化主义的发展及其未来——兼论霍尔身份政治学的当代价值》（2017）介绍了多元文化主义的民族建构与新工党主义两种路径，虽然新工党主义宣布多元文化主义已死，但霍尔身份政治的多元思想仍然具有当代价值。陈良斌（2013）介绍了福柯的空间批判叙事的理论基石，即边缘空间，在边缘空间中他者处于被规训的处境，差异政治是突破被征服的依附关系的实现路径。2019 年，有学者谈到差异政治的本土化问题，指出从当今时代的特性解读差异政治尤为重要。此外，跨性别也是身份政治的核心议题，《寻找"中间地带"：同性恋者的"身份政治"》（2010）、《从性向政治到身份政治：酷儿理论的层进》（2014）、《红色酷儿理论：同性恋政治学的批判性反思》（2017）、《美国奥克塔维亚·巴特勒的跨性别身份政治研究》（2017）皆论述了该议题。《民族身份与多元文化论的政治》（2008）一文论及全球化多元文化语境下，民族身份与民主、资源配置、平等权利联系紧密。以上研究集中对比并探讨了多元主义与差异政治理论，一定程度上加强了国内的研究。

具体来说，国内对于差异政治的研究集中于差异理论研究。宋建丽（2007）介绍了正义论的差异性公民资格，这与罗尔斯等自由主义者所主张的普遍公民资格存在巨大区别。马晓燕认为差异政治的正义构想超越了自由主义的中立性理性与社群主义的共同体理想，指出三者不应分立，应当保持多边互动。① 这是因为，差异理论与自由主义并没有完全分裂，相反二者存在很大关系。夏瑛肯定了差异政治是在自由主义框架之内的观点，介绍了多元文化主义内涵的四种基本要素：第一，社会的基本形态具有异质性，差异普遍存在；

---

① 马晓燕：《差异政治：超越自由主义与社群主义正义之争——I. M. 杨的政治哲学研究》，《伦理学研究》2010 年第 1 期。

第二，在异质与多元社会，多数群体与边缘群体共存；第三，当前的社会制度由多数群体构建，出于主流群体的偏好与利益；第四，要扭转弱势群体的不利地位需要尊重其差异，并给予一定的特殊权利。① 从而，多元文化主义主张建构少数群体权利，尊重差异以避免少数群体被侵害的不利形势。在 2018 年，刘明则明确指出杨的差异理论是对协商民主的超越，"交往民主"因其尊重差异而升华了协商民主。同年，李松运用诠释学研究杨"差异式正义论"，将杨的差异政治思想理解为正义论的新意义。② 许小亮认为，《正义与差异政治》不是肯定了差异的正义，反而是提出了正义的他者，因为该书从根本上质疑了以"自我"为中心的正义理论。谭安奎与王进文在同一时间提出要对杨的差异政治持审慎态度，差异政治旨在消除边缘群体所受的压迫，在承认特殊性之上还应当存在团结政治与国家权力的正当化之维，这与《差异政治视域中的正义与团结》（2017）的观点一致。

第二，学界从社会批判理论的角度切入身份政治的研究还较少，对承认理论的介绍性文章较多。2004 年，凌海衡介绍了第三代法兰克福学派的批判转型，指出了第三代社会批判理论学者对承认的关注。③ 2008 年，李和佳与高兆明梳理了三代社会批判理论的范式转变，介绍了霍耐特承认理论的范式。④ 其实，自 2006 年学者王凤才就开始系统地介绍霍耐特承认理论，并将其与哈贝马斯交往理论、泰勒承认政治进行比较。第三代社会批判理论的核心议题是承认理论与分配政治的范式之争，国内学者对此也有所论述，汪行福、周穗明、朱菊生、袁久红、王凤才、胡大平、陈良斌、宋卓妍等人都对此做过介绍。而真正对于认同与承认的研究则比较少，且多从二

---

① 夏瑛：《差异政治、少数群体权利与多元文化主义》，《马克思主义与现实》2016 年第 1 期。
② 李松：《艾莉斯·M. 杨差异式正义论的诠释》，《价值论与伦理学研究》2018 年第 1 期。
③ 凌海衡：《走向承认斗争的批判理论——法兰克福学派第三代领导人阿克塞尔·霍内特理论解析》，《国外理论动态》2004 年第 5 期。
④ 李和佳、高兆明：《社会批判理论的范式演进：从福柯、哈贝马斯到霍耐特》，《哲学研究》2008 年第 5 期。

者关系的角度切入。曹卫东、龚培渝、秦慧源、刘红琳、张路杨、赵琼等人认为二者具有超越与被超越的关系，承认克服了认同的原子主义与分裂的问题。但是，相关论述仅限于对认同理论层面的探讨，对于身份政治本身的现实观照有限。因而，有关论述并未借鉴唯物史观的立场与观点，缺乏对身份政治的历史演进的梳理，因而结论还不够全面，缺乏有力的现实支撑。

可见，国内学界才开始对身份政治进行研究，主要是从事件史的角度研究西方身份政治，多分散为对后殖民主义、女性主义与差异政治的研究。但是，国内对身份政治的思想史研究还不充分，虽对其困境有所论述，但还不够彻底，因此还有发展的空间。并且，事件史的梳理较为分散，很少有研究对身份政治本身的历史演变进行梳理。

第三节 身份认同观念的实证调研

随着认同危机催生的社会矛盾的显性化，自 20 世纪 80 年代全球范围内的认同价值观念的调查也逐渐地被铺开。同时，90 年代国内也开启了国家认同的实证调查研究。

一 西方社会的价值观调查

近 40 年来，身份政治一直活跃在西方政治舞台上，常常引发许多价值争论。因而，自 20 世纪 80 年代开始，大规模的民调开始兴起。各国政府与国际组织开始组织大规模的认同调查，取样覆盖了大部分国家国民，主要调研人们的价值观及其变迁。

第一，自 20 世纪 80 年代开始，大规模的认同调查在全球范围内铺开。主要集中于以下三个调查：国际社会调查项目、欧洲"晴雨表"调查与世界价值观调查、亚洲民主动态调查。首先，国际社会调查项目始于 1985 年，其中 1995 年与 2003 年的调查主题是国家认同，目前有 40 多个国家参加该项目。琼斯和史密斯根据 1995 年国际社会调查项目——ISSP 对 23 个国家进行了调查，基于因子分析区分了国家认同的两个维度："客观的先赋性维度，即文化层面上的国家认同；公民的意志选择的维度，即政治身份层面的国家认同。"① 史密斯、吉姆根据 2003 年以国家自豪感为国家认同主要指标所得出的调查结果，将各国的国家认同进行排名，美国位居第一。②

其次，欧洲"晴雨表"主要调查欧洲国家的认同感。以美国政治学教授英格尔哈特（Ronald Inglehart）为代表，作为密歇根大学安娜堡分校"政治社会化"会议成员之一，1970～1990 年在欧共体社会开展了欧洲"晴雨表"调查。1990～1991 年，英格尔哈特将调查推广至全球，开启了"全球价值观调查"项目。1981～2017 年，一共进行了 7 次大范围的价值观调查，样本涉及 43 个国家的人口，覆盖全球 90% 的人口。除此之外，施瓦兹（Schwartz, S. H.）等学者通过对 70 多个国家的 200 多个大规模样本进行调查，验证了基于人类动机的基础价值观结构的普遍性，提出 10 种文化价值动机，如自我导向、刺激、享乐主义、成就等。③ 同时，基于近 30 年的数据收集，霍夫斯泰德（Hofstede）的调查范围涉及 70 多个国家的超过10 万的 IBM 公司职员，提出价值观是文化的核心，把价值观比作"头脑的软件"，全球化进程使得不同文化之间的距离变大。④ 卡里根据欧洲"晴雨表"的调查数据库得出：国家认同越高的人对于欧洲的认同就越低，国家认同阻碍着欧洲认同。⑤ 希特林、塞德斯也利用该数据库对欧洲各国的国家认同和欧洲认同进行了分析，自1991 年至 2000 年，除希腊之外，欧盟其他国家的欧洲认同感皆上

---

① Frank Jones and Philip Smith, "Diversity and Commonality in National Identities: An Exploration Analysis of Cross-National Patterns", *Journal of Sociology*, vol. 37, no. 1 (2001): 45 – 64.

② Tom W. Smith and Seokho Kim, "National Pride in Comparative Perspective: 1995/96 and 2003/04", *International Journal of Public Opinion Research*, vol. 18, no. 1 (2006): 129.

③ 张敏、邓希文：《基于动机的人类基础价值观理论研究——Schwartz 价值观理论和研究述评》，《宁波大学学报》（教育科学版）2012 年第 1 期。

④ 李文娟：《霍夫斯泰德文化维度与跨文化研究》，《社会科学》2009 年第 12 期。

⑤ Sean Carey, "Undivided Loyalties: Is National Identity an Obstacle to European Integration", *European Union Politics*, vol. 3, no. 4 (2002): 387 – 420.

升，国家认同感并未下降。但是，各国依然以国家认同为主，以欧洲认同为辅。① 而世界价值观调查始于 1980 年，并进行了很多关于国家认同的调查。诺瑞思根据 1981～2006 年的该调查数据对超国家认同进行了国别分析：多米尼加、哥伦比亚、巴西等国的超国家认同较高，而丹麦、爱尔兰、挪威、韩国等国较低。②

第二，不少国家也开启了区域性的身份认同实证研究。美国学者斯达纽斯等对美国和以色列的大学生的国家认同、民族认同进行了调查并得出结论：美国不同民族、种族的人可以在保持原有文化认同的基础上保持对国家的认同。③ 陈志明等人通过对马来西亚的族群研究，"揭示了在一个国家范畴内，不同的族群对国家认同有不同的憧憬，因此有必要将国家认同与族群性进行关联考虑"④。乌克兰学者克洛斯叶琳娜"对克里米亚地区的少数民族塔塔尔人和俄罗斯人进行了对比研究，发现国家认同可以削弱民族认同、族群认同，进而缓和族群之间的矛盾冲突"⑤。"在德国进行实证研究发现，盲目的民族主义和爱国主义具有排外性，但是国家认同则是一种开放性的国家认同情感"⑥。民族与人种所属文化层面的国家认同随着时间推移会减弱，文化层面的国家认同也会日渐模糊，政治层面的国

---

① Jack Citrin and John Sides, *More than Nationals：How Identity Choice Matters in the New Europe*, in Richard K. Herrmann, Thomas Risse and Marilynn Brewer, *Transnational Identities：Becoming European in the EU* (Lanham, Md：Rowman and Littlefield, 2004), p. 169.

② Pippa Norris, *Confidence in the United Nations：Cosmopolitan and Nationalistic Attitudes*, *World Conference Society*, *Politics, and Values：1981－2006*, 3－4 November 2006, in Istanbul.

③ Jim Sidanius, Seymour Feshbach, Shana Levin and Felicia Pratto, "The Interface between Ethnic and National Attachment：Ethinic Pluralism or Ethnic Dominance?", *Public Opinion Quarterly*, vol. 61 (1997)：103.

④ 陈志明、罗左毅：《族群认同与国家认同：以马来西亚为例（下）》，《广西民族学院学报（哲学社会科学版）》2002 年第 6 期。

⑤ Karina Korostelina, "The Impact of National Identity on Conflict Behavior：Comparative Analysis of Two Ethnic Minorities in Crimea", *International Journal of Comparative Sociology*, vol. 45, no. 3－4 (2004)：213－235.

⑥ Tom W. Smith and Seokho Kim, "National Pride in Comparative Perspective：1995/96 and 2003/04", *International Journal of Political Science*, vol. 51, no. 1 (2007)：75.

家认同却会越来越清晰。①川斯尤通过对美国的调查揭示国家认同感更强的人对其他民族的偏见更少，会从整个国家的出发去考虑国家政策的制定。②

综上，身份政治兴起于 20 世纪中期以来的民主政治与社会认同危机，西方政治学、哲学界的相关研究已经非常丰富。对身份政治的研究呈现三个主要视角，即差异政治、后殖民主义与女性主义。随着身份政治对西方世界的影响日渐深入，大规模的认同民调也在全球铺开。但是，对身份政治的历史梳理与真正反思研究有限，尤其站在马克思主义的立场与观点对身份政治的研究更是少之又少。

二 亚洲地区的认同观念实证研究

"亚洲民主动态调查"（Asian Barometer Survey，简称"ABS"）由台湾大学等机构主持，覆盖了东亚 13 个国家与地区政治价值观调查。"该调查覆盖了中国大陆、香港、台湾、日本、韩国、蒙古、新加坡、越南、泰国等 13 个国家和地区，旨在通过整合性的研究架构、标准化的调查程序对上述地区的现代化和民主化等问题进行比较研究。"③ 该调查内部涉及国家形象，一定程度上为国家认同研究提供了素材，目前国内对这个调查的关注点并不高。此外，埃尔金丝、塞德斯对 51 个国家进行研究发现：通过制度缓和民族、族群与国家认同的冲突是没有意义的。④

国内身份政治的实证研究多集中于对国家认同方面的实证研究，肇始于学者江宜桦 20 世纪 90 年代的研究。江宜桦将关于国家认同

---

① 〔美〕塞缪尔·亨廷顿：《我们是谁？——美国国家特性面临的挑战》，程克雄译，新华出版社，2005，第 30~38 页。

② John. E. Transue, "Identity Salience, Identity Acceptance, and Racial Attitudes Policy: American National Identity as a Uniting Force", *American Journal of Political Science*, vol. 51, no. 1 (2007): 78-95.

③ 王衡：《国家认同、民主观念与政治信任——基于香港的实证研究》，《经济社会体制比较》2015 年第 3 期。

④ Zachary Elkins and John Sides. Can Institutions Build Unity in Multiethnic in Multiethnic States. American Political Science Review, vol. 101, no. 4 (2007): 693-708.

问题研究归结为民族主义、自由主义与激进主义三种思路。① 之后，关于国家认同的个案实证研究开始兴起，有关具体身份的个案，例如，大学生、少数民族的国家认同；也有关于具体区域的个案，比如某地区、某高校等。

　　总体上，西方对身份政治关注较早，理论研究分为三个主要议题，即后殖民主义、女性主义与差异政治，实证研究具有范围广与时间长等特点。国内学者对身份政治的研究虽然起步较晚，但近几年的理论研究成果具有急剧增长的趋势，呈现观念史与事件史研究不分家的特征。国内身份认同的实证研究起步于 20 世纪 90 年代，近十年来实证研究不断增多，尤其是个案研究。但是，可以看出，国内针对身份政治的研究还处于介绍国外研究成果的阶段，深度与广度还有很大的发展空间，因而对此问题的研究有其必要性。而且，对身份政治的历史梳理与反思皆有限，并未综合观念史与事件史从社会批判的视角对认同理论与身份政治进行超越。

　　本书以身份政治作为研究对象，以社会批判理论为视角，全面梳理了身份政治的观念史，概括了身份政治事件史反映出的趋势。其内容涉及身份政治的发展历程、当代社会身份政治的三种主要议题，站在社会批判理论的角度对身份政治进行考量，同时力图回到马克思主义，系统地加强对身份政治的研究。

　　因而，本书试图回答以下几个问题：第一，身份政治何以如此重要？第二，为什么从社会批判理论的视角研究身份政治？第三，身份政治的思想史发端与其兴起渊源是什么？第四，当代社会身份政治理论与运动的主要议题所呈现出的立场与观点是什么？第五，身份政治的前景是什么？基于以上问题，本书分为五个部分。

　　第一部分，阐明问题意识，揭示"身份为何如此重要"以及当代社会的认同危机。总体梳理国内外理论界对身份政治的研究现状，介绍本书的研究框架与思路。

_____

① 江宜桦：《自由主义、民族主义与国家认同》，（台北）杨智文化事业股份有限公司，1998，第 12 页。

第二部分，主要围绕身份政治的含义与社会批判理论对身份政治的介入进行研究。通过对身份政治的含义、特征的分析，为后面研究其发展过程与主要运动形式提供理论前提。通过探讨社会批判理论对资本主义批判的根本目的，并提出第三代社会批判理论对身份政治的介入，揭示从社会批判理论视角研究身份政治的重要理论意义与方法论意义。

第三部分，从观念史与事件史角度梳理身份政治的发展过程。20 世纪 60 年代以来，身份政治运动的催生不但与当代社会经济发展和深层结构有关，实际上根源于古希腊时期柏拉图与亚里士多德的同一性与差异性之争。近代以来，洛克、卢梭、费希特与黑格尔等人对同一性与承认的研究也是身份政治重要的思想渊源。这为当代社会的三种身份政治议题的研究提供了理论支撑。

第四部分，分为三章，主要分析当代身份政治的三大关键议题，即差异政治的身份政治、女性主义的身份政治与后殖民主义的身份政治。本部分的逻辑起点是从三种主要身份政治的观念史与事件史梳理开始，总结三种身份政治的基本观点，最后基于社会批判理论与马克思主义理论进行评析。

第五部分，主要是对身份政治进行有针对性的评述，并尝试提出身份政治的理论前景与发展方向。通过对身份政治限度的研究，以此为基础站在社会批判理论的角度从身份政治反映出的当今社会问题入手并进行批判性解读，以期全面客观地对身份政治理论进行评价。此外，对身份政治理论继续进行深化研究，尝试从马克思主义的高度去客观、全面地解决相关现实问题，最后指出身份政治理论超越的未来发展之路。

第二章

身份政治的基本内涵与社会
批判理论的介入

"认同"（Identity，又译身份、同一性）是一个人们耳熟能详的术语，"身份政治"（Identity Politics）也是为人们所熟悉的话语表述。"认同"与"身份政治"是两个相辅相成的概念，前者构成后者，后者是前者的政治化。随着身份认同的政治化进程的推进，当代西方民主政治体制受到巨大的冲击，使资本主义内部矛盾焦点化。第三代社会批判理论学者深化承认理论，以此来介入身份政治的讨论之中。

第一节　认同与身份政治

认同与身份政治有着不可分割的关系。对现代认同的探索可以回归到对自我根源的追问，认同的形成最终落在自我表达之上。身份政治则是指身份关系的政治化，并由此演化出身份政治话语，逐渐形成一种群体抗争的政治形式与运动。身份政治的产生与现代社会中人们的认同危机有关，这建构了身份政治的含义，它是由身份认同主张所主导的政治运动。

一　认同及其形成

Identity 被译为认同、身份与同一性，三者具有不同的侧重点。

认同落脚到现代社会中个体的自我认知与评价；身份则强调关系，注重主体间的互动活动；而同一性则完全关注相同点，这是相对于差异性而言的。就认同本身而言，它具有归属性与同意两层含义，认同的形成回归于对自我根源的追问，最终落在个体的自我意识的认知与表达之上。

（一）认同的含义①

认同的含义复杂，在不同的语境之中有不同的含义。Identity 源自拉丁文的 Idem，于 1545 年首次被使用。在韦氏词典中该词有四种基本含义，分别为：第一，不同物体之间的相同点或者同一物体内部的相同组成部分；第二，心理学强调个体之明显属性或者人格；第三，与已被描述过或已存的事物一样的情况，可理解为一种归属；第四，各种满足于多元价值的等价物，可译为承认与同意。② 因而，从认同含有的同一性、承认、归属等意思来看，归结起来，认同具有两层含义，一是外在的统一性、一致性与连贯性；二是内在的某种同意、认可、承认与赞同之意。同一性是相对于差异性而言的，洛克曾对此有过论述："我们如果把一种事物在某个时间和地点存在的情形，与它在另一个时地的存在情形加以比较，就形成同一性和差异性观念。"③ 承认与归属这一层含义是指个体与群体之间的关系，是对个体内部中相同部分的发觉，是个体性的发觉；而对同类事物的认知，则是群体性的表现。

认同已被多种学科所研究和使用。最初，认同被心理学深入研究。弗洛伊德首先将人格区分为本我、自我与超我。本我是指人最本能的思想，比如饥饿；而自我是逐渐从本我区分出来的心理，如自我的觉醒；超我则是指人格之中受规范影响的部分，比如追求完

① 本部分发表于张丽丝《自由主义国家认同思想的发展脉络与当代困境》，《高校马克思主义理论研究》2019 年第 2 期。

② "Identity." Merriam-Webster. com. Merriam-Webster, n. d. Web. 载于 https://www.merriam-webster. com/dictionary/identity，最后访问时间为 2022 年 9 月 1 日。

③ 江宜桦：《自由主义、民族主义与国家认同》，台湾杨智文化事业股份有限公司，1998，第 8 页。

美的生活。三者构成了个体完整的人格，而人格本身构成个体认同。埃里克森认为自我认同是个人发展的一个重要阶段，自我同一性产生于青年在与他人接触过程中对自身评价的统一性。① 然而，当代美国学者阿皮亚认为认同的概念受到"心理整体性概念的损害"，因而"认同危机""找到你自己"等词语被赋予了很多心理学意义。②

继认同的研究在心理学领域发端之后，认同在哲学界开始引起关注。首先，泰勒对自我性与道德进行分析，"我想探究我将称之为'现代认同'的各个侧面。给出它所意味的东西一个适宜的最初的近似表达，就是要去追溯我们有关说明是人类主体性、人格或自我的现代概念的各个组成部分，然而，进行这种探索很快就表明，不对我们的'善的印象是如何来的'这个问题有某种更深入的理解，我们就不能对这种认同有真正清楚的把握。自我性和善，或换言之自我性和道德，原来是难解难分地纠缠在一起的主题"。③ 现如今，对认同的研究非常多，比如族群认同、民族认同、文化认同、国家认同、政治认同、公民认同、社会认同、性别认同等。这些方面远远超出了心理学和哲学的研究领域，并涉及政治学和社会学的研究领域。

关于认同，除了上述因学科划分而存在研究视野上的差异以外，还因为整体类别上的区分而存在差异。从类别上看，认同可划分为自我认同与集体认同。自我认同是个体对自我的认可，是个体性的认同，而集体认同则是对个人所生存的群体的认同，是个人对归属于某一社会群体的认知，包括国家认同、社会认同、族群认同等。但这二者对个体实存而言，需要统一。只有二者达到高度统一，个体与社会才能达到和谐一致。

---

① 〔美〕埃里克·H. 埃里克森：《同一性：青少年与危机》，孙名之译，浙江教育出版社，1998，第 35 页。

② 〔美〕夸梅·安东尼·阿皮亚：《认同伦理学》，张容南译，译林出版社，2013，第 9 页。

③ 〔加拿大〕查尔斯·泰勒：《自我的根源：现代认同的形成》，韩震等译，译林出版社，2012，第 1 页。

（二）认同的形成

对现代认同的探索可以回归到对自我根源的追问。加拿大哲学家泰勒对现代认同的探索回归到对自我根源进行了研究，英国社会学家霍尔则进一步指出对自我构成的分析对理论彻底性的重要性。"在这个世界上存在有作为实体的自我的生产，有自我构成的实践，有认知和反映，有与规则的联系，伴随着对标准化调节的细心注意，还有规则的约束，若没有约束则没有'主观化过程'的产生……主体的解中心化不是主体的毁灭，还因为推论实践的中心化如果没有主体的构成就无法运作，所以如果没有主体的构成理论工作就不能彻底完成，如果不用主体的自我构成的实践的解释对推论的和规训的调节的阐述做补充，理论工作就不能被彻底完成。"① 如果不对主体的自我构成进行解释，理论就不是彻底的。的确，主体是如何建构的问题，在许多哲学家的理论体系之中皆是核心议题。在认同理论中，论述主体建构问题也是核心内容。

认同最终指向人的意义。在韦伯提出"祛魅"的概念后，信仰丧失了它的权威地位；在尼采高呼"上帝死了"之后，人类的意义更是丧失殆尽。因而，认同便是关于人类的意义是什么的重新追问。泰勒从"自我性"与"善"中探索自我的根源，而"自我性"与"善"都指向个体的意义。"善"是一般意义上的意义，"自我性"则指向个体的意义。"一般来说，人们可以从最普遍意义上的所谓道德思维中挑选出三个轴心。正像前边所提到的两种——我们对他人的尊重和责任感，以及我们对怎样过完满生活的理解——一样，这里也存在关于尊严的一系列概念，我用这个概念系统意指，依据它我们认为自己应要求得到（或要求不到）我们周围那些人的尊重。"② 人的意义具有三个层次，其一，我们对于他人的尊重；其

---

① 〔英〕斯图亚特·霍尔：《是谁需要"身份"》，载〔英〕斯图亚特·霍尔、保罗·杜盖伊编著《文化身份问题研究》，庞璃译，河南大学出版社，2010，第15页。
② 〔加拿大〕查尔斯·泰勒：《自我的根源：现代认同的形成》，韩震等译，译林出版社，2012，第24页。

二，我们对于人应当如何生活的观点与态度；其三，他人对自我的尊重。这里的尊重蕴含着我者与他者之间的良好关系。尊重是主动的行为，不是在违反他人权利的意义上而言的，它的含义是人发自内心的好感与认同。

自我意义需要不断探索，人终其一生都在对意义进行探索。关于人们对人生意义的探索是"可以把自己的生活与之相关联的精神根源；但是他们知道自己的不确定性，知道他们离能够以绝对的信心认清确定的形式还相去甚远。在他们的信念中总有某种试验性的东西，他们可能把自己看成某种意义上的探索者，用阿拉斯岱尔·麦金太尔恰当的话来说，他们是在'探索'"①。这就是泰勒所言的关于意义询问的现实语境。的确，人生的意义需要一生的时间去探索。关于存在，萨特举了一个关于裁纸刀的例子：从表面上看，裁纸刀可以是一个人制造出来的物品，它来到这个世界是为了实现先于它存在的一个概念。非常简单的物品，如剃刀，是这个道理，复杂得多的东西，比如互联网也成立，也是这个道理。基督教信徒信奉创造者的存在，上帝按照他的想法创造了信徒，信徒的存在去配合这个创造，那么信徒就如同那个剃刀。实际上，人的概念是不存在的，直到我们创造了这个概念它才存在。因此，存在主义者反对一切人性论的说法，不管它是宗教性质的还是世俗的论断。萨特认为："人始终处在自身之外，人靠把自己投出并消失在自身之外而使人存在；另一方面，人是靠追求超越的目的才得以存在的。"② 人始终要追寻意义，不断超越才能成为真正的存在。因此，在这个意义上，认同不是固定的，它具有很大的变化性。

对自我根源的追问最终落到对自我的叙述，意义依赖于人们的表达。"意义的出现也来自我们在多大程度上意识到探究与表达有

---

① 〔加拿大〕查尔斯·泰勒：《自我的根源：现代认同的形成》，韩震等译，译林出版社，2012，第24页。

② 〔法〕让－保罗·萨特：《存在主义是一种人道主义》，周煦良、汤永宽译，上海译文出版社，2012，第31页。

关，我们是靠表达而发现生活意义的。而现代人已敏锐地了解到我们的意义多么依赖于我们自己的表达力。在这里，发现既依赖于创新，也与之相交织。发现生活意义依赖于构造适当的富有意义的表达。"① 意义在不同的语境之中具有不同的含义，缺少有目的的生活便缺少人生的意义。语言对于人生意义而言具有重要价值，表达的形式直接影响着现代人的意义获取。例如，政治表达在民主政治中的选民参政议政过程之中占据重要地位，协商的形式对于民主的实现影响很大。

二　身份关系的政治化

顾名思义，身份政治是指身份的政治化，并由此演化出身份政治话语，逐渐形成一种群体抗争的政治形式与运动。身份政治包含由社会共同体成员的族群、宗教、性别、性取向、文化、肤色等身份认同所引发的政治思想、话语与运动，同时也包括政治系统对身份政治所作出的反应。

身份政治的核心概念是身份，而身份代表着一种关系。"身份有四个组成部分：1. 一个将我与你或将我们与他们分隔开来的边界。2. 一组边界内的关系。3. 一组跨（across）边界的关系。4. 一组有关那个边界与那些关系的故事……当政府成为当事方的时候，身份就成为政治身份……身份主张和它们伴随的故事构成严肃的政治事务。"② 身份的第一层含义是我者与他者之间的边界；第二层含义是一个身份群体内部的关系；第三层含义是不同身份群体之间的边界关系；第四层含义是指边界与诸多关系的故事。身份包含着主体与他者的关系，而且关系必然包含着边界。不同的身份主体之间具有边界，具有不同主张。当政府参与诸多身份主张之时，身份诉求便

---

① 〔加拿大〕查尔斯·泰勒：《自我的根源：现代认同的形成》，韩震等译，译林出版社，2012，第28～29页。

② 〔美〕查尔斯·蒂利：《身份、边界与社会联系》，谢岳译，上海人民出版社，2008，第221～222页。

成为政治运动的主张。所有人都是生活在故事叙述的社会背景之中，当不同身份产生一定的互动关系，新的故事便会产生，身份主张与这些故事便构成了身份政治。

身份政治不具有公认的定义，"应当指出，身份政治并不是一个非常严格、准确的概念，或者说，它并没有明确的、公认的意涵。相反，它宽泛的意涵是指那些强调将某些群体身份引入政治或者政治化的行动或者做法"①。在一定程度上，身份政治包罗万象，因为诸多政治运动都可以纳入其中，比如黑人运动、同性恋运动、原住民运动、女性主义运动、宗教运动、移民运动等。与一般的民权运动不同，身份政治强调个体与群体都必须尊重其他任何个体或群体的独特性，不论主流群体与边缘群体都需要尊重其他族群的特殊性。尊重个体与群体的差异性并不是要求边缘群体融入主流群体，边缘人群具有保留其特殊性的权利。

在广义上，身份政治是由身份认同主张所主导的政治运动。"'身份政治'（Identity Politics）一词，是指因一种政见而使一个人与另一个人基于一定的特征，如种族、性别、宗教和性取向等因素而共同成为某团体的成员。根据身份政治的逻辑，如果认为处于劣势群体和被害人的地位是高屋建瓴的策略，一个团体中受害人越多，该团体的精神主张在广大社会中就越强。"② 与认同不同，身份政治与政治联系密切。认同内容繁杂，主要呈现为个体的自我认同，关涉自我与他者的关系。而政治运动则离政治更近，不同主体根据不同的身份认同提出自身的身份主张，并参与到政治事务之中。不过需要指出的是，身份政治支持人们表达身份主张的权利，但是这并不意味着纵容犯罪。"几乎没有必要说明我们与仇恨犯罪法律的拥护者们共同拥有宽容社会的目标，在这个社会中，判断人

---

① 王建勋：《身份政治、多元文化主义及其对美国秩序的冲击》，《当代美国评论》2019 年第 3 期。
② 〔美〕詹姆斯·B. 雅各布、〔美〕吉姆伯利·波特：《仇恨犯罪——刑法与身份政治》，王秀梅译，北京大学出版社，2010，第 4 页。

物的根据是'他们的个性内涵'。而不是根据他们的种族、宗教、性取向或者性别。"① 身份政治主张承认人们的个性，主张宽容个体的认同，但这并不代表种族、宗教信仰、性取向、性别、文化认同是个体意义的核心标准。因而，身份政治的逻辑是基于对差异的宽容，对弱势群体的承认，要求政府对各主体维持其认同进行赋权。

身份政治的产生与现代社会中人们的认同危机有关，这建构了身份政治的含义。身份政治的兴起与人们面临的身份选择有关，共同体中的个体需要在主流文化与边缘文化之间进行身份认同选择。并且，在现代社会之中，人们面临着巨大的不确定性，巨大的疏离感与漂泊感使人们面临着不可估量的精神折磨。后现代社会之中，人们既怀有对生活的期待，同时心中又充满了忧虑。很显然，人们处于一种焦虑状态之中，这种焦虑一方面会使得人们缺乏安全感与归属感，另一方面极有可能使人类社会面临着挑战。

第二节　身份认同的特征

身份认同本意是追问"我是谁"以及"我们是谁"，人们对这一问题的回答具有一定的偶然性，并非永恒不变，这直接决定了其流动性特征。身份认同的追问需要人们具有反思的能力，认同的达成需要自我反思。并且，身份认同建立在共同的心理基础之上，这种同一性建构着权力关系。

一　共享的心理基础

身份认同建立在共享的基础之上。"身份认同建立在共同的起源或共享的特点的认知基础之上，这些起源和特点是与一个人或团体，

---

① 〔美〕詹姆斯·B. 雅各布、〔美〕吉姆伯利·波特：《仇恨犯罪——刑法与身份政治》，王秀梅译，北京大学出版社，2010，第 177~178 页。

或一个理念，和建立在这个基础之上的自然的圈子共同具有或共享的。"① 从心理学上来看，认同是一种情感纽带。作为纽带，认同联系着两方。这意味着，认同至少牵涉着两个人，两方共同享有一致的认同。作为群体的构成部分，不同的个体需要共享资源与情感基础才能共存。当然，认同的建构不是依靠外部，而是建立在内部的认可与情感依据之上。身份作为一种成员资格，其内涵必然包括在不同成员之中进行协同共享的含义。只有每一个成员共同地接纳共同体的历史、文化、制度，对共同体具有忠诚与热爱之情，才能形成较为稳定的认同基础。各成员对于共同体的共同情感能够凝聚共同体的力量，共享是建构认同的心理基础与现实基础。

认同本身就包含了同一对于差异的超越。"身份认同的条件性和偶然性表明，真正的、共同的身份认同的无差别性是不可能的，也许是一个神话。但无论怎样，身份认同是在寻求赋予每个集体或共同体最低限度的同质性内涵，在这个意义上，个人追求身份认同具有重要意义。"② 认同内涵同一性的含义表明，身份认同的建构来自集体记忆的唤醒。身份是通过差异来自证的，但是认同的达成与建构需要赞成、同意与承认。公民对于共同体的认同意味着在接受差异的基础上赞同、接受共同体的政策与制度，并忠诚于共同体。共同的群体记忆是群体认同实现的重要途径，这建立在共同体的群体想象和共同的历史传统之中。身份的建构借助于故事叙述和人们的想象，而故事的叙述往往与一些符号的建立有关，符号的象征意义往往建构在人们的想象之中。

共同体对于身份政治而言意义重大，与此同时，身份认同蕴含了共同体的意义。"先验自我统觉产生的认同保证了自我认同的确定性，通过自我认同才能确定个人认同，因为在个体认同过程中，个

---

① 〔英〕斯图亚特·霍尔：《是谁需要"身份"》，载〔英〕斯图亚特·霍尔、保罗·杜盖伊编《文化身份问题研究》，庞璃译，河南大学出版社，2010，第3页。

② 马俊峰：《马克思社会共同体与公民身份认同研究》，中国社会科学出版社，2019，第93～94页。

体自身是通过共同体文化形塑起来的，他者使得个人产生，个人通过参与共同体的文化活动，在与他者的游戏与话语交往之中实现身份认同，个人之所以能够与他人交流，形成共识的文化，其根本源于交往性主体间存在，使得个人与他者对共在世界具有'通感'，获得相同的判断，达成共同谅解。"① 身份的建构往往与特殊的历史环境有关，与人的确定性相关，这与共同体的文化的统摄功能有关。文化具有达成共识的可能性，人与人之间的交流有利于达成共识，这从根本上来说与我者与他者的关系有关。身份认同包含了我者与他者的关系，"个体对共同体的认同隐含着主体身份问题，如果说作为共同体的他者，也就是，远离共同体，不是共同体的成员，那么，这个'他者'就无法成为共同体文化的建构者，也不能享有共同体赋予成员的人格和尊严，以及相应的政治权利和义务"。② 我者与他者共同享有共同体所提供的福利，二者都具有主体的尊严，这是共同体认同的基本要求。

二　身份认同的流动性

身份认同不是一成不变的，具有其偶然性。身份政治的散发性直接决定了其流动性特征。"身份认同最终还是有条件的，有偶然性的。身份认同一旦获得，就不会湮没差异。它所提出的完全的融合实际上是幻想。那么，身份认同就是一个清晰表达的过程，一个缝合的过程，而不是归类。总是要么太多，要么太少，要么过分确定，要么欠缺表达，但从未达到一个严格意义上的和完全意义上的合适。像所有重要的实践一样，身份认同是'运动的'、'异延的'。它遵从'从多不从少'的逻辑体系。"③ 人需要达到心理与身体、自我与

---

① 马俊峰：《马克思社会共同体与公民身份认同研究》，中国社会科学出版社，2019，第94页。

② 马俊峰：《马克思社会共同体与公民身份认同研究》，中国社会科学出版社，2019，第93页。

③ 〔英〕斯图亚特·霍尔：《是谁需要"身份"》，载〔英〕斯图亚特·霍尔、保罗·杜盖伊编《文化身份问题研究》，庞璃译，河南大学出版社，2010，第3页。

他者的统一，不然就会处于自我认同分裂的状态。达成自我的统一往往需要一定的资源与条件，这使得认同的达成具有变动性。身份政治的建构是一个永远未竟的事业，需要一定的条件。就像许多政治运动一般，身份政治运动本身也具有一定的变化，应当被当成一个过程来看待。

具有多元角色的个体在全球化社会中的认同越发多变。人们的身份是多元的，在多元的社会中更加具有骤变的可能性。"大家已认可身份从未统一，且在当代逐渐支离破碎；身份从来不是单一的，而是建构在许多不同的且往往是交叉的、相反的论述、实践及地位上的多元组合。它们从属于一个激进的历史化过程，并持续不断地处于改变与转化的进程当中。我们必须使关于身份的辩论处于所有那些历史的特殊的发展和实践当中，这些发展和实践扰乱了许多族群和文化相对'固定的'特征，这首先涉及一个全球化的过程。"① 现代社会中，人们承担的社会角色多元，所具有的身份相应地也会变得多变。"因主体从一个环境移到另一个环境中，认同在建构过程中一直处于流动的状态。"② 在一个流动的世界，世界由各个拼盘组成，人们对于意义的看法多元，意义重建的基础薄弱。在全球化过程之中，认同建构承担了对意义进行重组的任务。在多种文化与政治信息的重组之中，认同需要厘清与整合模糊的共识。

网络世界中的巨大不确定性，加剧了身份认同的流动性。网络时代，人们处于一个多变的社会，对认同的获得便显得弥足珍贵。"它的典型特征是战略决策性经济活动的全球化、组织形式的网络化、工作的弹性与不稳定性、劳动的个体化、由一种无处不在的纵横交错的变化多端的媒体系统所构筑的现实虚拟的文化（Culture of real Virtuality），以及通过形成一种由占主导地位的活动和占支配地

---

① 〔英〕斯图亚特·霍尔：《是谁需要"身份"》，载〔英〕斯图亚特·霍尔、保罗·杜盖伊编《文化身份问题研究》，庞璃译，河南大学出版社，2010，第4页。

② S. Nombuso Dlamini, *Youth and Identity Politics in South Africa, 1990 - 94* (Toronto: University of Toronto Press, 2005), p. 3.

位的精英所表达出来的流动空间（Space of Flows）和无时间的时间（Timeless Time），而造成的生活、时间和空间的物质基础的转变。"①在这样的社会之中，人们的角色是多元且多变的，而这是当代社会中部分矛盾的原因。例如，身为母亲、女儿、工人、运动员、同性恋者等身份的女性们很难获得稳定的归属感，相比过去的社会，人们更加想寻求稳定性。从某些角度来看，稳定性指向认同，认同是相对稳定的意义建构。仅仅依靠社会角色并不能形成稳固的认同，认同关涉社会中的人们对意义的建构。"网络社会中的意义是围绕一种跨越时间和空间而自我维系的原初认同建构起来的，而这种原初认同，就是构造了他者的认同。"②流动社会的意义建构不仅关注个体认同感的获得，而且重视群体认同的建构。人们缺乏对于我们是谁的统一认同，对社会也不具有强烈的归属感。集体认同的建构来自人们对于历史、传统文化、政治制度的认同，与集体记忆的建构与巩固的关系紧密。社会团体的集体记忆扎根于社会结构与历史，当代社会的快速变迁与转型已然超出了集体记忆的能力范畴。当社会缺乏一种具有凝聚力的集体认同后，人们选择性地遗忘许多历史，这包括对历史的遗忘、忽视与戏谑。

三　意义的反思性思考

在后现代社会，自我认同需要进行反思性的思考。在后现代社会③，人们需要对生活进行反思性的规划，需要思考个体行动的意义，这也就需要回答"我是谁"这个问题。同时，对"我是谁"这个问题的回答，不可避免地需要个体进行自我反思，需要个体对人生进行规划。"自我认同（self-identity）不是一个由个体所具有的明确特征。它是个体以自身的人生经历对自我进行反思式的理

---

① 〔美〕曼纽尔·卡斯特：《认同的力量》，曹荣湘译，社会科学文献出版社，2006，第1页。
② 〔美〕曼纽尔·卡斯特：《认同的力量》，曹荣湘译，社会科学文献出版社，2006，第6页。
③ 指一个历史时期，这个历史时期并非"历史的终结"。

解。"① 在现代社会，个体认同的选择相对自由，但是人们不能随意地转化身份。人们面临着日益增长的焦虑感，因此，人们要重新思考人生的意义问题。这就需要个体进行反思，反思什么样的人生能够给人带来归属感与确定性。身份的确定并不具有一个真理性的答案，个体确定自身的角色定位需要反复思考，要选择对个体而言较为合适的人生规划与道路。

现代性带给人们反思。"现代性的一个明显特征是外在性与内在性两端之间日益增长的关联。其中一端是全球化的影响力，另外一端是个人的内在调节……如果传统逐渐丧失其控制力，日常生活便会越来越在地方与全球化的互动中被重构，个人则日趋需要在多种选择中抉择生活方式……被反思性地组织起来的生活规则……成了自我认同的建构过程的核心特征。"② 在全球化进程中，不同文化背景的人们进行交往，多种观念与文化共存，对自我进行认同建构就必须进行内在的调节。不仅如此，新的生活方式也需要个体对自身的行为模式进行规划，其中在全球化过程中本土与外来文化的互动直接重构了自我的认同建构方式。

四　同一性建构着权力

身份所具有的同一性建构着权力。身份的统一性体现在具有相同认同的人聚集在一个圈子内，这个过程充满着排斥，并且所产生的共同体并非自然的成果。卡斯特指出，认同具有三种构建形式和来源：合法性认同（Legitimizing identity）、抗拒性认同（Resistance identity）与规划性认同（Project identity）。其中，"合法性认同（Legitimizing identity）：由社会的支配性制度所引入，以扩展和合理化它们对社会行动者的支配。这是森尼特（Sennett）的'权威与支配理

---

① A. Giddens, *The Consequences of Modernity* (Cambridge：Polity Press, 1990), p. 35.
② A. Giddens, *The Consequences of Modernity* (Cambridge：Polity Press, 1990), p. 5.

论'的核心主题，但也适用于不同的民族主义理论"①。男女之间的
抗拒性认同会最终促进共同体的形成，因为如果长期被排斥在稳定
关系之外的人们会受到巨大的身心伤害，那么从道德上而言共同体
具有存在的必要性。不仅如此，"人们天生就互相吸引着彼此而找到
自己的共同体。这并不是说我们要排斥单个人，而是说与单身的人
相比我们的烦恼少一些。但是，如果我们无法保证共同体大多数时
间内的良性交流的话，对我们的社区也将是有害的"②。在这个过程
中，对共同体及其秩序的认同便产生了，因为随着共同体及其支配
性制度的引入，人们心甘情愿地受其支配，继而权威得以产生，权
力被施行。

　　诸多身份都处于一个层级结构。人类最基本的身份差异是男女
之生理区别，这造成了社会的最初权力结构。身份本身直接建构了
男女之间相对立的体系机构，正是由于身份的不同造成了两个对立
面。不仅男女的身份差异会产生对立，族群、血统、性取向、政治
立场等认同差异，这些差异皆会制造权力体系。社会共同体中需要
意义建构，这需要身份对立的双方建立在某种社会利益的基础之上，
而不同个体的结合便形成了不同的权力结构。

第三节　社会批判理论对身份政治的介入

　　马克思曾经说过"从批判旧世界中发现新世界"③。法兰克福学
派，也即社会批判理论思想家，立足于现实社会的发展现状，旨在
通过社会批判实现社会的重建与解放。在一定程度上，社会批判理
论是针对社会总体发展的历史哲学，对资本主义社会的问题诊断是
其基本任务。身份政治的兴起与西方社会的内部矛盾有关，反映了

---

① 〔美〕曼纽尔·卡斯特：《认同的力量》，曹荣湘译，社会科学文献出版社，
2006，第6页。
② Amitai Etzioni, *The Parenting Deficit* (London: Demos, 1993), p. 45.
③ 《马克思恩格斯全集》第1卷，人民出版社，1956，第416页。

资本主义社会深层结构存在的诸多问题。因而，近些年来，第三代社会批判理论开始介入身份政治，对身份政治所反映的社会问题进行批判，并提出承认理论来解决多元价值冲突问题。

一 前两代社会批判理论对资本主义社会的批判

以法兰克福学派为代表的批判理论，力图剖析现代资本主义社会的矛盾。在思想史上，许多思想家都对资本主义矛盾有过论述。马克思和恩格斯从生产力和生产关系的角度分析现代资本主义的矛盾，"社会化生产和资本主义占有的不相容性""社会化生产和资本主义占有之间的矛盾表现为无产阶级和资产阶级的对立""个别工厂中生产的组织性和整个社会中生产的无政府状态之间的对立"①，正是这种矛盾会最终导致资本主义制度的灭亡。恩格斯曾经强调《共产党宣言》的主要线索是，"贯穿《宣言》的基本思想：每一历史时代的经济生产以及必然由此产生的社会结构，是该时代政治的和精神的历史的基础；因此（从原始土地所有制解体以来）全部历史都是阶级斗争的历史……而这个斗争现在已经达到这样一个阶段，即被剥削被压迫的阶级（无产阶级），如果不同时使整个社会永远摆脱剥削、压迫和阶级斗争，就不再能使自己从剥削它压迫它的那个阶级（资产阶级）下解放出来"②。德国学者马克斯·韦伯则认为在资本主义社会中出现了"自由的丧失"和"意义的丧失"危机。卢卡奇则试图将马克思与韦伯结合，一方面，他认为韦伯所言"自由的丧失"与"意义的丧失"是工具理性的结果；另一方面，他将两种丧失解读为"物化"，这才是资本主义社会矛盾出现的根本原因。早期法兰克福学派对于资本主义矛盾的分析受到了上述学者思想的影响，第一代法兰克福学派代表人物霍克海默、阿多诺、马尔库塞等人大多都研习了马克思的历史观。霍克海默等人认为，人类文明是建立在生产力发展的基础之上，人类为了发展生产力需要控制自

① 《马克思恩格斯选集》第3卷，人民出版社，2012，第802~804页。
② 《马克思恩格斯选集》第1卷，人民出版社，1995，第252页。

然。逐渐地，追求事物的最大功效成为主要考量，工具理性成为社会的历史性诉求。这对政治制度与社会文化皆产生了实质性的影响，而对自然的控制也转化为对人的控制。"工具理性"在卢卡奇那里是"物化"，资本主义社会产生的时代问题大多皆出于此，与"工具理性"相关的社会问题也逐渐为学界所关注。

法兰克福学派指出了现代社会的分裂趋势，在现代社会中价值多元化的趋势越来越明显。整合多元价值的观点可以分为两类：一类是以本雅明、列维－斯特劳斯、梅洛－庞蒂为例，探索如何把人们从工具理性的控制之中解放出来；另一类是以贝尔、罗尔斯、哈贝马斯等人为例，尝试整合多元价值。哈贝马斯着重关注社会整合问题，关注人与人之间的关系，弗洛姆、本雅明、瑙曼和基希海默等人也关注人和人的正当社会关系问题。哈贝马斯指出现代资本主义社会的矛盾根源是"生活世界的殖民化"，生活世界的自由交往受到了系统的控制，自由的语言交流已然不可能，因为系统控制了社会交往，也即工具理性，货币和权力控制了人与人之间的交往。人与人之间的矛盾表现为个人与自我的分裂，而人与周围人的分裂最终导致社会的分裂。因此，哈贝马斯要想重新整合社会必然要回到人和人之间的交往。而本雅明认为，前世的救世主为了拯救后世而付出了沉重的代价，后世人从前世的救世主那里得到了好处，自然对前辈负有道德上的债务。因此，人类只有从这种道德债务中解放出来，才能获得自由。从这种道德债务中解放出来的方式是将先辈接纳到道德共同体中，承认以往的先辈。列维－斯特劳斯则从浪漫主义精神出发来弥合人和自然之间的裂缝，这是一种"结构主义的卢梭"，通过一种象征秩序来使人和自然和谐相处。相反，梅洛－庞蒂则通过知觉理论和话语理论，来论证人们之间结合的可能性，知觉将人的精神与肉体结合起来，人与人之间的关系就是通过知觉活动展开的。在《知觉现象学》中，梅洛－庞蒂提出知觉是最基本的认知，语言是次一级的形式，人需要通过话语进行交往。

内在批判是社会批判理论的主要方法。实际上，资本主义不单是一种意识形态，它还包含了资本主义社会的政治、经济、文化等方面。霍克海默曾指出，"既存的资本主义社会是从基本的交换关系中产生出来的；它已从欧洲扩展到了全世界，而批判理论宣布适用的正是这个资本主义社会"①。社会批判理论能适用于整个资本主义社会，是因为其内在批判的研究方法。"如果说批判理论确实有一个真理概念，那么它就存在于对资本主义社会的内在批判之中。这种批判把资产阶级意识形态的主张与其社会现实相比较。真理并不外在于社会，而就内在于它的要求之中，人类在实现其意识形态之中仍然怀有解放的旨趣。"② "所谓内在批判，是指根据蕴含于事物本身的规范和标准来揭示社会的内在矛盾和危机，并在其自身中寻找社会转型的可能性。"③ 虽然社会的内部批判（Internal Criticism）与外部批判（External Criticism）还很难区分开来，但二者还是具有一定的界限的。但是，简单地将批判分为外部批判与内部批判并不合理，"内部与外部的区别是由现状得出的标准与外部引入的标准之间的界限，始终取决于一个生命形式的重新定义框架和一个决定性的共性"④。实际上，作为内在批判（Immanent Criticism）的内在批判更加合理，因为内在的批判具有一定的规范性、强烈的危机信号与变革性。

二　第三代社会批判理论的承认转向

随着资本主义社会的发展，社会矛盾在量和质上皆呈现出较大转变。由此导致社会批判理论的批判内容也随之发生了转变，需要回答如何整合多种批判路径。"批判理论要通过一定的方式把建构性

---

① 〔联邦德国〕麦克斯·霍尔海默：《批判理论》，李小兵等译，重庆出版社，1989，第 215 页。

② 〔美〕马丁·杰伊：《法兰克福学派史（1923—1950）》，单世联译，广东人民出版社，1996，第 76 页。

③ 孙海洋：《资本主义批判取径的分化与整合——从耶吉和罗萨的批判理论谈起》，《国外理论动态》2019 年第 12 期。

④ Rahel Jaeggi, *Critique of Forms of Life*, Ciaran Cronin trans.（London：The Belknap Press of Harvard University Press, 2018）, pp. 199 – 204.

批判、重构性匹配与谱系学批判整合起来。"① 霍耐特提出将以承认理论来整合社会批判理论，并由此介入对当代社会身份政治问题的讨论。

霍耐特放弃了对工具理性的批判，回到黑格尔来理解人与人之间疏离的社会关系。他承认卢卡奇的伟大之处就在于发现了资本主义社会的矛盾是人与人之间的矛盾，并称之为"分裂的社会"。社会产生分裂是因为"随着劳动分工的不断细化和统一世界观的消解，社会制度不再是人们共同体会到的信念和价值的表达"②。早期卢卡奇对于资本主义社会矛盾本身的解释是正确的，但是分析是片面的，"今天，无论是个人人格的建构过程还是社会的产生发展过程，都不会用精神动力的外化和回归的模式来清晰地说明。主体的形成过程并不像外化模式所说的那样，是一个心理动机逐步对象化的孤立过程，而是借助于主体间社会化过程而实现的，在其中主体通过逐步限制的方法学会了表明自己的特有的需求和感觉"③。霍耐特将这种分裂解读为社会的分裂、人际关系的分裂，而布迪厄则将这种分裂理解为将人与人区隔开来的象征符号。但是，一个人不能通过符号来得到他人的承认，现代社会的秩序并非由符号来达成，相反是社会群体所表达的观念与规范在何种程度上是有效的，这与财富无关，而是与传统的价值在何种程度上被社会接受有关。"一种社会生活的社会有效性以及纳入生活方式之中并以象征的形式表达出来的价值的社会有效性，完全视当时的行为规范和价值观得到社会认同的程度而定。"④

霍耐特发展了黑格尔早期为承认而斗争的思想，将人们之间的

---

① Axel Honneth, *Pathologies of Reason: On the Legacy of Critical Theory*, James Ingram and others trans, New York: Columbia University Press, 2009, p. 53.
② 〔德〕阿克塞尔·霍耐特:《分裂的社会世界》，王晓升译，社会科学文献出版社，2011，第10页。
③ 〔德〕阿克塞尔·霍耐特:《分裂的社会世界》，王晓升译，社会科学文献出版社，2011，第13~14页。
④ 〔德〕阿克塞尔·霍耐特:《分裂的社会世界》，王晓升译，社会科学文献出版社，2011，第186~187页。

相互承认纳入伦理层面。霍耐特基于米德的社会心理学说，提出自我是在与他人的交往中形成自我的，任何个体都不能离开他者，主体间的相互承认离不开交往本身。自主的主体难以回避交往，其中可能产生冲突；而人与人之间的承认会建构自我意识，因此承认具有规范意义。霍耐特指出主体的同一性实践之中有三种承认形式，其承认模式是主体同一性实践中的爱、法权与团结：将家庭之爱称为信任，把市民社会的法权称为自尊，把国家的伦理归结为团结。①霍耐特的承认模式是主体间的承认关系，人们的同一性建立在主体间的承认经验之上。

爱是一种相对原始的关系，包含父母与子女、爱人、挚友之间的相互依赖的情感。母子关系是本源，情侣与挚友关系皆由此衍生出来。这种关系是"在他者中的自我存在"②，母亲与孩子的关系便是一种保持个体自存与融入他者平衡的关系。霍耐特用英国精神分析学者温尼科特（Donald W. Winnicott）的儿童社会化理论，来论证爱的承认模式。孩子经历了刚出生之时作为婴儿与母体相互绝对依赖的共生阶段，逐渐可以脱离母亲，玩具逐渐可以替代母亲的陪伴，进入相对依赖的阶段；最后，母亲之爱足以支撑儿童发展出独立存在的能力。作为情感依附的爱是"悬置在两种经验之间的交往弧线，一边是独立存在的经验，另一边是融入他者的经验"③。爱是一种相互承认的关系，是一种建立在个体独立性基础之上的同一性，"当主体认识到自己为一个独立的个人所爱、而那个人也感受到爱时，他就可以发展一种自我关系"④。

---

① 〔德〕阿克塞尔·霍耐特：《为承认而斗争》，胡继华译，上海人民出版社，2005，第100～135页。

② G. W. F. Hegel, *System of Ethical Life（1802/3）and First Philosophy of Spirit：Part III of Speculative Philosophy（1803 - 4）*, ed. and tr. by H. S. Harris and T. M. Knox,（Albany：SUNY Press, 1979）, p.129.

③ 〔德〕阿克塞尔·霍耐特：《为承认而斗争》，胡继华译，上海人民出版社，2005，第112页。

④ 〔德〕阿克塞尔·霍耐特：《为承认而斗争》，胡继华译，上海人民出版社，2005，第111页。

法权承认是主体实现自我尊重。个体在实现爱的承认关系之后，逐渐踏入社会。作为社会成员，个体需要在法律关系中被承认，法律关系是一种相互承认的模式。因为，"法，就是在个人行为中同他人的关系，即他们的自由存在的普遍要素或者决定性要素，或者对他们的空虚自由的限制"①。在后现代社会，每一个主体都有获得普遍承认的权利，这是一种普遍化诉求。用米德的话来说，就是一种"他者的普遍化"②，这其实是获得自我尊重的主要前提。"承认共同体的其他成员也是权利的承担者，我们才能在确信自己的具体要求会得到满足的意义上把自己理解为法人。"③ 在现代社会，法权承认是人们的普遍化追求。与爱的承认相同，法权承认也是以承认彼此的独立性为前提的，不同的是，法权"产生了个人因值得每一个人尊重而能够自我尊重的意识形式"④。并且，爱导向一种从共生到分裂的过程，而法权承认模式则是一种导向普遍性的方向。

团结承认是一种价值关怀。法权给予了个体的自我尊重，团结则进一步赋予了人们的社会尊重的价值关怀。社会尊重的实现以自我与他者的价值同一性为前提，"只有自我与他者共有一种价值和目标取向，彼此显示出他们的品质对他者生活的意义和贡献，他们才作为个体化的人相互重视"⑤。不同的社会具有不同的个体价值，社会尊重经历了从荣誉概念（Ehebegriffe）到社会地位（Sozialen Ansehen）或声望（Prestige）范畴的过渡。⑥ 在社会尊重的历史转变之

---

① 〔德〕阿克塞尔·霍耐特:《为承认而斗争》，胡继华译，上海人民出版社，2005，第 48 页。
② 〔美〕乔治·H. 米德:《心灵、自我与社会》，赵月瑟译，上海世纪出版社，2005，第 121 页。
③ 〔德〕阿克塞尔·霍耐特:《为承认而斗争》，胡继华译，上海人民出版社，2005，第 115 页。
④ 〔德〕阿克塞尔·霍耐特:《为承认而斗争》，胡继华译，上海人民出版社，2005，第 124 页。
⑤ 〔德〕阿克塞尔·霍耐特:《为承认而斗争》，胡继华译，上海人民出版社，2005，第 127 页。
⑥ 〔德〕阿克塞尔·霍耐特:《为承认而斗争》，胡继华译，上海人民出版社，2005，第 130 页。

中，"它所能采取的形式与法律承认形式一样具有历史可变性。它们的社会范围和对称标准，一方面取决于社会规定的视域的多样性，另一方面取决于个体所选择的理想的个体特征。伦理构想越是向不同的价值敞开，它们之间的等级配置越是让位于水平竞争，社会重视也就可能越清楚地获得个体化的品质，产生对称关系"①。前现代社会，社会价值由等级方式组织，而在现代社会，人们处于相对开放、多元、平等的社会结构之中。社会重视关系的背景是具有冲突的多元文化共存的社会，个体的尊重不再由财产多少决定，相反由个人价值所决定。社会尊重个人的价值转向，这种承认模式既承认自我价值的实现，还作为一种普遍的价值而存在。社会的承认是一种普遍价值目标，每个人的自我实现都能得到他人的承认与尊重，这无形之中形成了一种团结的社会秩序。作为共同体成员，获得社会的承认会使个体获得荣誉感。与等级社会的荣誉不同，团结是一种共同体成员之间相互授予的承认，是主体间的社会尊重。

　　社会批判理论的以上转变是社会历史的产物，不同时代具有不同的理论。生产力的发展历程决定了资本主义社会的内在矛盾。法兰克福学派前期的批判内容是资本主义社会的剥削，是资本主义社会中存在的经济剥削问题与经济不平等的受压迫事实。随着资本主义社会生产力的发展，不同认同诉求引发的身份政治运动成为资本主义社会的主要矛盾焦点。身份政治所反映的文化殖民、性别与族群压迫，超出了以往社会批判理论对于资本主义的解释与批判范畴。因而，第三代社会批判代表人物霍耐特尝试从规范层面对承认理论进行重构，但是过度地强调规范，极易忽视社会具体境遇。因此，第四代社会批判理论力图从经济的维度重新阐释资本主义，并调和政治经济学批判与规范批判，力图以身份政治为视角剖析资本主义社会的矛盾。

---

① 〔德〕阿克塞尔·霍耐特：《为承认而斗争》，胡继华译，上海人民出版社，2005，第128页。

第三章

身份政治的思想发端及其在后现代
社会的兴起

身份政治的思想史可以追溯到古希腊时期，柏拉图与亚里士多德的同一性（Identity）与差异性之争是身份政治的思想之根。近现代，洛克的人格同一性（The Personal Identity）思想、卢梭的承认思想萌芽与费希特、黑格尔的承认理论为身份政治提供了思想基础。而身份政治的事件史则始于后现代社会，20 世纪五六十年代个人主义的风靡催生了后福特时代身份政治的兴起。

第一节　身份政治的理论根源：古希腊时期
同一性与差异性之争

身份政治产生于我者与他者的身份认同分歧，主要反对普遍主义的公民观。本质上，身份政治产生的理论根源问题在于同一性与差异性的价值分歧，这一分歧可以追溯到古希腊时期柏拉图与亚里士多德的同一性与差异性之争。身份政治理论反对的是普遍主义公民观，这根源于柏拉图的同一哲学。同时，亚里士多德对差异的肯定则是身份政治理论与社群主义反对自由主义主流公民观的伦理支撑。

一　同一哲学主导着西方主流公民观

柏拉图的同一哲学具体体现为其同一性思想与城邦整体主义伦理观，二者是西方普遍主义公民观的理论基础。公民与共同体是一种归属性关系，公民认同以同一的政治认同为基础，公民身份标准适用于所有人，排斥具体的身份，例如女性、奴隶等。普遍主义的公民观排斥差异性，这正是身份政治反对的思想根源。

（一）同一性是柏拉图思想的哲学基础

"一"是柏拉图整体主义的开端，具有普遍性，可以摆脱偶然性。"智慧所认识到的事物，当存在于（思维着的）灵魂以外时，就这样脱离了它所具有的状态和偶然因素（accidents）……这适用于在种类上是一切保持为一的'自然的'可理解物，也适用于'自主的'（voluntary）可理解物。"① 数字上的"一"并不能消除偶然因素，种类上的"一"才能使偶然因素发生变化。种类上的"一"存在于灵魂之外，并为智慧所认识。"一"是柏拉图整体主义的哲学起点，是自然哲学对事物本体的追问。在对事物本体的探索过程中，存在"一"与"多"的争论，也即同一与差异的争论。"一"是伦理整体主义的哲学开端，不是数字上的一，而是种类上的"一"。坚持普遍主义是一种智慧，应当从理智上坚持同一性，摆脱特殊性与偶然性。

同一性是"一"的重要组成部分。"确定性和同一性分别是确定的'一'这个概念的部分，它们作为这个整体的部分是相互等同的，但每个作为自为存在的一个部分而存在区分，而自身等同于自身。像一、多、整体、部分、同一、区别、等同，这些概念都是确定性概念的成分，它们在一个完全确定的整体中构成了它的理性结构。"② 同

---

① 〔古阿拉伯〕阿尔法拉比：《柏拉图的哲学》，程志敏译，华东师范大学出版社，2006，第 154 页。

② 〔德〕施米特：《现代与柏拉图》，郑辟瑞等译，上海书店出版社，2009，第 266 ~ 267 页。

一性部分地构成"一"，而且道德自证与存在主要借助同一性。同一性强化了柏拉图整体主义，构成了伦理与道德，因为同一性能够消除偶然性与易变性。

柏拉图的辩证法是同一与差异的辩证。在《智者篇》中，柏拉图探讨五个"种"（普遍之相）的逻辑关联，它们是存在、运动、静止、同一与差异。"'种'中间有一些是可以彼此相通的，有一些却不行，有一些与少数的'种'相通，也有一些与多数的'种'相通，还有一些以各种方式毫无阻碍地与所有的'种'相通。"① 五个种有一些是可以相通的，而同一与差异不能完全无障碍地相通，二者有时会处于对立状态。"'异'的本性的一部分与'是者'的本性的一部分发生对立时，这对立应该说无非表明'是者'本身的'所是'，并不是'是者'的反面，而是一个异于'是者'的东西。"② 差异与同一的对立并不是"同一"的对立面，只是不同于同一的一种东西。

差异的本质实质上是同一性。"我们不但指出了'不是者是'，而且说明了'不是者'所属的那个'型'。因为我们后来又指出，'异'的本性是'是的'，它分布在一切'是者'彼此之间，因此我们敢说，每个'是者'的一些部分与该'是者'是相对立的，这个对立的部分真正说来就是'不是者'。"③ 柏拉图指出，很多差异性最终都可以回归同一性，差异性的本质是同一性。在柏拉图看来，普遍直接包含着其他任何东西。在划分与综合之时，同一具有普遍性，它可以包含需要界定的所有东西。

（二）伦理整体主义排斥差异性

柏拉图肯定了同一性的视角。"我们之所以在我们的经验中寻求同一性，是因为被认识的东西的同一性和确定性是思维自身的一条公理性的要求……只有在这样一个视角下，在这个视角下某物是确定的事物，是同自身同一之物，它才是可以被认识的。只是这个视

---

① 〔古希腊〕柏拉图：《柏拉图对话集》，王太庆译，商务印书馆，2019，第586页。
② 〔古希腊〕柏拉图：《柏拉图对话集》，王太庆译，商务印书馆，2019，第594页。
③ 〔古希腊〕柏拉图：《柏拉图对话集》，王太庆译，商务印书馆，2019，第595页。

角还没有被找到，就没有知识。"① 同一性是事物稳定性的因素，认识事物需要从此出发。不从事物的同一性角度出发认识事物，就难以从稳定的、确定的属性中达成对事物的基本认识。认识共同体也不例外，同一性是重要视角。

城邦的伦理整体主义旨在实现稳定的社会秩序。柏拉图的谱系学在于形成一个系统，城邦的秩序是其政治哲学的主要议题。城邦的伦理整体主义以稳定性道德为基础，"依托于不变的道德对象确立一种整体性道德要求和道德原则，他的整体主义对应着形而上的'一'"②。整体性道德是城邦维持稳定秩序的心理基础，共同体成员的同一性认同与美德是城邦的基石。

共同体应当坚持同一性。柏拉图从好公民与好人的品德是否具有同一性，来回答共同体的同一性是什么。"从总体上来说，好公民与善人不可能是同一的。但是在一种情况之下他们可以是同一的。那就是，在理想政体之中好公民必须要具有成为好的统治者所要求的品德，同时也要具有成为好的统治者的品德。他所具备的这种品德也是善人所要求的基本品德；只有在这种情况之下好公民的品德才与善人的品德具有同一性。"③ 对于统治者而言，明智是其所独有的品格。而对于被统治者而言，应当具有多种品格，例如节制、勇敢等。《理想国》肯定了人应当遵循自然法则，有些人适合成为哲学王，而有些人适合成为武士与劳动者，这符合人性。当然城邦中存在差异性，而同一性体现在成员的共同目标。"在他们有差异的行为和有差别的生活方式中，柏拉图离弃了最凡俗的兴趣，拒绝这种兴趣，在许多说法中警告说要反对这种兴趣，而且偏爱于规避这种兴趣。"④

---

① 〔德〕施米特：《现代与柏拉图》，郑辟瑞等译，上海书店出版社，2009，第 255 ~ 256 页。

② 刘须宽：《柏拉图伦理思想研究》，中国社会科学出版社，2015，第 511 页。

③ 〔古希腊〕亚里士多德：《政治学》，高书文译，中国社会科学出版社，2009，第 97 页。

④ 〔古阿拉伯〕阿尔法拉比：《柏拉图的哲学》，程志敏译，华东师范大学出版社，2006，第 104 ~ 105 页。

虽然在一个共同体中统治者与被统治者的德性确实存在差别，但是节制与公正是统治者与被统治者所共有的品德，城邦的同一性在于节制与公正。

柏拉图同一性思想催生了西方社会的普遍主义的主流公民观，是西方社会身份政治运动产生的思想根源。城邦成员各司其职便能达成正义。柏拉图将城邦比作人的灵魂，需要各部分各司其职，执行各自的职能，这样城邦才能变得卓越。城邦作为一个整体，变得卓越便是正义。城邦的同一性体现在各个成员各得其所，实现城邦的整体利益，使得城邦更加卓越。城邦的利益高于个体的利益。"城邦唯一的利益就在于城邦之为整体的利益；正是这利益促成了城邦的统一。"① 公民身份坚持了对同一性的肯定，是一种同质性的身份角色。"在古希腊城邦政治形态的原初意义上，公民身份是指公民与政治共同体之间的相互关系，表现为特定的公民在城邦中的地位、价值、角色特征等等。"② 公民与共同体的关系表现为一种归属性关系，公民认同以共同的政治认同为基础，公民身份标准适用于所有人，不关注个人的血缘、种族、文化等身份归属。从这个意义上，普遍主义的公民观排斥差异性，这是身份政治产生的思想根源。

二 对差异的肯定为身份政治提供伦理支撑

亚里士多德从善不具有单义性出发，最终落脚在人是政治的动物之上，全面肯定了差异性，这为当代身份政治提供了伦理支撑。亚里士多德包含差异性的公民观，为身份政治提供了价值支持，也为社群主义批判自由主义普遍的公民观奠定了伦理基础。

（一）善不具有单义性

与柏拉图不同，亚里士多德认为："达到恰当定义最近的和最高

① 〔法〕普拉多：《柏拉图与城邦——柏拉图政治理论导论》，陈宁馨译，华东师范大学出版社，2016，第62~63页。
② 郭台辉：《公民身份认同：一个新研究领域的形成理路》，《社会》2013年第5期。

明的方法，就是寻找赋予事物的本质和实体以特殊性质和一般特征的东西。"① 亚里士多德对差异的肯定源自人的本性，"人类最初走向哲学，与他们现在一样，是因为惊异。开始他们惊异于他们身边的奇怪食物，然后日积月累，对更重大的事情感到困惑"②。人之所以惊异是出于人的本性，因为"人本性是求知的动物"③。我们寻求对事物的解释皆出于我们的本性，寻求知识并非出于偶然。对差异的好奇出于本性，这决定了人的身份。

亚里士多德否定了善具有单义性。"亚里士多德在面对单义性概念时首先持有的是否定性的和怀疑批判的态度。他怀疑柏拉图式理念（型相'Form'）有单义非分离性的定义作用。"④ 在《尼各马可伦理学》中，亚里士多德认为"善"的定义不具有单一的非分离性，这与柏拉图的单一性善相反。亚里士多德与柏拉图的核心差异是，柏拉图认为善是"某种普遍的、对所有善的事物来说共同的、单一的东西"⑤，所有事物通过同一种方式实现善；而亚里士多德认为事物是可以通过不同的方式达成善。当然，亚里士多德也承认单义性与"极端非单义性"之间可能存在中间物，"'单义性'作为一边'极端非单义性'作为另一边并没有穷尽所有的选择，还有'家族相似'在中间"⑥。

不同身份与行为的目的最终指向善的达成。"每一技艺和研究，以及类似的每一行为和选择，看来都指向某种善。因此，善可被适

---

① 〔古阿拉伯〕阿尔法拉比：《柏拉图的哲学》，程志敏译，华东师范大学出版社，2006，第111页。

② Aristotle, *Metaphysics*, Makin, S. translated（Gloucestershire：Clarendon Press, 2006），Categories Ⅰ2，982b12.

③ Aristotle, *Metaphysics*, Makin, S. translated（Gloucestershire：Clarendon Press, 2006），Categories Ⅰ2，982a23.

④ 〔美〕克里斯托弗·希尔兹：《亚里士多德》，余友辉译，华夏出版社，2015，第126～127页。

⑤ Aristotle, *Nicomachean Ethics*, Pakaluk, Miachael translated（Gloucestershire：Clarendon Press, 1998），1096a11.

⑥ 〔美〕克里斯托弗·希尔兹：《亚里士多德》，余友辉译，华夏出版社，2015，第129页。

当地看作是万物的目的。"① 可见，每个行为都指向一定的目的，而这些目的是指向一类善，因此这些行为的目的是善。人们对于最终善存在共识，"首先，人们可能会对最终善的特征有一致的观念，只是对什么样的状态或行为能展示这些特征有不同的想法。其次他们也可能在更高的一个层面上有不同：他们所有的不同或许来自关于什么样的状态或行为可被界定为最终善的不同的假设"②。

亚里士多德认为最终的善需要首先满足"最初的同意"③，而且最终的善，"（1）它必须因自身而被追求（《尼各马可伦理学》1094a1）；（2）我们因为它而想要其他的事物（《尼各马可伦理学》1094a19）；（3）我们并不因为其他事物而想要它（《尼各马可伦理学》1094a21）；（4）它是完满的（teleion），因为它总是值得选择的并总是因为其自身而被选择（《尼各马可伦理学》1097a26－33）；以及（5）它是自足的（autarkes），因为它的出现就足以使生活不再缺乏任何其他东西（《尼各马可伦理学》1097b6－16）"④。满足上述条件的某种善，便被称为最终的善。从以上标准来看，亚里士多德对于最终善的标准非常严苛。虽然亚里士多德的标准有些苛刻，但我们可以将自己的幸福认作是最终的幸福与行为的终极目标。事实上，个体幸福与否与其标准不是由他人决定，相反是由自己决定。但是，亚里士多德认为幸福的本质只能由哲学家来决定，幸福（eudaimonia）的客观阐释不是未经反思而得出的结论，而是需要经过思想斗争而非让步得出的结果。

属人的善是理性，幸福与人类功能有关。"最高的善就是幸福……即一般而言，具有某种功能或典型行为的人——是善的、做

① Aristotle, *Nicomachean Ethics*, Pakaluk, Miachael translated（Gloucestershire：Clarendon Press, 1998）, 1094a1－3.
② 〔美〕克里斯托弗·希尔兹：《亚里士多德》，余友辉译，华夏出版社，2015，第299页。
③ Aristotle, *Nicomachean Ethics*, Pakaluk, Miachael translated（Gloucestershire：Clarendon Press, 1998）, 1094a22－27.
④ 〔美〕克里斯托弗·希尔兹：《亚里士多德》，余友辉译，华夏出版社，2015，第299页。

得好，主要是指他们的功能实现。"① 人类的功能是理性实践活动，是展示人类理性的一种方式。"人类的幸福是一个生活，因而是一种活动而非一种被动的状态或情感体验。"② 幸福是一种生活状态，具有客观属性，人们各司其职的生活是幸福的。

幸福的生活是合乎德性的生活。属人的善即为"灵魂合乎德性的理性实现活动"③，对幸福生活的界定需要对德性进行阐释。亚里士多德认为："德性分为两种：理智德性和道德德性。"④ 道德德性是德性中与品质相关的部分，一个在品质方面具有德性的人，并不排除理性，而是理性与自身目的的结合。"在《尼各马可伦理学》中，亚里士多德首先关注品质方面的德性，对道德德性进行了一般性的阐述，但这种阐述并不把道德德性自身就当作目的来进行理论的分析，而是把它当作是塑造一个好人的最好路径。"⑤ 亚里士多德认为德性应当试图达到适度，是不同于过度与不及的平衡状态。亚里士多德举例，当一个技术娴熟的木匠制作桌子时，符合木匠德性的行为是使得桌子达到一种稳定和平衡的状态。

（二）人是政治的动物

人本质上是政治的动物。幸福生活是人的行为的目的，而自然地形成群体也是个体的目的。亚里士多德指出，人是社会—政治的动物。⑥人的目的只能在城邦之中实现，城邦作为基本的政治架构是个体实践的主要场所。人类像动物一样具有自我繁殖的冲动，因而需要组

---

① Aristotle, *Nicomachean Ethics*, Pakaluk, Miachael translated (Gloucestershire：Clarendon Press，1998)，1097b22 – 1098a4.

② 〔美〕克里斯托弗·希尔兹：《亚里士多德》，余友辉译，华夏出版社，2015，第311页。

③ Aristotle, *Nicomachean Ethics*, Pakaluk, Miachael translated (Gloucestershire：Clarendon Press，1998)，1098a16 – 17.

④ Aristotle, *Nicomachean Ethics*, Pakaluk, Miachael translated (Gloucestershire：Clarendon Press，1998)，1103a14 – 16.

⑤ 〔美〕克里斯托弗·希尔兹：《亚里士多德》，余友辉译，华夏出版社，2015，第315页。

⑥ Aristotle, *Politics*, Saunders, Trevor J. translated (Gloucestershire：Clarendon Press，1995)，1253a7 – 18，1278b15 – 30.

成一定的家庭①；为了满足日常的生命安全与财产安全等需求，许多家庭选择以村落的形式联合②；而不同的村落出于自足的冲动，选择结成城邦。③

由此可见，城邦是个人、家庭与村落的最终指向，也间接地说明了城邦是优先于个体的。城邦具有优先于家庭与个人的地位，"因为整体必然先于它的部分。如果整个身体消解了，那也就不会再有手足了……所有事物都是通过它的功能和它的能力被定义的；所以在这种情况下，除了在同名异义上说来，手和死手不能被说成同样的事物。因此，城邦是基于自然而生的，其自然本性在先，就非常清楚了。因为如果一个个体不是自足的，那他就正如整体中的某些部分一样。任何不能与他人构成共同体的，或任何因为自足而不需要这样做的，都不会是城邦的部分。"④ 亚里士多德通过公民的不自足来论证城邦的优先性，个体的功能依赖于整体功能。个体作为城邦的一部分，公民的功能依赖于城邦的功能。因此，公民不如城邦完善，城邦先于公民。最终的善是具有自足的能力的，城邦的自足能力高于个体的自足能力，那么城邦优先于公民。没有某个公民的城邦仍然是自足的，无城邦的个体却是无法自足的。

亚里士多德整理了158个不同的城邦政体，公共利益是其划分标准（见表3-1）。"旨在维护公共利益的政体是严格意义上正确的和公正的政体，而那些旨在维护统治者私人利益的政体是变态的和不公正的政体；变态政体都是专制的，而城邦却正是自由人所组成的团体。"⑤

---

① Aristotle, *Politics*, Saunders, Trevor J. translated (Gloucestershire: Clarendon Press, 1995), 1252a27 - 30.

② Aristotle, *Politics*, Saunders, Trevor J. translated (Gloucestershire: Clarendon Press, 1995), 1252b12 - 22.

③ Aristotle, *Politics*, Saunders, Trevor J. translated (Gloucestershire: Clarendon Press, 1995), 1252b27 - 1253a4.

④ Aristotle, *Politics*, Saunders, Trevor J. translated (Gloucestershire: Clarendon Press, 1995), 1253a20 - 29.

⑤ Aristotle, *Politics*, Saunders, Trevor J. translated (Gloucestershire: Clarendon Press, 1995), 1279a17 - 21.

表 3 - 1　正确和变态的政体形式①

项目	正确的	变态的
一个统治者	君主制	暴君制
少数统治者	贵族制	寡头制
多数统治者	政治制	民主制

在现实中，最好的政体是共和政体，因为它能够最有效地保障城邦目的的实现。亚里士多德承认，不同阶层因情况差异而建构不同形式的平等。② 最佳的体制方式是建立在德性基础之上，而德性依赖于财富、出生优渥与否的条件，也取决于本性。人类德性的实现主要在君主制与贵族制中存在，它们保障了公民得到有德性的生活的可能性。"假如有一个人，或少数几个人，虽然其人数不足以构成完整的城邦，但其德性昭然，远超于其他人，以至于其他所有人的德性和政治能力结合在一起也比不上……那类人却是非法律所能约束的，因为他们本就是法。"③ 但是，这只是理想中的状态，共和制现实生活中的最佳政治方案。与此同时，亚里士多德也肯定了男性的主导地位与奴隶制，妇女由于自然劣势必须接受男人的统治④，奴隶作为有生命的工具保障了个体主人追求所需的闲暇⑤。因为自然赋予人们的不同价值，主奴关系具有其正当性。⑥ 不可否认，亚里士多德关于自然奴隶的论述存在诸多争议。亚里士多德的真正贡献在于其对城邦的辩护，对于人类自我实现的关注。

---

① 〔美〕克里斯托弗·希尔兹：《亚里士多德》，余友辉译，华夏出版社，2015，第354 页。

② Aristotle, *Politics*, Saunders, Trevor J. translated (Gloucestershire：Clarendon Press, 1995), 1280a7 - 25.

③ Aristotle, *Politics*, Saunders, Trevor J. translated (Gloucestershire：Clarendon Press, 1995), 1283b36 - 1284a14.

④ Aristotle, *Politics*, Saunders, Trevor J. translated (Gloucestershire：Clarendon Press, 1995), 1260a13.

⑤ Aristotle, *Politics*, Saunders, Trevor J. translated (Gloucestershire：Clarendon Press, 1995), 1253b9 - 32.

⑥ Aristotle, *Politics*, Saunders, Trevor J. translated (Gloucestershire：Clarendon Press, 1995), 1255b12 - 15.

亚里士多德包含差异性的公民观，为社群主义反抗普遍主义公民规范提供了伦理支撑。城邦是公民的目的，应当具有一定的包容性。城邦是个体的目的，但是这并不意味着它可以否定个体的价值。亚里士多德的"目的论框架在国家和个人之间建构一种更为共生性的关系，表明了它们之间存在着相互依赖的复杂关系"①。这为身份政治提供了价值支持，为普遍主义的公民观批判奠定了伦理基础。人从政治的动物转换成政治的人，需要寄希望于德性，而德性的形成并非依靠天赋，相反形成于具体的实践。这些观念与社群主义不谋而合，社群主义从共同体的角度出发批判自由主义的无负荷的自我观念。麦金泰尔认为现代社会的失序，揭示了自由主义的普遍主义规范的失败。社群主义对身份政治起到了助推作用，其多元文化主义主张为少数族群的身份政治提供了伦理基础。

第二节　身份政治的思想基础：近代同一性思想与承认理论

身份政治的思想基础是近代洛克同一性思想、卢梭自爱理论与费希特、黑格尔的承认理论。洛克的人格同一性思想肯定了关系的存在，将他者纳入同一性的考察范畴之中。卢梭的自爱理论则是思想史中的一个创举，包含人们对于承认的渴望与需求。而费希特与黑格尔聚焦主体间性的承认理论，则是后现代社会身份政治斗争的理论动力。

一　作为关系观念的人格同一性

认同事关个体关于自我的认知，人格同一性（The Personal Identity）是由洛克提出的重要哲学论题。洛克在《人类理解论》中的"同一性与差异性"章节，提出人格同一性理论。同一性是一种关系观念，人格同一性区别于人的自我认同，包含着他者的维度。

––––––––––

① 〔美〕克里斯托弗·希尔兹：《亚里士多德》，余友辉译，华夏出版社，2015，第345页。

　　同一性并非天赋，相反是经验的。批判天赋观念是洛克人格同一性理论的逻辑起点，经验主义对洛克产生极大影响。在同一性观念的起源上，洛克认为"凡具有一个发端的东西，就是有同一的东西"①。一切客观事物都具有同一性，并且一切观念都具有同一性。同一性的存在是我们认识客观事物的基础，如果缺少同一性，认知便难以存在。洛克同一性思想基于经验论，同一性的形成与具体情境有关。"如果把一个事物在某个时间和地点存在的情形，同其在另一时间和地点时的情形加以比较，我们便形成同一性（identity）和差异性（diversity）的观念。"② 在不同的情境之下，同一性具有相对性。同一性是人们在对事物的不同时间与地点的比较得出的，这肯定了客观检验的存在。但是，洛克的同一性思想存在经验论上的不彻底性。同一性的存在以具体情形下客观事物的存在为基础，但是同时又要求从观念层面去认识同一性。洛克十分注重观念的同一性，但对同一性与同一性观念并不作区别。"各种观念既是互相差异的，所以我们一了解了各种名词，立刻就可以看到命题所含的真理，而且不论在概括的命题方面，或在非概括的命题方面，我们的知识都是一样确定，一样容易的，因为人心可以知道它所有的任何观念是与自身同一的，而且知道两个观念是互相差异的……这两个概括的公理只不过是说，同一的是同一的，同一的不是差异的。"③ 同一性是观念自身所具有的客观属性，同一性观念是在观念所具有的同一性特性基础之上形成的。

　　洛克人格同一性论题的提出与笛卡尔唯理论有关，洛克认为将自我等同于精神实体没有任何意义。"我们的特殊实体观念，只是一些简单观念的集合体，我们只以为它们是联合在一个物体中的。"④

① 〔英〕洛克：《人类理解论》（上册），关文运译，商务印书馆，2019，第326页。
② 〔英〕洛克：《人类理解论》（上册），关文运译，商务印书馆，2019，第325页。
③ 〔英〕洛克：《人类理解论》（下册），关文运译，商务印书馆，2019，第632～633页。
④ 〔英〕洛克：《人类理解论》（上册），关文运译，商务印书馆，2019，第275～276页。

洛克指出了我们对于实体的概念，并没有彻底清楚的认识，更别说精神实体。实际上，这些实体的概念虽然被称为"简单的概想"（simple apprehension），实际上这些实体概念是极其复杂的，并且是组合的，而非简单的联合。"实体同一性之所以被引入讨论，乃是因为我们在经验中经常会看到意识中断的情形；在这种情形下，人们就会问：因为我们并不总是看到过去的自我……这种疑问对于我们现在的人格同一性并无关系，因为人格本身并非实体。"① 基于此，人格同一性并不具有实体性，"人格同一性之成立于意识的同一性，而不成立于实体的同一性"②。因而，笛卡尔基于灵魂实体得出人的同一性并不可信。即使一个人没有理性，只要具有人的身体形状便是人。而洛克认为，"就一般人所意味到的人的观念来说，其中的构成分子不只限于有理性的（或能思想的）实体观念，此外还有某种形象的身体观念与此联合在一块儿。人的观念如果是这样的，则人的同一性一定是同一的连续的身体（不至于骤然变了），和同一的非物质的精神，共同合成的。"③ 人的观念同时存在于精神实体与身体之中，是同一的身体与精神实体组合而成的。

故而，洛克区别了人（Man）和人格（Person），"所谓人格就是有思想、有智慧的一种东西，它有理性、能反省，并且能在异时异地认自己是自己，是同一的能思维的东西。"④ 意识决定了人格同一性，人的意识与思想是不分家的，人只能凭借意识才能知觉到自我。洛克在阐发人格同一性时重新界定了自我（Self）概念，认为"人所以自己认识自己，既然是因为有同一的意识，因此，人格同一性就完全依靠于意识——不论这种意识是附着于单一的实体，抑或能在一系列繁多实体中继续下去"⑤。意识时常伴随着思想，只有凭

① 朱华甫：《洛克的人格同一性理论》，《中山大学学报》（社会科学版）1998 年第 1 期。
② 〔英〕洛克：《人类理解论》（上册），关文运译，商务印书馆，2019，第 342 页。
③ 〔英〕洛克：《人类理解论》（上册），关文运译，商务印书馆，2019，第 333 页。
④ 〔英〕洛克：《人类理解论》（上册），关文运译，商务印书馆，2019，第 334 页。
⑤ 〔英〕洛克：《人类理解论》（上册），关文运译，商务印书馆，2019，第 334 页。

借意识，人才能成为"自我"。并且，人格也与意识有关，意识与一个实体相结合，意识便能认同这个实体是自我，在意识存在的情况之下，这个实体便保持着同一个人格。当意识从这个实体脱离与第二个实体结合，如果意识还能回忆起第一个实体，同时包含两个实体的意识联合在一起，它仍然是同一个人格。虽然，"身体的一切分子都是我们的一部分，都是有思想、有意识的自我的一部分，因为它们和同一能思想而有意识的自我，发生了生命的联系……因此，各种肢体虽是一个人格者的一部分，可是它们在割除以后，人格者仍然是同一的"①。但是，以自我意识证明人格同一性具有其合理性，不能割裂同一性与实体的关系。可见，自我概念包含自我同一性，自我同一性来源于自我，而非其他主体，而人格的同一性可以由其他主体判断。

　　因此，洛克的人格同一性理论肯定了关系的存在，将他者纳入同一性的考虑范畴之中。并且，其同一性理论关注到现实实践维度，与具体的时间、地点有关，这具有经验论意义。不可否认，洛克人格同一性理论存在内在矛盾，一方面，他以反对笛卡尔理念精神实体为出发点；另一方面，他基于经验论来论证人格同一性，将人格同一性建立在观念同一性之上。自我意识概念是洛克同一性思想的重要组成部分，但是他并未意识到自身并没有超越形而上学，对经验论的理解也不够彻底。与此同时，洛克的人格同一性理论是站在个人主义立场之上的，他指出"实体本身把自身规定在特定的时间和地点之中，而时空无法同时被两个实体所占据"②。这与同一性本身是相悖的，因为，同一性本身蕴含着相同，而个体化原则基于对差异性肯定的逻辑起点。洛克的人格同一性理论也被其他思想家继承并重新阐发，上述问题也有所反映，比如个体化原则问题就在莱布尼茨的人类理智新论中被放大了。莱布尼茨赞同洛克以人格的思

---

① 〔英〕洛克：《人类理解论》（上册），关文运译，商务印书馆，2019，第336页。
② John Locke, *An Essay Concerning Human Understanding*, P. H. Nidditch eds. (Oxford: Clarendon Press, 1975), p. 330.

想或自我意识来证明人格同一性，但是不认可其将实体与意识相联系。"对自我的意识或知觉证明了一种道德的或人格的同一性……就人来说，这样是合乎神圣天道的规则的，就是灵魂还保持着道德的、并且对我们自身显现出来的同一性，以便构成同一个人格，并因此能感受惩罚。"① 很明显，莱布尼茨的同一性观点是单子论，认为单子的实体时刻都有意识，把人格理解为"道德主体"，这将同一与实体割裂开来，坚持了个体性原则，更加放大了洛克同一性理论的弊端。

二 人类对承认的需要

卢梭是第一个将人类承认置于重要地位的哲学家，其思想对黑格尔产生极大的影响。卢梭认为，"我们的种种欲念的发源，所有一切欲念的本源，唯一同人一起产生而且终身不离的根本欲念，是自爱"②。卢梭将个体获得他人承认的需要，与人的自爱（Amour Propre）本性直接联系。"自爱具有认知的价值，有具备动机的功能，使我们确定在共同体对自我的肯定，同时它的发展会影响着所有的经济状况。"③ 但是，因自爱所具有的相对性、人为性与凶险性，人类的承认需求会催生恶。卢梭的学术体系皆为弥补自爱所产生的恶，力图"重建社会与政治制度"，"关注个体性格的养成"。④

自爱是人类的本性，具有相对性、人为性与凶险性。"明显地，自爱（Amour Propre）是一种自我之爱（Self-Love），自我之爱还包含自利（Amour De Soi）。"⑤ 自私出于自我保存，自爱则指向个体在

---

① 〔德〕莱布尼茨：《人类理智新论》，陈修斋译，商务印书馆，1982，第242页。

② 〔法〕卢梭：《爱弥儿》，李平沤译，商务印书馆，2013，第318页。

③ Timothy O. Hagan, "Book Reviews on 'Rousseau's Theodicy of Self-love: Evil, Rationality, and the Drivefor Recognition'", *Mind*, Vol. 119 (2010), p. 219.

④ 弗雷德里克·诺伊奥瑟、张丽丝、Hans-Christoph Schmidt am Busch、Christopher F. Zurn：《卢梭与人类获得承认的需求》，《国外社会科学前沿》2020年第2期。

⑤ Frederick Neuhouser, Rousseau and the Human Drive for Recognition (Amour Propre), Hans-Christoph Schmidt am Busch and Christopher F. Zurn (eds.), *The Philosophy of Recognition: Historical and Contemporary Perspectives* (Maryland: Lexington Books, 2010), p. 22.

社会中的地位与获得的荣誉。卢梭认为自爱与自私在性质上与效果上具有严格意义上的区别①，"敦厚温和的性情产生于自身，而偏执妒忌的性情是产生于自私"②。自私是一种自然而生的情感，而自爱是一种"人为"的情感。与自利相比较而言，"自爱具有进一步的意义，因为它寻求的好处是对他人的尊重，实际上它的满足需要包含在他人的意见中。自爱在第二种意义上是相对的，因为它的目的来自他者的承认，而他者的承认本质上具有社会性"。③ 自爱具有相对性，因为它由自我与他者的关系决定。获得他人的承认成为人的重要需求，人人都想得到他人的承认，一旦求而不得便会产生危害性结果。

卢梭在《论人类不平等的起源和基础》中，不光揭示了人类社会的根源，还论及了万恶的根源——奴役、冲突、恶习、痛苦与自我疏离。自爱是引发不平等与恶的主要因素，正是自爱的相对性特征使得它追求他者的承认，这很容易演变成一种比别人更好的欲望，这些都是自爱的危险之处。并非所有人的欲望都可以得到满足，这就会导致部分人的自爱的承认需求并不能被满足，冲突与争斗便会产生。因此，对承认的需求并非适用于所有人，自爱演变为对优越性的占有，逐渐地曲解了人类的真实需要。因此，自爱会导致恶或者不道德。自爱的相对性特征使得主体需要依赖他者而获得承认，并且比他人优越本身也容易带来伤害。"任何故意伤害他人的行为，都将被看作是一种存心凌辱，因为，除了伤害的行为造成了痛苦以外，被伤害者认为对他的人格的轻视往往比痛苦本身还难忍受；每个人都将根据别人对他表示轻视的方式而给以相应的惩罚；报复的手段是可怕的；人变成了凶暴残忍的人。"④ 因此，自爱会导致进一

---

① 〔法〕卢梭：《论人类不平等的起源和基础》，李常山译，商务印书馆，1978，第155页。

② 〔法〕卢梭：《爱弥儿》，李平沤译，商务印书馆，2013，第320页。

③ 弗雷德里克·诺伊奥瑟、张丽丝、Hans-Christoph Schmidt am Busch、Christopher F. Zurn：《卢梭与人类获得承认的需求》，《国外社会科学前沿》2020年第2期。

④ 〔法〕卢梭：《论人类不平等的起源和基础》，李常山译，商务印书馆，1978，第92页。

步的危险——异化。卢梭阐释了一种自我隔离的状态，一种外在于自我的生活，"这世界上就有那么一种人把别人的脸色看作一把尺子：这种人把自己是不是幸福，不是凭自己的感觉，而是看别人对他所流露的表情。所有一切差异的真正原因在于：野蛮人的生活是内在于自己的，而终日惶惶不安的文明人的生活总是外在于自己的，他的生活价值，是看别人的评论而定，这就是说，他对自己的存在的感受，是以别人的看法作自己看法的依据的"①。

　　因而，卢梭提出了补救方案，其目标有两个：一是反对人类文明过程中的不平等；二有利于所有人获得承认的社会承认制度。"卢梭为自爱的问题提出的解救方法有两个宽泛的类别：一类关注重建社会与政治制度，另一类关注个人性格的养成。使自爱保持良性状态不仅需要合适的社会与政治制度，还需要进入那些制度中的个体具有合理的需求、目的与自我观。"② 在政治共同体中，法律是承认的源头，正当的法律平等地适用于所有人。卢梭在《爱弥儿》中提出了自爱第二部分补救方案，其目的就是以正确的教育来使儿童矫正自爱的不健康形式。不仅如此，尽管卢梭看到了自爱的危险性，但是它具有自我补救的可能，因为它为人类提供了理性。"自爱是理性、德性与自由的唯一的间接来源，因而是所有它的恶的补救办法的来源。在寻求对承认的激情的满足时，伴随着自爱个体被引导着去建立与他者的联系，赋予他们开拓新的可能性的认知和情感的能力，即理性、道德与自由。"③ 理性的产生依赖于自爱的相对性特征，对他者的关注使得主体性的考虑更加全面，这有利于培育理性，即所有的欲望"其本身普遍的或理性的标准"④。自爱是人类本性，

---

① 〔法〕卢梭：《论人类不平等的起源和基础》，李常山译，商务印书馆，1978，第119页。

② 弗雷德里克·诺伊奥瑟、张丽丝、Hans-Christoph Schmidt am Busch、Christopher F. Zurn：《卢梭与人类获得承认的需求》，《国外社会科学前沿》2020年第2期。

③ 弗雷德里克·诺伊奥瑟、张丽丝、Hans-Christoph Schmidt am Busch、Christopher F. Zurn：《卢梭与人类获得承认的需求》，《国外社会科学前沿》2020年第2期。

④ Jeffrey Church, "The Freedom of Desire: Hegel's Response to Rousseau on the Problem of Civil Society", *American Journal of Political Science Association*, Vol. 1, 2010: 125.

是理性的情感来源。① 自爱使得人类关注他者,这超越了自我的特殊需求的视角。

三 主体间的相互承认

一直以来,学界认为是费希特第一个提出"承认"概念。在《知识学》中,费希特提出了其知识学的三个原理:原理一,"自我设定自身",人的自由以对自由的意识为限定;原理二,自由关系存在三种承认关系,即互不承认的战争状态、单向承认的主奴关系和相互承认的法权关系;原理三,自由的理性个体会自然地形成共同体,共同体的个体以他者的自由来限制自我的自由,个体以共同意志来实现个体意志。费希特从自我意识出发理解承认,认为具有自我意识的个体之间的相互关系是承认的主要内容。

(一) 肯定主体间性

三种承认关系具有以下三层内容:"Ⅰ. 只有我本身把一个确定的理性存在者作为一个理性存在者加以看待,我才能要求这个存在者承认我是一个理性存在者。""Ⅱ. 但是,我必须在一切可能的情况下,要求所有在自我之外的理性存在者都承认我为一个理性存在者。""Ⅲ. 结论已经得出来了。我在一切情况下都必须承认在我之外的自由存在者为自由存在者,就是说,我必须用关于他的自由的可能性的概念去限制我的自由。"② 通过这三层内容,可以发现承认具有以下特征。

主体间性是费希特承认理论的逻辑起点,主体间性的演绎从其知识学延伸到伦理学。"知识学的任务就是要克服康德哲学的二元性

---

① 更详细地描述理性的观点,见 Frederick Neuhouser, "Rousseau on the Relation between Reason and Self-Love (Amour Propre)", *Internationales Jahrbuch des Deutschen Idealismus* (2003): 221 – 239。

② 〔德〕费希特:《自然法权基础》,谢地坤、程志民译,商务印书馆,2004,第46、47、54 页。

和非体系性，使哲学真正成为统一的科学体系。"① 费希特不仅把知识学看作一门科学的理论，也看作一个关于自由的体系。费希特自述，"我的体系是第一个自由的体系；正如法兰西民族使人摆脱了外部的枷锁一样，我的体系使人摆脱了自在之物、外部影响的枷锁，在自己的第一原理中把人视为独立不倚的存在者"②。在其知识学中，伦理学具有优先性，并试图使之运用于实践之中。1798 年，费希特发表《以知识学为原则的伦理学体系》，试图"既在最初的发生方面表明了经验自我起源于纯粹自我的过程，也在最后的结果方面整个从人提炼出纯粹自我"③。这种自我是融合主观与客观的自我，具有自我能动性。在费希特看来，"作为哲学乃至整个人类知识大厦基点的自我，本质上不是意识的事实［Tat］，而是使意识及其对象得以可能的东西，是造成意识事实的行动［Handlung］，即本原行动［Thathandlung］"④。作为本原行动的自我，是一种意志活动，也即个体意识到自身的能动性，这一能动性指向某客体，这个客体能够通过对能动性的自我反思回到自身。在这个过程之中，自我是主客体同一的。费希特在这个基础之上，论证了理智直观的意义，即为了达到绝对而自己规定自己的绝对趋势——自由。每个人都可以在理智直观中意识到自由，自由在意志活动之中具有其自明性。

费希特发展了康德以抽象的人性论为基础的认识目的理论，强调人也是工具，为了实现人是目的的终极原则。费希特不再只将主体性等同于我思，指出具有现实能动性的主体性会衍生出主体间性。自我性的两个必要条件是物质躯体与理智力量。作为绝对的能动性，

① 郭大为：《从先验主体性到主体间性——费希特伦理学思想简论》，《中共中央党校学报》1998 年第 2 期。
② 《费希特全集》第Ⅲ辑（第 4 卷），巴格利亚科学院版，1973，第 182 页。转引自郭大为《费希特与主体间性问题》，《北京大学学报》（哲学社会科学版）1999 年第 3 期。
③ 〔德〕费希特：《伦理学体系》，梁志学、李理译，中国社会科学出版社，1995，第 257 页。
④ 郭大为：《从先验主体性到主体间性——费希特伦理学思想简论》，《中共中央党校学报》1998 年第 2 期。

外化的自我会在现实中通过自我的物质的事物对物质世界产生影响。没有自我的物质躯体，就不能进行现实的自由活动。但是，如果没有自我能动性，自我也不能意识到自我的存在。自我的物质躯体是人的意志活动的工具，人需要以自我躯体的现实活动来达到绝对趋势，也即自由。因此，作为物质躯体与意志活动的理智力量，都以自由为终极目的。因此，人既是目的，也是工具。

费希特对笛卡尔的主体性原则进行了变革，因为他承认在自我之外还存在其他像自身一样的存在。"假定一种在自身之外的现实理性存在物，这就是自我意识或自我性的条件。"① 自我性的一个重要条件是意识到他我的存在，他我是与自我密切联系的其他个体。从而，自我与他我之间建立的关系便是主体间性，自我的第三个条件主体间性对于自由尤为关键。主体间性对于自由极为重要的原因是自由需要在主体间性的关系之中达成，因为"一个有限的理性存在物不认为其他有限的理性存在物有一个自由的效用性，因而也不假定在自身之外有其他理性存在物，就不能认为自身在感性世界中有自由的效用性"②。在"人际关系"（Interpersonalitaet）之中，自我的终极目标始终是追求自由与独立的自我，自己规定自我，而他我也一样，因此个体不能侵犯"他我的自由"，反而应当成为"他我"最终目的的手段。可见，自我与他我的主体间性必然会演绎出社会关系，"人（所有真正的有限存在物）只有在人群中间才成为人"，"人的概念是类概念"。③ 合乎理性的社会关系是自我与他我之间自我自由的达成，只有这样社会中的自我自由才能实现。因此，主体间性原则构成了费希特哲学自我自由达成的这一终极价值的根本基础。

（二）承认是法权基础

费希特从自我意识中推论出法权与承认概念。费希特指出，知

---

① 〔德〕费希特：《伦理学体系》，梁志学、李理译，中国社会科学出版社，1995，第 222 页。

② 梁志学主编《费希特著作选集》第 2 卷，商务印书馆，1994，第 287 页。

③ 梁志学主编《费希特著作选集》第 2 卷，商务印书馆，1994，第 296、297 页。

识学具有两个原理：其一，"自我设定它自己"，理性存在者"具有把客观到主观的直观活动和从主观到客观的意识活动统一起来的自由效用性，所以必定能设定它自身为有限理性存在者"①；其二，"自我设定非我"，自由效用性会使理性存在者设定他我。自我与他我的关系，是相互限制自己的自由，同时也是相互成全彼此的自由，由于有了这种关系，它们就组成了一个法治共同体，"支配这个共同体的规律就是它们都必须共同遵守和承认的法权规律"②。费希特把法治与道德作了区分，只有在感性世界中通过行动，通过自由的各种表现，各个理性存在者才会产生相互作用。因此，法权概念只涉及在感性世界中表现出来的东西。凡在感性世界中没有因果性，而停留在内心的东西，都应放在另一个法庭，即道德法庭的面前。

在《自然法权基础》中，费希特第一次将权利解释为承认模式。使权利成为承认模式是因为个体具有确定的定位，通过他者或者集体表现个人在这个世界作为个体和对于他者而言的个体存在。个体的权利并非给予，而是他者出于理性授予个体的。这种他者给予的地位便是个体被承认的方式。权利是授予的，只能在国家的强制性权力所支持的法律保障之下才能持久地被个体所拥有。权利被区分为行为模式、某种地位所要求的个体享受的应得权利以及被承认的某种社会地位三个层面。此外，费希特特别论述了政治权利，自由且理性的个体是个体自决的前提。个体被认为是成熟的人的类存在的途径，是被承认有自我意识的个体。因此，权利就是承认，因为他们保障个人自决的地位。

承认理论蕴含着个体地位的实现，这是相互影响下规范指导模式的结果，因而它被认为是观念论的典型。观念论的承认理论受康德的先验观念论影响，更加注重社会实体中实践的观念部分，而非抽象个体的独立意识。观念论的承认理论反击祛魅与怀疑论的冲击，维持人类生活的规范性保障来源，它往往通过关于事物与个体思想

① 〔德〕费希特：《自然法权基础》，谢地坤、程志民译，商务印书馆，2004，第Ⅵ页。
② 〔德〕费希特：《自然法权基础》，谢地坤、程志民译，商务印书馆，2004，第Ⅵ页。

的出现以它们的存在为基础的主张来实现。如果说保障规范的代价是使人类放弃其自然环境与日常存在的物质生活，那规范的代价实在太大。反对观念论的承认理论的观点是，由于个体的地位是由他者所授予的，逐渐地个体便会因他者的忽视而受到伤害。这是一种典型的伤害，主要是对身体的虐待。但是，这种主张是违反常情的，尽管伤害另一个人的身体也许被认为是不承认的表现，但这仅仅是身体的伤痛与遭遇，并非是不承认，因为它不是遭遇冷漠、诅咒、侮辱、耻辱。即使如此，如果承认理论不将身体的伤害纳入其范畴，它将忽视反映身体伤害的诸多问题。

　　在这个意义上，费希特的权利理论以整合真正意义上的承认与身体的伤害为目的。《自然法权基础》开篇关注三个问题：第一，具有有限理性的存在者不能将自身归因于他人的效用性，而应当归因于自身的自由效用性，因而也不会预设自身之外的理性存在者；第二，理性的个体不能假定其自身为个体，应当是"受到自身之外的他者的影响的地位"，因为一个有限理性者不承认其他有限理性者具有自由的效用性，也就无法假定自身之外有其他理性存在者与自由的效用性；第三，一个有限理性者如果不把自身与其他有限理性者处于法权关系中，就不预设其有限理性者的存在。① 三者具有相互联系的关系，第一条以第二条为预设，将自身定位为他者之间的存在预设了在他者存在之中的个体存在，这表明了他们之间具有因果关系的相互影响。自我意识因而便是相互联系的主体间的构成。除此之外，费希特也在尝试将承认与权利相结合，这一主张肯认日常生活的物质条件。值得指出，他主张对权利进行先验性减除。先验权利与政治权利是不同的事物，费希特尝试对二者进行整合。但是，费希特并非一开始就对权利的概念定义有清晰的认知。一方面，一般意义上的财产权是保障政治国家中公民的外在自由，这种自由的限制是以他人自由的承认为前提。另一方面，一种先于政治的先验

① 〔德〕费希特：《自然法权基础》，谢地坤、程志民译，商务印书馆，2004，第17～42页。

权利，比保障尊重个体权利的国家中公民享有的生活更深刻、更一般。这种权利理论与先验的主体间性相关，因为主体间性具有实在的、实证的个体的真实自我意识。

（三）作为法权基础的承认导向契约

首先，权利是主体间性的。洛克主张人天然拥有自身的人格，并且"如果规定任何人把共有的东西的任何部分拨归私用的时候，必须得到每一个共有人的明确同意，那么孩子和仆人们就不能割取他们的父亲或主人为他们共同准备而没有指定各人应得部分的肉"①。这意味着无须他人的承认，在未达成契约进入社会之前，权利在自然状态下就可以证成。对此，黑格尔也持相同观点，"人格有权把他的意志置入任何事物中，凭此该物是我的，达到其实体的目的，因为物在自己本身之中不具有这样一种目的以及包含我的意志的它的规定与灵魂，——人对一切事物［有］绝对的据为己有的权利。"② 与这类自然权利观点不同，费希特主张所有人格都是与他人的人格相联系，权利建立在主体间的人格基础之上。"那些起初仅在思辨视角看来构成人格性之条件的东西，只有通过其他存在者不会伤害这种人格性，才能成为权利。"③ 不仅如此，费希特认为建立在人格基础之上的原始法权并不存在，法权并非先天就存在。这是因为，"原始权利是一种单纯的假定"④，"任何原始法权的状态和人的原始法权都是不存在的"⑤。

其次，承认必然导向契约。与洛克一样，费希特也主张契约法权。但是，费希特的法权建立的基础是主体间的共同意志。"一切法权判断的基本原则是：每个人都要依据关于其他人的自由的概念，

---

① 〔英〕洛克：《政府论（下篇）》，叶启芳等译，商务印书馆，1996，第20页。
② 〔德〕黑格尔：《法哲学原理》，邓安庆译，人民出版社，2016，第96页。
③ 〔德〕费希特：《自然法权基础》，谢地坤、程志民译，商务印书馆，2004，第369页。
④ 〔德〕费希特：《自然法权基础》，谢地坤、程志民译，商务印书馆，2004，第370页。
⑤ 〔德〕费希特：《自然法权基础》，谢地坤、程志民译，商务印书馆，2004，第370页。

限制自己的自由，限制自己的自由行动的范围（使其他人作为完全自由的人也能同时存在）。"① 主体间性的承认需要契约的达成，共同意志是承认达成的基础与依据。"每个人只是为了自己可以做或不做某事，才为了他人做或不做某事，任何人都不是真正为了他人而行动的，而是为了他们自己，即使他们为了他人而行动，也只是因为不为了他人而行动，就不能为了自己而行动"，"签订契约是为了实现契约的权利，因此仅仅出于一种自私的原因，契约是相互争执的意志的统一"②。

最后，关于建立在共同意志基础之上的财产权理论。费希特的财产权理论是通过契约中主体间的关系所达成的，诉诸复数的人格之间的承认。"一切财产权均以相互承认为根据"③，而真正能使主体间承认达成的就是共同的意志，因为"共同意志的客体是相互的安全"④。因而，建立在共同意志基础之上的契约能够满足个人财产权的目的，"一切财产权都是建立在所有人与其他所有的人签订的契约上的，这个契约规定：我们大家各得其所，条件是我们也承认你的财产权。"⑤ 黑格尔对此进行了批判：首先，共同意志难以达成，"因为他们都是直接的个人，所以其特殊意志是否能够与自在存在着的意志（唯有通过特殊意志才获得其实存）取得一致，乃是偶然的事"⑥。其次，共同意志只是一种假性共识，"在直接个人之间的相互关系中，他们的意志一般说来虽然是自在地同一的，而且在契约

---

① 〔德〕费希特：《自然法权基础》，谢地坤、程志民译，商务印书馆，2004，第370页。
② Fichte, Rechtslhre, S. 28. 转引自张东辉《费希特的法权哲学》，中国社会科学出版社，2010，第171页。
③ 〔德〕费希特：《自然法权基础》，载《费希特文集》第2卷，梁志学编译，商务印书馆，2014，第370页。
④ 〔德〕费希特：《自然法权基础》，载《费希特文集》第2卷，梁志学编译，商务印书馆，2014，第409页。
⑤ 〔德〕费希特：《自然法权基础》，载《费希特文集》第2卷，梁志学编译，商务印书馆，2014，第469页。
⑥ 〔德〕黑格尔：《法哲学原理》，邓安庆译，人民出版社，2016，第159页。

中又被他们设定为共同意志，但仍然是特殊意志"①。最后，费希特的契约财产理论与洛克的自然财产理论并无差别，"两种理论的所谓不同，仅仅在于政策财产，洛克诉诸单数的特殊人格，即单个人的劳动能力；而费希特诉诸复数的特殊人格，亦即不同特殊人格之间的承认与一切。尽管有这种不同，但究其本质，两者所主张的都是一种基于特殊人格的财产权"②。

费希特对黑格尔与马克思都产生了极大的影响。1837 年，马克思曾说费希特的理论对他的法学著作的撰写产生了很大影响，"开头我搞的是我慨然称为法的形而上学的东西，也就是脱离了任何实际的法和法的任何实际形式的原则、思维、定义，这一切都是费希特的那一套，只不过我的东西比他的更现代化，内容更空洞而已"③。同时代的黑格尔较多地继承了费希特学说，尤其是其承认理论与费希特学说的渊源甚深。

四　作为运动的承认斗争

相比于费希特走向相互承认的法权理论，黑格尔进一步地认为，承认是一种自我意识之间的生死斗争，并主张超越主奴关系，建立个体之间以及个体与社会、制度之间的承认关系。耶拿时期，黑格尔为了克服以主体为中心的弊端，在《现实哲学》中提出交互主体性思想，把伦理总体性看作"个别与一般的一体性"，认为"一个通过认知而与自身建立关联的主体，会同时面对两个自我：一个是作为普遍的主体，它是作为一切可以认识的对象的总体性世界的对立面；另一个是个别的自我，它在世界中是众多实体当中的一员……在具体的普遍性当中，作为普遍性的主体始终优先于作为个体的主体。在伦理领域中，这一逻辑的结果则是更高层次的国家主

---

① 〔德〕黑格尔：《法哲学原理》，邓安庆译，人民出版社，2016，第159页。
② 陈浩：《自然与契约的彼岸——黑格尔"抽象法"中的人格财产权概念》，《哲学动态》2018 年第 4 期。
③ 《马克思恩格斯全集》第 40 卷，人民出版社，1982，第 10 页。

体性优先于个体的主观自由"①。这里所说的普遍性、世界整体性的确证，是对世界之整体性的主观确证，以对世界整体性的确证为承认目标。

（一）　基于自我意识的承认

在《精神现象学》的第四章开篇，黑格尔就"自我意识"及其确定性进行了论述，提出自我意识的满足以相互承认为条件。"欲望和由欲望的满足而达到的自己本身的确信是以对象的存在为条件的，因为对自己确信是通过扬弃对方才达到的；为了要扬弃对方，必须有对方存在。因此自我意识不能够通过它对对象的否定关系而扬弃对象。"② 其实，个体与一般存在对立，表现在法律与共同体等不同形式的对立结构之中。其中还有有限精神与无限精神的对立，承认运动就与这种对立有关。个体的自由必须得由另一个个体的确认，而另一个个体是满足于一般性的要求。因而，只有共同体之中相互承认的个体才能真正达到自由，这种自由通向伦理，"伦理法是自由的理念，作为有生命力的善，在自我意识中对它有知识，有意志，并通过有意识的行为具有现实性，恰如这种有生命力的善在伦理的存在上有其自在自为存在着善的基础和起推动作用的目的，这就是已经变成了现成的世界和自我意识之本性的自由概念"③。

自我意识经历了三个环节，才达到统一的运动："第一，作为纯粹的意识；第二，作为个别的存在，这存在以欲望和劳动的形式对待现实性；第三，作为对它自己的自为存在的意识。"④ 自我意识达成承认，需要经历由个别的欲望的自我意识到普遍的自我意识理性。费希特就个体自我意识的一般结构进行规范意义上的论述，而黑格尔则进一步基于群体的、制度的、联合的自我意识进行研究。自我

---

① 〔德〕于尔根·哈贝马斯：《现代性的哲学话语》，曹卫东译，译林出版社，2011，第47页。
② 〔德〕黑格尔：《精神现象学》（上卷），贺麟等译，商务印书馆，2017，第136～137页。
③ 〔德〕黑格尔：《法哲学原理》，邓安庆译，人民出版社，2016，第282页。
④ 〔德〕黑格尔：《精神现象学》（上卷），贺麟等译，商务印书馆，2017，第162页。

意识的形式是承认运动（Bewegung der Anerkennung）的阶段，是个体之间和群体之间的关系。正是个体对身体与精神的占有间接论证了奴役的不合法，而承认运动涉及个体与群体之间的冲突，这包含抽象的自我否定与相互否认。黑格尔用承认的斗争来阐释个体之间的斗争，继而会产生关于自我的同一性与差异性。为了承认而斗争便产生了法权意识，因为在为了承认而斗争的运动之中，产生了一般的自我意识。奴役先于法权而存在，承认的斗争会产生一种群体的法权意识。黑格尔已然用整体论取代之前的契约原子论，主体间性的完整个人替代了原子式的个人。"'个人'一词指的是这样一个个体，他最初是从主体间承认其法律能力当中获得其认同的；相反，'完整的个人'指的则是这样的个体，他首先是从主体间对他的'特殊性'的承认中获得其认同的。"[1] 黑格尔认为，他者与自我在本质上存在差异，他者并非自我。但是，自我摆脱不了他者，并且即使是自由也摆脱不了他者的限制。这种限制是相互的，自我限制他人，他人也限制自我。由此，他者承认我的自由，同时我也承认他者的自由。"在黑格尔看来，自由包含着某种自我关联以及与他者的关联；它是置身于某种注重自身利益但又相互关联的国家中构成的。"[2] 由此，限制本质上就是承认，自由本身也是一种被承认的自由。

（二）主奴承认斗争

费希特认为相互承认是自我意识的先决条件，而黑格尔的承认理论始于自我意识之间的生死斗争，即主奴斗争。黑格尔通过对自我意识的分析推论出主奴辩证法，自我意识以两种相对立的意识形态存在，"其一是独立的意识，它的本质是自为存在，另一为依赖的意识，它的本质是为对方而生活或为对方而存在。前者是主人，后

---

[1] 〔德〕阿克塞尔·霍耐特：《为承认而斗争》，胡继华译，上海人民出版社，2005，第 31 页。

[2] Robert B. Pippin, "What is the Question for Which Hegel's Theory of Recognition is the Answer?", *European Journal of Philosophy* Vol. 8, No. 2 (2000): 156.

者是奴隶"①。"自我意识是自在自为的，这由于、并且也就因为它是为另一个自在自为的自我意识而存在的；这就是说，它所以存在只是由于被对方承认。"② 并且，自我意识被对方承认需要一个过程，"自我意识的单个性的扬弃是最初的扬弃；它因而就只被规定为特殊的自我意识。这个矛盾产生这样的冲动：表明自己是自由的自身，并且对他者作为这样的自身而定在着，——这就是承认的过程"③。

黑格尔基于不承认来论证主奴关系，这与自我意识的欲望有关。生命与自由同等重要，"战斗首先就作为片面的否定而以不平等结束：战斗的一方宁愿要生命和保持自己为单一的自我意识，而放弃其得到承认的要求，另一方则坚持其与自己本身的联系并为作为被征服者的那一方而承认，——这就是主人和奴隶的关系。"④ 主奴之间包含着自我否定的内容，主人在本质上是自在自为的存在，是自由的存在；而奴隶则被迫与物结合，其存在是为他存在，是不自由的存在。"于是在这里关于承认就出现了这样的一面：那另一意识（奴隶）扬弃了他自己的自为存在或独立性，而他本身所做的正是主人对他所要做的事。同时又出现了另外的一面：奴隶的行动也正是主人自己的行动，因为奴隶所做的事，真正讲来，就是主人所做的事。"⑤ 但是，这并非真正的承认，"为了达到真正的承认还缺乏这样一面：即凡是主人对奴隶所做的，他也应该对自己那样做，而凡是奴隶对自己所做的，他也应该对主人那样做。由此看来这里就发生了一种片面的和不平衡的承认"⑥。为了扬弃这种承

① 〔德〕黑格尔：《精神现象学》（上卷），贺麟等译，商务印书馆，2017，第 144 页。
② 〔德〕黑格尔：《精神现象学》（上卷），贺麟等译，商务印书馆，2017，第 138 ~ 139 页。
③ 〔德〕黑格尔：《精神哲学——哲学全书·第三部分》，杨祖陶译，人民出版社，2006，第 226 页。
④ 〔德〕黑格尔：《精神哲学——哲学全书·第三部分》，杨祖陶译，人民出版社，2006，第 230 页。
⑤ 〔德〕黑格尔：《精神现象学》（上卷），贺麟等译，商务印书馆，2017，第 145 页。
⑥ 〔德〕黑格尔：《精神现象学》（上卷），贺麟等译，商务印书馆，2017，第 146 页。

认，奴隶需要放弃其依赖性，获得自我意识的独立，为了争取承认而发生对抗性斗争。

承认运动的其中一个阶段便是"为承认而斗争"。为了承认而进行的生死之争中，获得他人承认的获胜者成为主人，而另一方则是承认主人的存在的奴隶。① "主奴的生死斗争在两个层面有所指，其一是自我意识的反动物性尝试和追求自我确定的尝试，是想象中的斗争；其一是指希腊城邦时期贵族政治建构的特质，是现实中的斗争。"② 特殊性为普遍性与自由所支配的关系就是主人与奴隶的关系。③ 两个个体存在往往会存在生命的力量，也即潜能（Potenz）的不对等，于是一个人的能力就会在另一个人之上。力量强的一方代表普遍性，而力量弱的一方代表特殊性，普遍化对于特殊性的支配无法避免。虽然普遍性必然会支配特殊性的生命与精神，而普遍性的一方因其内在存在而不自由，它的外在存在并不存在不自由。因此，代表普遍性的主人与代表特殊性的奴隶不可避免地会产生斗争。

"在黑格尔那里，将斗争的两种形式——即一方面是个体之间的暴力斗争，在这种斗争中，个体意识到其纯粹的人格以及这种人格唯一依赖于他人的承认，另一方面是反对法和伦理的结构的斗争——紧密结合起来的文章就是早期的《伦理体系》。"④ 在《伦理体系》中，黑格尔在主体间性的基础上论述其承认理论，对承认的形式进行了区分，"在家庭的情感承认关系中，人类个体是作为有具体需要的存在而被承认的；在法律的形式——认知承认关系中，个体是作为抽象的法人而被承认的；最后，在国家这一具有情绪启蒙意义的承认关系中，个体是作为具体的普遍，即作为特殊的社会化

① 〔德〕黑格尔:《精神现象学》（上卷），贺麟等译，商务印书馆，2017，第144～149页。

② 亓同惠:《法权的缘起与归宿——承认语境中的费希特与黑格尔》，《清华法学》2011年第6期。

③ G. W. F Hegel, *System of Ethical Life and First Philosophy of Spirit* (Albany: State University of New York Press, 1979), p. 125.

④ 路德维希·希普、罗亚玲:《 "为承认而斗争"：从黑格尔到霍耐特》，《马克思主义与现实》2010年第6期。

主体而被承认的"[①]。科耶夫将其解读为：主奴斗争源于欲望对另一个欲望的欲望[②]，他认为欲望本身是人才有的欲望，而动物并不存有此种欲望。自我意识与自身建立了一定的同一性，这与自我意识本身的反思性有关，即"经过了感性的和知觉的存在，从他物回归了自身"[③]。同一性的建立需要扬弃自我意识与他者存在的对立，这种扬弃被称为"欲望一般"[④]。自我意识与他者的对立便是"一般"的相反面，自我意识的欲望表现为对特殊性的消除。因而，两个存在必然存在一方从对方身上获得自我意识的论证，因而一方便会尝试从另一方那里获得承认。一方作为主动者为了满足个体自我意识的确定性证明的欲望与欲望一般，推动着关于承认的斗争。

在主奴关系中，较为重要的因素是劳动。在劳动的初级阶段，奴隶完全是按照主人的意志在劳动，自身的意志与欲望反而被压制。劳动被奴隶用来为主人提供服务，这揭露了主人与奴隶的颠倒关系，"就奴隶来说，主人是本质"[⑤]。奴隶在劳动中"扬弃掉自己的内在的直接性，并通过这种外化和对主人的恐惧造成了智慧的开端，即造成了向普遍性自我意识的转化"[⑥]。这样一来，奴隶处于主人与物之间，奴隶在主人的控制之下对物加以改造，这便是受到节制的与限制的劳动。

虽然奴隶在劳动中并未实现个体欲望的满足，但是却实现了"劳动陶冶事物"的目的，奴隶的欲望依然包含他者的欲望，这样奴隶就超越了个体性，这即出现了"智慧的开端"。[⑦] 这时，奴隶与主

① 〔德〕阿克塞尔·霍耐特：《为承认而斗争》，胡继华译，上海人民出版社，2005，第33页。
② 〔法〕亚历山大·科耶夫：《法权现象学纲要》，邱立波译，华东师范大学出版社，2011，第255页。
③ 亓同惠：《法权的缘起与归宿——承认语境中的费希特与黑格尔》，《清华法学》2011年第6期。
④ 〔德〕黑格尔：《精神现象学》（上卷），贺麟等译，商务印书馆，2017，第132页。
⑤ 〔德〕黑格尔：《精神现象学》（上卷），贺麟等译，商务印书馆，2017，第146页。
⑥ 〔德〕黑格尔：《哲学科学全书纲要》，薛华译，上海人民出版社，2002，第266页。
⑦ 〔德〕黑格尔：《精神现象学》（上卷），贺麟等译，商务印书馆，2017，第147页。

人的颠倒关系便发生了事实上的变化，主奴关系被彻底颠覆。奴隶通过劳动意识到一般性，因而得到真正的承认，"独立的意识的真理乃是奴隶的意识。"① 因而，"历史的进步，人类历史的生成，是劳动的奴隶的产品，而不是战争的主人的产物"。② 马克思也看到了黑格尔劳动的意义，"他抓住了劳动的本质，把对象性的人、现实的因而是真正的人理解为他自己的劳动的结果"。③ 黑格尔将劳动称为"陶冶的行动"，认为劳动者的意识达到了以独立的存在为自身的直观，能外化自己。在这个意义上，劳动使人实现了其本质，使其自我意识得以实现。"由于有了行动的缘故，和谐一致就变成了悲惨命运的否定运动或永恒必然性，而这种否定运动，使神的规律、人的规律，以及两种势力以之为他们的特定存在的那两种自我意识，统统被吞没于命运的简单性的无底深渊之中。"④

（三）承认诉诸法权

因承认的欲望而产生的主奴之间生死斗争的后果，实质上是伦理世界堕落为精神异化的状态。主人的欲望对于另外一个人欲望的占用，是通过奴隶来获得承认的，而主人又回到自身的普遍性，"欲望对欲望的消费本身就是从虚空到虚空"。⑤ 而这种获取他者承认的欲望便产生了一种潜在的法权状态，这种法权状态便是伦理世界堕落后的精神异化的状态。"所有的原子个体一律平等，都像每个个体一样，都算是一个个人（Person）。"⑥ 这个伦理世界摆脱了现实羁绊，由真正回归自我意识的我的空无状态所组成。这种空无是一种普遍性，"法权的那种无精神的普遍性，承认任何自然状态的性格和

---

① 〔德〕黑格尔：《精神现象学》（上卷），贺麟等译，商务印书馆，2017，第147页。
② Alex andre Kojève, *Introduction to the Reading of Hegel* (New York : Cornell University Press, 1980), p. 52.
③ 〔德〕卡尔·马克思：《1844年经济学哲学手稿》，中共中央马克思恩格斯列宁斯大林著作编译局译，人民出版社，2000，第101页。
④ 〔德〕黑格尔：《精神现象学》（下卷），贺麟等译，商务印书馆，2017，第23页。
⑤ 〔法〕亚历山大·科耶夫：《法权现象学纲要》，邱立波译，华东师范大学出版社，2011，第256页。
⑥ 〔德〕黑格尔：《精神现象学》（下卷），贺麟等译，商务印书馆，2017，第38页。

存在都具有同等的合法权利"。① 黑格尔针对这种伦理状态举了两个例子，即古希腊的家庭与城邦。因为，寻找自然意识理性的实现，寻求个体独立的统一的实在往往需回归自由的民族生活。② 家庭与城邦便是伦理世界的个体与群体完美融合的结果，"我就是我们，而我们就是我"③ 便是我与他者的自由统一。

法权的起点是伦理世界的陷落，而其最终归宿是国家。主奴关系中的承认是单方面的承认，这种承认并没有使得主人的自我意识欲望彻底达成。奴隶的欲望并没有消失，而是有所转移，转换为通过劳动而对自然的欲望消费。奴隶通过劳动达到了自身欲望的满足，而主人获得的是空无的满足。那么主奴关系就会发生反转，这种反转经历三个阶段，分别是家庭、市民社会与国家。"伦理实体之注定或被规定要这样消亡，要这样过渡为另一形态，乃是由于伦理意识本质上是直接趋向着法律或法权发展的。"④ 根据科耶夫的论证，这种反转呈现在法权领域便是主人的平等性法权、奴隶的等价性法权与公民的平衡性法权。家庭对应平等性法权，市民社会对应等价性法权，国家对应平衡性法权。

黑格尔在对"现实精神"的论述中探讨了法律层面的承认关系形式，即私有财产制度。私有财产制度的确定是对于劳动创造及其成果的私有财产合法性的主体间性的承认；与此同时，私有财产制度的确定也使交换的实际行为成为可能。"在交往中被漠视的个体之所以相应地表现出毁坏他人财产的欲望，原因并不在于他想满足自己的欲望，而是为了引起他人的关注。"⑤ 在契约关系中，法律承认也存在不合法的可能性，契约关系内也存在犯罪的可能。这时，法

---

① 〔德〕黑格尔：《精神现象学》（下卷），贺麟等译，商务印书馆，2017，第48页。
② 〔德〕黑格尔：《精神现象学》（上卷），贺麟等译，商务印书馆，2017，第264～266页。
③ 〔德〕黑格尔：《精神现象学》（上卷），贺麟等译，商务印书馆，2017，第138页。
④ 〔德〕黑格尔：《精神现象学》（下卷），贺麟等译，商务印书馆，2017，第37页。
⑤ 〔德〕阿克塞尔·霍耐特：《为承认而斗争》，胡继华译，上海人民出版社，2005，第60页。

律的强制力量便成为必要的手段。"但是在黑格尔这里，犯罪行为不仅具有消极的意义，而且还具有积极的意义：它促使法律规范在实质内容和形式运用两个方面不断扩展和改进，以实现实质的平等承认，其相应的制度层面就是国家及其组织关系的确立。"①

除了产生法权意识的承认斗争形式，也存在其他形式的社会斗争，它推动着伦理共同体中自我意识的形成。并非所有斗争都是为了承认而斗争，比如，对于法律的破坏就是为了非承认而斗争。当然，国家层面也存在与承认有关的斗争，国家之间的战争被称为"为承认而斗争"。但是，这样并不适用于所有国家之间的战争，因为没有一个国家能够放弃其存在。这些社会斗争包含着"我行我素者"或"革命者反对现有法权关系的斗争"。

在《伦理体系》中，黑格尔一开始"并没有把国家的建立追溯到主体间冲突事件（这和法律关系的形成有所不同），而是通过卡里斯玛型领袖的专横统治来说明国家的起源"②。由于该政权需要权威性，君主制被认为是最为合适的政权，国家是精神向客观性外化运动的结果。"国家是伦理理念的现实性……直接存在于风俗中，而间接存在于单个人的自我意识及其知识和活动中，就像单个人的自我意识存在（durch die Gesinnung）在国家中，作为它的活动的本质、目的和作品，具有它的实体性自由。"③ 可见，真正意义的相互承认存在于伦理精神统一的国家之中。"国家是具体自由的现实；但具体的自由在于，个人的单一性及其特殊利益不但获得完整的发展，它们的权利获得自为地承认（如在家庭和市民社会的系统中那样），这时他们一方面通过自己本身过渡到对普遍东西的关切，一方面以对普遍东西的认识和意志，尽管是承认它为它们固有的实体性精神，

---

① 王福生：《黑格尔承认理论的四副面孔》，《吉林大学社会科学学报》2007 年第 4 期。

② 〔德〕阿克塞尔·霍耐特：《为承认而斗争》，胡继华译，上海人民出版社，2005，第 82 页。

③ 〔德〕黑格尔：《法哲学原理》，邓安庆译，人民出版社，2016，第 382 页。

并为了这个普遍东西（作为他们的最终目的）而活动。"① 个人在市民社会实现自身权利需要国家的存在，"它必须以国家为前提，为了能够存在，它必须要有国家把它作为独立的东西来面对"②。国家依然是个体的实体精神，个体利益的达成需要以国家意志的承认为前提，因为"一种有价值的、善的生活包含了对各种现代社会制度的认同。只有通过参与这样的制度，通过选择并确认现代社会的诸重要角色，才能导致一直善于他人的共同生活"③。

　　虽然，学界对认同与承认的关系讨论方兴未艾，但达成的普遍共识是二者存在某种关联。的确，二者存在一定的区别，但是二者之间的关联性更为突出。不少学者认为存在从"认同"到"承认"的逻辑发展关系④，实际上却存在从承认到身份认同的时间逻辑关系。洛克将人格同一性当作一种关系观念，肯定了他者的存在。卢梭从自爱的人类本性角度发掘人类获得他人承认的基本诉求，这是费希特与黑格尔承认理论的思想萌芽。而费希特的主体间承认关系与黑格尔作为运动的承认斗争，直接关注到社会边缘群体所受的身份压迫，并提出受压迫者为承认而斗争的必要性，这为身份政治的兴起提供了理论支撑。当代社会的身份认同运动是建立在近代社会的承认理论的思想基础之上，少数族群为寻求社会承认其特殊认同而诉诸政治运动，由此身份政治开始兴起。

第三节　后现代社会身份政治运动的兴起

　　进入现代社会之后，人们面临着诸多不确定性。在风险社会中，

---

① 〔德〕黑格尔：《法哲学原理》，邓安庆译，人民出版社，2016，第389～390页。
② 〔德〕黑格尔：《法哲学原理》，邓安庆译，人民出版社，2016，第329页。
③ Robert Pippin, *Idealismas Modernism* (Cambridge: Cambridge University Press, 1997), p. 92.
④ 曹卫东在《从"认同"到"承认"》（2008）、何怀宏在《从现代认同到承认的政治——身份政治的一个思想溯源》（2019）、刘昊在《"承认哲学"对认同危机的化解及局限性研究》（2020）、赵琼在《认同还是承认？》（2020）中提出当代承认理论对认同的修正，克服了认同的诸多弊端。

人们的个人主义行为倾向越来越突出，后福特主义时代的产业模式直接推动了个人主义及其行为方式的发展。后现代社会，一种新的社会运动——身份政治运动开始兴起，它的兴起与人们应对风险社会的个人主义行为倾向密切相关。

一　"不确定性之痛"的社会条件

现代化的进程不仅带来了经济的发展，还对传统秩序与权威形成了挑战。在现代社会中，理性主义与个人主义的兴起冲击了原有的权威，宗教的力量、上帝的至高无上性以及封建社会的等级制度不断被削弱。随着工业化与城市化的推进，传统的社会秩序与生活方式被瓦解。全球化进程也对传统性构成了一定的挑战。全球化进程随着国际贸易和移民浪潮的发展而不断深入和扩大，事实上全球文化并未趋同[①]，相反全球化使得文化处于错综复杂的交融关系，文化呈现出多样化的特征。全球化背景下，人们具有接触不同文化的可能性，需要在不同的文化之中重新选择。逐渐地，随着不同文化之间的交流不断增加，文化之间的相互影响也越来越不可避免。

处于后工业社会的人们由此感受到深刻的不确定性，这些不确定性因传统体制与规范的消失而产生。家庭与职业的稳定有利于生活的安稳，但是生活在后现代社会的人们面临着诸多不确定性，其中就是家庭、工作与工会等方面的多变。例如，"自 1997 年 4 月的金融投机行为之后，英国原来所谓的'庞大的合作性社会'被'相互敌视的'关系取而代之。1945 年之后，英国的福利保障任务是由国家包揽的，民众一直以来也习惯于依赖于国家。其他西欧国家的情况也是如此。但是，近年来，随着全球化的进展和思维方式的形成，现代的国家在这方面所发挥的作用正面临一系列的挑战。对于

---

① 阿尔君·阿帕杜莱（Arjun Appadurai, 1990）在《消散的现代性：全球化的文化维度》、麦克·费瑟斯通（Mike Featherstone, 1995）在《消费文化与后现代主义》中皆对全球化背景下文化是否真正趋同提出了异议。

普通民众来说，让他们感到不知所措的是：在获取那些给他们带来安全感的基本保障如医疗保障和退休金等方面，是否还能够长期地依赖于国家。"① "风险社会"明确地描述了后工业时代面临的是不确定性与不可预见性的社会。② 现代社会处于一定的风险状态，但这些风险是潜在的灾难性后果，并非当下面临着的巨大风险。

城市格局的改变，使得人与人之间的疏离感逐渐增强。随着经济不平等与贫穷现象的不断出现，经济与社会的分层直接影响着城市的格局。在城市的边缘地带，许多少数民族聚居区散落着。很多时候，城市里充斥着大量的流动人口，邻里之间的亲密关系难以达成。与一般的城市居民不同，作为流动人口的"游客"不具有很强的城市义务，当然也就具有很弱的认同感。《美国大城市的死与生》中有提及，现代主义主导之下的城市规划是城市共同体关系示弱的主要影响因素。城市原有的紧密社会关系网络被人情冷漠所替代，邻里关系也失去其原有的凝聚力。那么相应地，城市的历史延续性就会受到很大影响，城市共同体的影响力也会不断式微。与此同时，城市的政治功能也日渐衰弱，公共空间逐渐丧失其覆盖范围，市民身份逐渐被商品化。这就造成了人们之间关系的疏离，以及不同群体之间关系的紧张，暴力事件在城市中发生的频率也不断攀升。

人们强烈的不确定性与疏离感，促进了个人主义行为的趋势。传统的生活方式无法继续依赖，个体只能依赖于自身的选择与个体的事业了。"在英国的巴兹尔登市（Basildon）所做的一个调查（这个调查被认为是可以代表英国人的一般态度）发现：自20世纪的90年代以来，人们无论是在思想上还是在行为上都已越来越表现出个人主义的趋向。这种趋向也反映在以下的事实中：55%的被调查者

---

① 〔英〕保罗·霍普：《个人主义时代之共同体重建》，沈毅译，浙江大学出版社，2010，第51页。

② 参见乌尔里希·贝克（Ulrich Beck，1995）在《风险时代的生态政治》与安东尼·吉登斯（Anthony Giddens，1991）在《现代性的后果》中对后现代性带来的风险的描述。

不从属任何的俱乐部或社团。"① 不可否认，后现代社会的人们变得越来越独立与自立，也逐渐减少参与共同体的活动频率。并且，新的社会运动是个人主义的基本载体，因为新的社会运动所涉及的内容更趋向于个体生活内容。"从诸如家长——老师协会、妇女投票人联合会、红十字会、商会，甚至是木球协会等各种组织的成员人数的变化显示，在过去的 20 到 30 年间，许多传统性的、自发形成的协会的参与率已经减少了 25% 至 50%。"② 现代社会的人们对待公共生活的态度发生了很大转变，参与公共事务的频率越来越低。逐渐地，人与人之间的交往越来越少，人际关系的考量并非人们进行行动抉择之时考虑的首要要素。

后现代社会的个人主义行为趋势，催生了表达个体诉求的身份政治运动的兴起。在现代化削弱传统秩序与生活方式的同时，个体具有了选择个体生活的能力。"于是，自我认同与自我政令，变成了内省现代化的核心。"③ 这种内省能力体现为身份政治运动，它对社会、政治体制提出了新的要求。④ 作为一种新兴的政治运动，身份政治运动与一般的人权运动不同，它以人与人之间的关系为诉求对象。身份认同成为描述人们关系的一种新尝试，以政治运动来寻求社会关系的改革。

二　后福特时代身份政治运动的兴起

20 世纪 50 年代，许多新兴民族国家获得了民族独立。但是，不

① 〔英〕保罗·霍普：《个人主义时代之共同体重建》，沈毅译，浙江大学出版社，2010，第 63 页。

② Putnam R. D. , "The Strange Disappearance of Civic America", *The American Prospect* (24) 1996. 转引自〔英〕保罗·霍普《个人主义时代之共同体重建》，沈毅译，浙江大学出版社，2010，第 63 页。

③ 〔英〕保罗·霍普：《个人主义时代之共同体重建》，沈毅译，浙江大学出版社，2010，第 23 页。

④ 安东尼·吉登斯（1990）在《现代性的后果》、乌尔里希·贝克（1986）在《风险社会》、司各特·拉升（Scott Lash, 1998）在《另一种现代性，一种不同的理性》中提出"内省的或反思的现代化"概念，对此进行了理论化描述。内省或反思的现代化意指一个摆脱了传统约束的世界，个体具有极大的自由，需要选择自己的生活方式。

少新独立的民族国家活在夹缝之中，一方面要反抗本国旧势力，另一方面还要反抗殖民主义的残留势力。20 世纪 60 年代，后殖民主义运动在全球铺开，基本诉求是反对种族主义，反对宗主国对于殖民地的压迫关系。与反殖民主义不同，后殖民主义反对的不仅是经济殖民，更是一种身份依附关系，这实际上是一种身份政治运动。60 年代，"作为街头抗争和社会运动"的身份政治开始出现。"自 20 世纪 60 年代以来，随着各种社会运动的兴起，出现了身份意识迅猛觉醒的局面，各种少数或者边缘化群体（Marginalized Groups）都高举'身份'旗帜，为自己的'身份'感到自豪……社会政治生活和公共政策必须将每一个边缘化群体的独特身份纳入考量范围，甚至应该被特殊对待，否则，无法矫正历史上出现的'不正义'，无法补偿他们遭受的苦难。在这样的背景下，身份政治概念应运而生，并迅速波及社会的每一方面。"① 社会边缘群体以自身独特的身份属性而享有特殊的认同，他们强调自己独特的风俗文化、语言或者生理等特征。长久以来，因为其特殊的身份属性而深受压迫与歧视，边缘人群难以为社会主流文化与体制所接纳，而广受伤害。

20 世纪 60 年代以来，认同政治逐渐成为社会关注的热点，这与后福特时代有关。虽然各国身份政治形式有所不同，但是其背后的原因无一不与社会发展状况有关。"在欧洲，由于阶级在形成与组织社会生活方面的作用越来越趋于弱化，这就为身份政治的崛起提供了可能性……阶级所面临的挑战，在很大程度上归因于那些与后福特主义或后工业主义相关联的发展进程。"②

福特时代表现的是从蒸汽时代开始到 20 世纪 60 年代的基本积累过程，这"是一个规模生产与消费的时期，是以细化的劳动分工和标准化的生产（'流水线'）工艺与产品为特征的。这种生产模式

---

① 王建勋：《身份政治、多元文化主义及其对美国秩序的冲击》，《当代美国评论》2019 年第 3 期。

② 〔英〕保罗·霍普：《个人主义时代之共同体重建》，沈毅译，浙江大学出版社，2010，第 114 页。

需要固定的劳动方式，从而奠定了在劳动场所形成的如工会等共同体中所表现出来的集体性行为方式"①。而后福特社会，"消费模式向着专业化转变，生产方法、机器设备和管理体制都变得更为灵活，以便能够满足多样化的消费需求。它有以下一些特征：激励技术革新和组织创新；依赖新兴的微电子技术；经济形态向服务型产业和信息产业转化；白领个人（专业人才、技术人才和管理人才）的数量与日俱增，手工劳动者的比例随之减少"②。

后福特主义时代的产业模式直接推动了个人主义及其行为方式的发展。当然后福特主义在给社会共同体带来益处的同时，也附带了潜在的危害，比如："社会共同体随之消失；新的社会分化随之产生；协作性行为方式随之弱化；社会不平等日益突出；一个下层阶级业已出现；职业越来越无稳定性；新的剥削形式不可避免；对许多人来说，与他人之间的疏离感愈加强烈。"③ 据美国 1993 年人口统计数据，从事制造行业的人数在 70 年代占 26%，90 年代占 17%。后福特时代的生产方式使得美国的社会面貌发生了很大的变化，经济的发展在摧毁着共同体的共同根基。④ 在更为灵活的专业化生产模式之下，人们的消费也更加个性化，消费规模也趋向于分散化。相应地，人们为了满足个性化的现代消费模式，形成了更为主张个人主义的后现代文化。不仅如此，信息技术的发展使得远程工作成为可能，在家工作成为一种潮流。"就美国的情形来看，20 世纪 90 年代早期的一个调查显示：居家工作者大约占劳动力的 25%。"⑤

---

① 〔英〕保罗·霍普：《个人主义时代之共同体重建》，沈毅译，浙江大学出版社，2010，第 6 页。
② 〔英〕保罗·霍普：《个人主义时代之共同体重建》，沈毅译，浙江大学出版社，2010，第 6 页。
③ 〔英〕保罗·霍普：《个人主义时代之共同体重建》，沈毅译，浙江大学出版社，2010，第 14 页。
④ 斯坦雷·阿罗诺威茨（Stanley Aronowitz, 1992）在《身份政治学》、保罗·科克肖特、艾伦·科特尔（W. Paul Cockshott, Allin Cottrell, 1993）在《走向新社会主义》中也持此观点。
⑤ 〔英〕保罗·霍普：《个人主义时代之共同体重建》，沈毅译，浙江大学出版社，2010，第 9 页。

后福特主义已经对人们的工作方式与工作场所产生了很大的影响，这对劳动阶层的群体性产生了一定冲击。"首先，劳动力被划分为核心的与'边缘的'。大部分非核心的工作，更多地变成了非全日制的、短期合同制的、谁都可以完成的工作……其次，后福特主义还导致了另一种形式的社会分化：一部分人被抛弃在现代社会之外。"① 事实上，个人越来越成为社会底层，边缘群体在发达工业国家成为一个庞大的群体与社会力量。逐渐地，失业者的数量越来越多，他们不仅被劳动市场抛弃，还被现代社会遗弃，甚至丧失了基本的政治权利。没有工作的人越来越多，社会上贫困者也成为一个不可忽视的群体。"据美国官方人口普查资料（1990）显示：自1980年到1987年间，占25%的最贫困家庭的总收入，从占16.7%下降到15.4%；而在同期，占15%的最富裕家庭的总收入，从占41.6%上升到43.7%。事实表明，英国的收入不平等问题也同样的严重。据英国政府的有关数据显示：自1979年到1996年间，最贫困人口部分的总收入下跌至占17%；而在同期，最富裕人口部分的总收入上升到62%。"② 导致英美国家巨大贫富差异的部分原因是后福特主义的转型，收入不平等是其直接体现，边缘群体成为身份政治兴起的社会力量。

三　身份政治运动的三个发展阶段

自20世纪60年代以来，身份政治运动经历了以下三个发展阶段。

第一个阶段为20世纪六七十年代，身份政治试图解构西方白人与黑人、男人与女人二元对立的身份不平等关系。20世纪70年代的身份政治运动以女性主义政治运动为代表。女性主义身份政治在60

---

① 〔英〕保罗·霍普：《个人主义时代之共同体重建》，沈毅译，浙江大学出版社，2010，第10~11页。
② 〔英〕保罗·霍普：《个人主义时代之共同体重建》，沈毅译，浙江大学出版社，2010，第11页。

年代兴起，并在 70 年代走向高潮。以美国为例，1961 年，肯尼迪成立妇女身份地位问题委员会，它记录了女性在就业与司法权力上所面临的不公问题。1963 年，《同工同酬法案》的设立，旨在解除女性被不公对待的社会雇佣关系。1966 年，全国妇女组织（National Organization for Women）成立，为女性争取平等权利是其宗旨。自此，女性开始担任政府内阁部长、议员、州长，甚至成为总统候选人。生育选择权也是女性主义身份政治运动的基本诉求，例如，1967 年的"正当堕胎"与 70 年代中期"亲生命运动"的口号。1970 年，贝蒂·弗里丹组织了全国女性的总罢工，相关政治运动声势浩大。1972 年，《平等权利修正法案》（Equal Rights Amendment）在女性主义身份政治的斗争中得以通过。自 1976 年开始，女权主义运动者推动了妇女组织行动委员会的建立。逐渐地，整个 70 年代，在女性主义"个体即政治"（the Personal is Political）口号的推动下，身份政治迅速整合民权运动、反战运动、反文化和"新左派"运动等新兴政治力量，重构了美国政治论争的话语体系，并提炼出该阶段的族群、性别和性取向三大核心议题，身份问题从边缘走到社会政治舞台的中心。

第二个阶段是 20 世纪 80 年代，身份政治旨在解除所有被遮蔽的身份。20 世纪 80 年代以来，身份政治运动进入了迅速发展期。黑人权力运动批判白人的文化殖民主义，宣扬专属于黑人群体的族群认同；女权运动谴责父权社会，主张摆脱家庭压迫和性别歧视，倡导专属于女性的性别认同；同性恋群体则公然号召通过出柜行动向公众袒露独特的群体意识。同时期的亚洲国家也开始受到影响，以韩国为例，它也受到西方社会身份政治的影响，打起了反对新帝国主义的旗帜，开展了"雾林"、"夜学批判"、"学生运动展望"以及其他反帝、反法西斯的民族、民主革命运动。世界政治正在经历巨大变革，用福山的话来说，人类社会已经离不开身份政治了。

身份政治的巨大发展直接影响着世界政治的格局。一方面，20 世纪 80 年代以来，冷战的结束使得全球范围内的新一轮的分裂性趋势加强。另一方面，身份政治与后现代主义合流，关注微观权利，选择边缘群体的叙事风格。在一定程度上，这给身份政治的发展提供了基础，身份政治在80年代成为显学。因而在20世纪80年代初，西方国家陆续开始推行新自由主义国策，将身份政治纳入解决资本主义发展的社会政策方案之中。只用了20年的时间，身份政治就在西方社会中占据了重要地位。政治正确成为美国社会的重要政治信条，宗教团体、妇女团体、同性恋团体、黑人团体在西方逐渐建立并铺展开来。当然，此时对身份政治的反思还没有开始，左派思想家也没有敏锐地认识到身份政治的诸多问题。各种身份群体从自身独特的文化属性和族群意识出发，一边希望主流文化承认其差异性追求，一边却断然拒绝统一的国家认同。[①]

第三个阶段是20世纪90年代以来，身份政治试图建立差异政治的话语体系来对抗西方主流霸权话语体系。在80年代的繁荣发展之后，身份政治开始形成自身的话语体系，并着手批判自由主义的普遍主义公民话语体系。政治正确已然成为西方民主政治的一把戒尺，这反映了身份政治对于西方社会话语方式的影响。以种族歧视事件的判定为例，1986年英国采用英格兰警署协会判定歧视的标准，举报者或调查员发现有人存在种族主义动机，可以判定为种族主义事件。但是，1999年，标准已然被取代为只要受害者或者任何其他人认为由种族主义引起，便被认为是种族主义事件。逐渐地，媒体与政治机关都开始改变话语方式，例如，黑人（black）替换了黑鬼（negro）；配偶（Spouse）替代了丈夫与妻子（Huaband，Wife）；人（Person）替代了具有男性色彩的人（Man）；等等。

与此同时，身份政治也在建构着自身的话语体系，差异政治话语便是其反抗公民政治话语的武器。20世纪90年代以来，公民身份问题不仅成为社会关注的焦点，对差异的肯定是普遍的共识。1994年，金里卡与诺曼（Kymlicka and Norman）认为，90年代的西方社

---

① 庞金友、洪丹丹：《大变局时代的身份政治与西方民主政治危机》，《行政论坛》2019年第6期。

会实现了"公民的回归"。同年，珀维斯与汉特（Purvis and Hunt）提出公民身份是一种无法完成的任务，因此应当抵制公民身份终结论。随着认同问题对公民身份问题的介入，身份政治提出以差异政治来取代公民身份。不可否认，"我们或许可以把有关公民身份问题的研究视为学术史上的'凤凰'，它在20世纪90年代已经受了烈火的洗礼而达到涅槃并重获新生开始进入到与认同重构的时代。"① 社群主义代表人物泰勒、金里卡等人都认为对具有不同群体的差异文化的承认，是民主政治的应有之义。不仅如此，西方左派思想家们也持相同态度，美国左派代表杨的差异政治理论更为重构公民身份理论提供了基础。

当然，不可否认的是，在差异政治的重构过程之中曾引发西方民主政治体制的不安，造成了诸多国家面临着公投压力的现象，例如，在加拿大魁北克地区、英国苏格兰地区、瑞典自治市、克里米亚地区等均有此现象出现并呈扩大趋势。认同政治在铺开全球的过程中，不少民主国家在防范种族主义与民族主义运动的独立或自治诉求上面临着困难。在英国境内，苏格兰与威尔士至今为止享受着极大的自治权。后现代性直接推动着种族与民族认同运动，整体的认同与局部的民族认同之间存在一定的冲突。因而，在建构自身差异政治话语的同时，身份政治不但需要保障边缘群体认同的权利，还需要考虑共同体的认同建构问题。因此，厘清当代社会身份政治的关键议题，梳理其主要诉求，反思其中的问题极为必要。

四　身份政治的三个关键议题

综观身份政治运动自20世纪六七十年代兴起的三个发展阶段，当代身份政治主要凸显了三种关键议题：差异政治、女性主义与后殖民主义理论，身份政治话语体系建构也是围绕着三者展开。

第一个关键议题是差异政治，它是近些年西方政治运动的主要

---

① 郭台辉：《公民身份认同：一个新研究领域的形成理路》，《社会》2013年第5期。

议题，力图超越自由主义与社群主义的正义之争，以艾丽斯·玛里恩·杨为代表。要超越自由主义与社群主义的正义之争，必然需要回应受压迫的身份不平等的非正义问题，也需要应对多元价值共存的处境之下如何凝聚共识的难题。这两个问题实际上也是自由主义与社群主义争论的核心内容，两个学派也都给出了各自的方案与实现路径，并且这些方案与两个问题相伴而生。自由主义以中立性理念来寻求客观道德观念的普遍化，本质上还是一种在保留自由的优先性的前提下，改善不平等状况的政治伦理原则。而社群主义则质疑了这种将个体自由与权利置于第一位，而对多元价值保持中立的伦理原则，认为个体是具有深厚的社会规定的存在，个体的认同由其生长的共同体的背景、文化与观念所塑造，因而解决身份不平等问题还应回到对共同体价值共识的追寻，而非寄希望于回避多元价值冲突。事实上，自由主义对国家中立方案与社群主义对社群共同价值的倡导都一定程度上否定了差异，对于解决身份政治所反映的身份压迫、歧视、蔑视等不平等问题的解决来说背道而驰。①

为了应对身份不平等及其反映的认同差异问题，杨所倡导的差异政治另辟他径。首先，杨批判了自由主义的中立方案回避了个体的社群归属问题，同时指出不仅个体具有巨大的差异性，群体差异也不容忽视。杨区分了社群与人们因个体的生理基础和文化属性而联系起来的"聚合体"（aggregate）、自愿汇集的"联合体"（association），指出社群是一种结构性的共同体存在，成就了个体，而非个体构成社群。② 因而，我们看到因不同背景、需求、目的而结合的群体，这些群体具有明显的差异，这正是现代社会不可回避的境遇，

---

① 马晓燕在《差异政治：超越自由主义与社群主义正义之争——I. M. 杨的政治哲学研究》（2010）中也对此有过论述，认为"美国政治哲学家艾里斯·杨（Iris Marion Young）所提出的差异政治的一系列主张，为当代西方政治伦理论域中自由主义和社群主义长久以来的正义论辩打开了一个全新的伦理空间"。

② Iris Marion Young, "Polity and Group Difference: A Critique of the Ideal of Universal Citizenship", in Anne Phillips（ed.）, *Feminism and Politics*（Oxford; New York: Oxford University Press, 1998）, pp. 410 – 412.

正因如此，有些群体因某种特殊属性而处于压迫处境。这些结构性差异，基于文化差异，又不仅仅是文化差异，因为这种群体差异一旦处于社会结构中，便会与权力、自由配置相关联，那其中必然会置一部分群体于不平等的地位。而杨所主张的差异政治，便是一种肯定差异社群地位的正义。① 这样便可以同时避免自由主义与社群主义方案的问题，既肯定了个体的社群根基，否认了个人本体论，也规避了社群共同价值对特殊群体的裹挟，使群体的差异获得应有的权利，改变其受压迫的结构性不平等处境。

第二个关键议题是女性主义，它从身份政治的兴起便是其核心议题，因为女性的身份认同意识产生于女性主义，并由此衍生出酷儿理论。女性主义理论的历史悠久，天然地表达了身份认同问题。女性主义天生就是身份政治，它崇尚平等政治观，主张消除"性别"身份差异。其实早在 19 世纪末，女性的主体意识便已经产生。直到20 世纪中叶，女性不再依附于家庭，并试图摆脱自身的劣势地位。自 20 世纪 60 年代开始，后现代的女性主义身份意识问题已然不是简单的性别理论，已经将自身置于身份政治的历史脉络与表达逻辑之中。女性身份变成一个抽象的整体，主导着女性的身份认同意识的承认诉求。其实女性主义早就对女性身份进行思考，但现当代的性别问题远远超出女性主义的范畴，应当被纳入身份政治的视域之中。20 世纪 70 年代，拉康提出"女性本身是不存在的"，这遭到了女性主义者的极力反对。② 此时的女性主体身份意识已然从两性平等转变为立足于一种属己的女性身份，这是一种异于男性的差异性身份认同。但不得不说，女性身份政治正是在女性主义对拉康精神分析理论的批判与阐释中发展起来的，"一方面她们在拉康的性别理论

---

① Iris Marion Young, *Inclusion and Democracy* (Oxford: Oxford University Press, 2000), pp. 86 – 87.
② 酷儿理论学者、女性主义者朱迪斯·巴特勒在其《性别麻烦：女性主义与身份的颠覆》（2009）、《消解性别》（2009）、《身体之重——论性别的话语界限》中，激烈地反对拉康的立场，提出其"性别本体论的批判性系谱学"，主张从根本上解构男性与女性的对立性结构。

中找到了菲勒斯中心主义的现代样板，另一方面她们又把拉康当作滋养自己的养料"①。齐泽克扭转了女性主义学者对拉康的批判与误读，指出了性别身份政治的局部抵抗的局限性，并从政治实践的角度走出受害者逻辑，阻碍了政治联合的可能。

女性主义争取身份承认的历程可以分为三个阶段。第一个阶段是 20 世纪 50 年代开始的以"性别平等"取代"性别歧视"。此阶段的核心政治价值诉求是性别身份平等，早期性别身份政治的诉求是两性平权，这与女性主体意识的成熟有关，这在公民政治中体现为对女性生育权、教育权、政治权利的诉求，理论著作以波伏娃的《第二性》与米利特的《性的政治》（1999）为代表。第二个阶段是 20 世纪 60 年代后，女性主义开始融入身份政治的逻辑，主要力图通过对女性公民身份的不完整性的批判，来表达一种完整的公民身份诉求，以提升女性在社会保障与税收工作中的待遇。此阶段有贝蒂·弗里丹、凯特·密勒等一批激进女性主义学者，强调要解放女性的身体，将女性的从属地位从"父权制"形成的根深蒂固的性别制度之中解放出来。第三个阶段是 20 世纪 70 年代末的第三波女性身份政治浪潮，从对"完整的公民身份"诉求转变为差异性的身份承认主张。此时，女性意识到正是由于身份的差异，才衍生出结构性的不平等，代表学者有女性主义者柯林斯、波克塞等人。逐渐地，女性身份政治逐渐地融入一种"团结政治"（Politics of Solidarity）之中，拥护一种"无边界的女性主义"（Feminism without Borders），自此性别身份政治话语逐渐形成。此阶段，大规模的性别身份政治运动兴起，比如 2018 年的"米兔"（Me Too）。当然，我们也看到性别身份政治对于女性参与社会斗争以及政治实践的推动作用，但是从女性主义的历史来看，身份政治不应当是其最终归属。

第三个关键议题是后殖民主义理论，主要内容是文化身份认同，萨义德、斯皮瓦克与巴巴等后殖民主义学者对当代文化殖民模式进

---

① 吴琼：《雅克·拉康：阅读你的症状》，中国人民大学出版社，2011，第 21 页。

行了批判。在一定程度上，现代身份政治是反对殖民主义的产物，后殖民主义反映了全球化背景下的现代性的文化反思诉求。后殖民主义兴起于 20 世纪 70 年代西方学术界，是一种反对后殖民时代文化殖民关系的学术思潮。它脱胎于殖民主义，二者既存在时间先后关系，也存在逻辑关系，存在批判与继承发展的关系。后殖民主义具有规范性的含义，关于后殖民主义时代原宗主国对于第三世界的控制与文化殖民，与身份政治的基本诉求和逻辑合流。身份政治是后殖民主义的基本内容，因为从源头上来说殖民地居民的自我认同与殖民者所倡导的价值、认同之间的冲突，造就了后殖民主义的兴起与发展。这种认同冲突呈现出两个阶段，第一个阶段是后殖民主义反对政府对种族隔离的干预。20 世纪 60 年代，后殖民斗争运动兴起，主要反对种族隔离，这客观上改变了后殖民地区的认同，例如，南非"彩虹之国"所反映的多元文化认同。第二个阶段是后殖民主义对阶级与意识形态的依附关系。虽然不存在形式上的殖民，但国际分工所营造的新型经济依附关系与政治文化价值的意识形态依附关系，是此阶段后殖民主义身份政治所反对的"西方经济中心主义"与"西方文化中心主义"。

赛德尔、斯皮瓦克、巴巴等后殖民主义理论学者，从不同的侧面对后现代社会文化身份认同进行了论述。东方主义是一种意识形态层面上后殖民主义反抗西方中心主义的宣言，而后殖民主义的文化身份认同包含对属下文化的批判，提出以混杂身份来批判反对本质主义的认同。萨义德主张以东方主义来对西方中心主义进行批判，在《东方主义》中指出"东方学是一种文化和现实的现实"①。东方是文化概念，不是纯粹的地理概念，而东方主义思想批判了以西方为中心的知识权力与文化霸权。混杂性的身份概念，是一种文化概念，被用来阶级西方文化中心主义对第三世界的殖民。本质论、本质主义的身份认同概念是以一种一元论的身份认同模式，对特殊身

---

① 〔美〕爱德华·W. 萨义德：《东方学》，王宇根译，生活·读书·新知三联书店，2007，第 17 页。

份认同的"殖民"与"文化侵略"。而混杂性身份概念，主要包含不同种族、血缘、肤色、信仰、性别等身份认同，主张一种多元的认同模式。斯皮瓦克则将对后殖民的批判对准转型跨国资本主义，代表作有《后殖民理性批判》（2014）、《在他者的世界》。被压迫的文化，尤其是属下文化应当得到承认。霍米·巴巴实现了后殖民主义从话语分析向身份构成与心理影响的转变，关注身份差异，代表作有《仿真与人》《再现与殖民文本》《他者问题》《文化的定位》。混杂身份观念可以将个体多元的身份角色统一起来，将男性、女性、黑人、白人、印第安人、南非人等身份看作一个人整体混杂身份的一部分，身份差异应当获得尊重与承认。此外，巴巴也关注后殖民主义与后现代主义之间复杂的关系，主张非西方的现代文明也应当受到尊重与承认。

当代身份政治凸显出差异政治、女性主义与后殖民主义理论三大关键议题。差异政治的历史是一部少数族群的公民身份斗争史，它肯定了差异性，反对普遍主义的主流公民观。女性主义身份政治与女性个体意识的不断觉醒有关，其基本诉求是保障女性的主体性地位，经历了在差异性与同一性之间徘徊的历史阶段。文化身份认同是后殖民主义的主要内容，萨义德、斯皮瓦克与巴巴等后殖民主义学者对当代文化殖民模式进行了批判。三者共同反映了身份政治对压迫的批判意义，但同时也凸显了具体身份运动的不彻底性，对于身份政治而言，具备人类解放的视野极为必要。

第四章

差异政治与少数族群身份政治

虽然身份政治与差异政治具有一定的区别，但二者的关系难以分割。身份政治关注因身份差异而导致的不平等问题的政治运动与政治理论，而差异政治则聚焦于差异本身，二者皆肯定了差异性。差异政治的产生与当代西方民主体制所主张的普遍主义公民观对于差异的忽视有极大的渊源，多元文化主义与少数族群认同的权利诉求是基础性条件。事实上，寻求价值共识是现代性遗留的一个棘手问题，也是差异政治的主要诉求。

第一节　差异政治产生的历史与思想条件

差异政治的产生与自由主义普遍主义公民观对差异的忽视有着直接关系，后现代社会资本逻辑之下难以再形成身份共识是根本原因。美国学者杨（Iris Marion Young）试图在自由主义与社群主义之外寻找第三条道路，由此提出差异政治。在当代西方社会，多元文化主义的兴起，增进了少数族群对于文化认同权的承认诉求。

一　当代公民政治对差异的忽视

公民身份（citizenship）是"'自古希腊政治文化形成以来的西方政治思想领域中的一个主要方面'，是'西方政治话语中核心要素之一'"①。在一定程度上，公民身份是一个具有争议的概念。② 英国社会学家马歇尔将公民身份定义为："授予处于共同体中的全部成员的一种地位（status），拥有这种地位的所有人在所赋予的权利和责任方面都是平等的"③。公民身份指向个体在共同体中的地位，拥有这种地位的所有人负有相同的权利和义务。"公民的要素（civil element）由个人自由所必需的权利组成，包括人身自由，言论、思想和信仰自由，拥有财产和订立有效契约的权利以及司法权力（right to justice）。最后这项权利不同于其他类型的权利，因为它通过一定的法律程序，并以人人平等的方式确定和保护所有人的权利。"④ 其中，权利是公民身份的决定性要素，权利的存在是为了保障个体自由，这是近代以来的公民身份观念。

现代意义上的公民身份概念不是一种单薄的抽象概念，而是一种具有饱满的"背景性"⑤ 内容的实体概念。背景性意指公民身份概念背后内含人的社会、政治与文化属性，公民身份是一个复合实体概念。不仅如此，这些属性同时具有空间性与时间性。公民身份的社会、政治与文化属性直接决定了其空间性，不同的社会具有不同的公民身份。同时，公民的"背景性"属性也指明了公民是"具体时间"的身份。公民身份是一种时间性的概念，民族国家的公民概念是"经历过的公民身份"（lived citizenship）。公民身份实际存在于人们的生活之中，反映着民族国家的历史烙印。

正是公民身份的历史烙印决定了其差异性。公民身份的地域性、

---

① 〔英〕露丝·里斯特：《公民身份：女性主义的视角》，夏宏译，吉林出版集团有限责任公司，2010，第 2 页。

② 1956 年，加利（W. B. Gallie）在 "Essentially Contested Concepts" 中提出 "争议性" 这个概念。2000 年，范登堡（Vandenberg A.）在 *Citizenship and Democracy in A Global Era* 中提出公民身份这个概念具有一定的争议性。

③ 〔英〕露丝·里斯特：《公民身份：女性主义的视角》，夏宏译，吉林出版集团有限责任公司，2010，第 21 页。

④ 〔英〕T. H. 马歇尔、安东尼·吉登斯等：《公民身份与社会阶级》，郭忠华等编，江苏人民出版社，2008，第 10 页。

⑤ 1999 年，比尔特·西姆（Birte Siim）在 "Gender, Citizenship and Empowerment" 中提出公民身份是 "一个背景性的概念"。

时间性意味着公民认同具有流动性，具有一定的差异性。在本质上，公民身份是一种共同体成员资格，描述了个体与个体、政治共同体内部成员之间的关系。长久以来，对于究竟什么决定了个体的共同体成员资格并没有统一的答案。一般而言，公民身份理论具有两大传统：一种是权利论，另一种是美德论，即"参与式的共和主义的权利传统和自由主义的——社会的权利传统。从这一角度来看，出现在理论和实践中的公民不仅仅是作为个体的、消极权利的拥有者，而且也是作为群体中的一员而与政治和福利制度密切相关。这样一来，作为人的主体（Human Agency）的观念就成了我们理解公民身份的核心"①。大多数人认为公民身份包含权利与义务，这是较为传统的看法。成员资格意味着更深层次的公民身份感，包含一层认同的意思。在现代社会，一些性别的、文化的、地域性的、生态的公民身份逐渐对政治性的公民身份概念产生一定的冲击。

当代公民身份运动寻求平等的社会权利。以英国为例，"公民权利归于 18 世纪，政治权利归于 19 世纪，社会权利则归于 20 世纪。当然，这些阶段的划分肯定存在着合理的伸缩性，它们之间存在着明显的重叠，尤其是后两阶段之间。"② 18 世纪，《人身保护法》（Habeas Corpus）、《宽容法》（Toleration Act）以及光荣革命时期《改革法》（Reform Act）揭示了 18 世纪公民权利的形成。1832 年，英国议会改革使得政治权利取得进一步进展，财产权被包括进公民权利之中。"形成时期公民权利的历史是向已有的身份中逐渐增添新权利的历史，这一身份被认为是属于共同体所有成年成员的——或许有人会说是属于全体男性成员的，因为妇女的地位，或者至少说已婚妇女的地位，在很多重要的方面是特殊的。"③ "政治权利形成

---

① 〔英〕露丝·里斯特：《公民身份：女性主义的视角》，夏宏译，吉林出版集团有限责任公司，2010，第 9 页。
② 〔英〕T. H. 马歇尔、安东尼·吉登斯等：《公民身份与社会阶级》，郭忠华等编，江苏人民出版社，2008，第 13 页。
③ 〔英〕T. H. 马歇尔、安东尼·吉登斯等：《公民身份与社会阶级》，郭忠华等编，江苏人民出版社，2008，第 15～16 页。

于 19 世纪早期，当时，与自由身份联系在一起的公民权利已经获得了足够的内容——这是我们可以谈论一种普遍的公民身份的依据。"① 19 世纪的资本主义社会将政治权利视为公民权利的重要组成部分是合理的；但在 20 世纪，社会权利开始成为资本主义社会公民权利的重要组成部分。"社会权利的最初起源是地方性共同体和功能性组织的成员资格，后来又得到了《济贫法》和一个由国家设计但由地方管理的工资管理体制的补充，后者后来逐渐取代了前者……公民权利的新观念强调根据自愿订立的契约选择在什么地方工作和做什么工作的权利，而工资管制违背了自由雇佣契约的个人主义原则。"② 社会权利与公民的社会地位有关，这包含财富的多少。穷人的权利成为公民权利的主要内容，公民的社会保障与社会承认也是公民权利不可分割的部分。

因为公民身份具有"背景性"，当代公民身份受到诸多社会条件的影响。"公民身份的斗争因此也受到文化、政治和历史背景的影响。'特定民族文化身份的情结'或'政体'这样的观念就是这种背景的反映。詹森（Jenson）和菲利普斯（Philips）认为，一种公民身份政体'使公民身份认同（citizenship identity）的范式表现在其统治之内被规范化了'，使得'民族的'、'模式化的'公民身份以及'第二等的'和非公民的身份以法律形式固定下来了。"③ 现代，公民身份作为一种支配性的概念再次出现，这得益于有关公民身份的三股相关思潮的推进。"第一股思潮涉及国家疆域的重新确定（如德国以及构成前南斯拉夫的国家），因区域自治而使一些民族国家面临不断增长的压力，以及所有民族国家都卷入'全球化'之中的压力。第二股思潮涉及的是，不断高涨的跨国移民和寻求庇护的人士所带

---

① 〔英〕T. H. 马歇尔、安东尼·吉登斯等：《公民身份与社会阶级》，郭忠华等编，江苏人民出版社，2008，第 16 页。

② 〔英〕T. H. 马歇尔、安东尼·吉登斯等：《公民身份与社会阶级》，郭忠华等编，江苏人民出版社，2008，第 18 页。

③ 〔英〕露丝·里斯特：《公民身份：女性主义的视角》，夏宏译，吉林出版集团有限责任公司，2010，第 5 页。

来的公民身份权利和责任问题，许多社会群体中日益增多的多种族性质问题和原土著居民要求的问题。第三股思潮涉及的是，不断增强的整合压力，欧盟不断扩张以及欧洲各民族对欧洲人身份的渴望，所有这些使得欧洲公民身份这一概念前景比较看好，有关公民身份的话语已渗入了欧洲委员会的许多重要文件之中。"① 第一股思潮指向一种民族国家内部因历史或全球化进程而存在认同断裂；第二股思潮指向移民国家中外来者与本土人的认同差异；第三股思潮指向后现代社会政治联盟的认同。

二　多元文化与少数族群的存在

在后现代社会，在文化差异的作用下，资本的逻辑难以再形成身份共识。经历多年发酵的身份政治影响，许多西方国家内部难以再达成并维持稳定的公民身份共识。在种族冲突、性别差异、性取向差异、宗教信仰冲突之下，公民同一性被冲击得分崩离析。在文化差异作用下，资本的逻辑体现为日益加剧的社会分工、人口迁移，甚至不断爆发的经济危机。异质性文化对公民身份共识的形成产生了很大影响，重构公共文化难上加难。公民文化不仅不能整合多元文化，也难以在短时间内与文化多元主义融合起来，政治文化的同一性也不是西方社会的价值共识。有三个因素对公民身份产生重要影响，"首先，收入分配等级两端的收缩；其次，共同文化以及共同经验领域的巨大延伸；第三，公民身份普遍地位的扩展连同人们对某些社会地位差异的认可和稳固，而这些社会地位的差异主要是由教育和职业体系造成的"②。收入与文化差异直接影响着第三个因素的产生，社会地位的差异表现为社会边缘人群的存在。

以美国为例，其移民传统是身份政治产生的主要原因，近些年

---

① 〔英〕露丝·里斯特：《公民身份：女性主义的视角》，夏宏译，吉林出版集团有限责任公司，2010，第2页。

② 〔英〕T. H. 马歇尔、安东尼·吉登斯等：《公民身份与社会阶级》，郭忠华等编，江苏人民出版社，2008，第54页。

其文化的异质性特征愈发凸显。作为一个典型移民国家，美国一直引以为荣自称为"大熔炉"与"拼色盘"。① 现如今的美国社会由移民构成，包括以德国人为主要组成的伊利诺伊州、威斯康星州与宾夕法尼亚州；以墨西哥人为主的得克萨斯州；以爱尔兰人为主的马萨诸塞州；以说法语的阿扣迪恩人为主的路易斯安那州西部；以瑞典、丹麦、挪威人为主的明尼苏达州。一般移民美国的欧洲人经过两代之后便成为美国人，但爱尔兰人除外。移民美国的爱尔兰人数量众多，经过很多代后，他们不仅没有改变原有的生活方式，其民族性也没有发生大的变革，这与其英语为母语与天主教信仰有关。此外，在美的犹太人大多自东欧移民而来，其中许多来自波兰、立陶宛和俄国。犹太人具有可辨认的体型与特殊的社会习惯，例如禁食、宴节、婚姻观念等。"犹太人根据其自身所接受的宗教理论的支持，提出了超过任何其他移民群所提的要求；他们要求享有美国全部公民的权益，而不愿意放弃那些'旧世界'的习惯和风俗；而在其他移民群中，放弃这种习惯乃是被授予完全美国人地位的必要条件。"②

部分公民身份理论学者主张协调左翼的思想传统，将共同体的利益与个体利益相结合。以英国为例，布莱尔领导的新工党政府着重关注公民身份的教育与运动的推进，"公民宪法"运动为公民身份建设提供了一定的实践借鉴意义。"20 世纪后期，英国关于公民身份争论展开了讨论，其突出贡献就反映了'作为新权利理论的欧洲实验基地'的立场，它的影响随之就扩大了。对现有的公民身份权利的破坏和福利市场化进程也在许多国家引发了关于公民身份的新兴趣……在联合国—欧洲范围内，运用联合国这一指导原则时，公

---

① 1860 年美国的人口约 1300 万人，包括移民和土著、白人和黑人等。在此后的 70 年内，有 3000 万欧洲移民远涉重洋，变成了美国人。据 1940 年的人口调查，美国有 1.8 亿人口。

② 〔英〕约翰·盖勒：《美国国民性演变历程》，杨叶青译，新世界出版社，2013，第 182～183 页。

民身份与社会权利一直具有优先性。"① 在英国社会，残疾人的公民身份一定程度上是处于被严重剥夺的处境，甚至许多残疾人没有基本的人权。与此同时，同性恋运动也是英国社会公民权利运动的重要组成。英国石墙（Stonewall）组织主张的"公民身份 21 计划"（Citizenship 21 Project）便直接指向多元文化背景下的公民身份含义争议，而整个石墙也是以平等的公民权为核心理念所倡导。

弱势群体存在是差异政治兴起的社会条件。虽然自由主义主张普遍主义的公民观，但是在美国的历史上种族隔离、性别歧视、就业歧视等现象一直存在。其实，黑人、黄色人种的职业选择具有一定的限制。并且，得克萨斯州及其毗邻州对平等的思想观念的感情并不深厚，认为使移民屈服不是什么值得内疚的事情。位于美国西部与西南部的墨西哥人也存在与黑人受限一样的情况，因而他们的生存状态处于相对的被压迫状态。但是，墨西哥人具有自身的文明与宗教，不似其他族群一样容易被白人文化所裹挟，他们有自己的生活方式与价值理念。这些都是美国社会身份政治产生的原因，相应地其他欧美国家的弱势群体反抗运动也逐渐兴起。20 世纪 70 年代初意大利视障者联合起来与社会既有体制相抗衡，并寻求社会承认。盲人米克反对特殊学校的刻板教育，反对仅仅学习如何成为纺织与接听员，渴望开明的教育。之后，社会上的锅炉工人、视障者等弱势群体也参与了示威游行，这推动着弱势群体诉求覆盖面的进一步扩大化。1975 年，意大利政府废除了盲人学校的法律，视障者可以进入普通学校就读。长达 100 多年的视障教育制度被废除，视障者作为弱势群体不再只能选择成为纺织工与接话员。自此，意大利的弱势群体获得了自由选择受教育、择业的权利，相应地也获得了社会的承认与尊重。

少数文化族群成为差异政治的重要人群。许多国家认同依靠政治制度的合法性建构，但缺乏统一的文化来维系对国家的归属感。

---

① 〔英〕露丝·里斯特：《公民身份：女性主义的视角》，夏宏译，吉林出版集团有限责任公司，2010，第 3~4 页。

瑞典、法国都属于这种情况,"民族情感依附于政治和制度传统,种族或文化民族主义的缺失'也许有助于解释瑞士为什么能够没有动乱和摩擦就可以解决其战后移民的公民身份问题'"①。虽然文化民族主义的缺失有益于减少冲突,但是有时这也不利于民族的团结。这是因为许多国家存在诸多少数族群,不同族群之间存在诸多文化差异。以英国为例,"(直到1981年)从臣民到君主都没有清晰的公民身份概念,'反而是从忠诚的角度来构想法律和政治身份的',把人们的忠诚联结在一起的纽带'是英帝国而不是不列颠民族'"②。维系英国社会团结的并非统一的不列颠民族,英国社会存在多个文化族群,比如英格兰人、苏格兰人、威尔士人、北爱尔兰人、印度人等。依靠英帝国体系维系国家向心力并非一劳永逸,具有较大文化差异的国家存在一定不稳定因素,比如加拿大魁北克公投与苏格兰独立公投就是典型的因文化差异而引起的身份政治运动。

三 与自由主义的正义之争

正是由于普遍主义公民观对于差异的忽视,以及当代社会多元文化的存在,引发了学界的相关争论。与社群主义一样,杨认为不是个人构成社群,而是社群构成个体。个体的选择深受其所在社会群体的历史文化烙印的影响,难以独立于社群,也难以抗拒社群成员身份。但是,社群主义强调个体对共同体的忠诚,这对于个体自由来说有一定的消极作用,因为这最终会导致群体内部的差异性被压抑。对共同体的公共善与共同理想的强调,存在消解个体自主性的可能性。杨敏锐地识别到社群主义对差异性的压迫,试图挣脱社群主义对同质性身份认同的推崇。对社群相互之间的认同追求,会导致具有不同认同的群体受到排挤。社群主义主张社会一体化

① 〔英〕T. H. 马歇尔、安东尼·吉登斯等:《公民身份与社会阶级》,郭忠华等编,江苏人民出版社,2008,第352页。
② 〔英〕T. H. 马歇尔、安东尼·吉登斯等:《公民身份与社会阶级》,郭忠华等编,江苏人民出版社,2008,第352~353页。

（Social Wholeness），会导致过度建构共存关系，排斥差异。①

自由主义与社群主义之间存在长久的正义之争，自由主义提出国家中立原则来回应个体或群体认同差异问题。国家要在个体的宗教、文化、族群等身份认同之中保持中立，不干涉私人领域内的价值。但是，在实际的政治生活中，中立性思想会导致对群体差异的忽视。杨认为族群差异不能被忽视，因为社群构成个体，群体属性具有与自由、平等一样的价值与地位。人们因为共同的生理属性（如肤色、性别等）和文化属性（如宗教信仰、族群文化等）而聚合（aggregate）在一起形成社会群体，群体的烙印直接决定了个体的生活方式与思考模式。在很长的时间里，人们普遍认为个体先于集体。事实上，个人难以独立于群体之外，更别说超越社群身份。②这一论断与自由主义的中立原则相去甚远，差异政治给予社会少数群体"特殊代表权"的论断打破了自由主义对于少数群体的忽视。

当然，差异政治也受到了诸多批判。自由主义者密勒（David Miller）认为，差异政治对特殊性、差异性的极度推崇会削弱民族认同感，因为对差异的政治承认会削弱群体之间的共同根基。③共和主义者埃尔斯坦（Jean Bethke Elshtain）也对差异政治提出了异议，认为特殊代表权会摧毁共同善（Common Good），因为它使社会丧失了对话的可能性。④不仅如此，社会主义者也对差异政治持反对态度，吉特林（Todd Gitlin）认为差异政治坚持利己主义的立场，不利于人类的解放事业的实现。⑤杨对上述批判进行了回应，她认为上述评价预设了一个前提，即差异政治是身份政治，这其实是一种误导。在杨看来，差异政治属于民主政治的范畴，反而具有规范意义。社群

---

①　Iris Marion Young, "The Ideal of Community and the Politics of Difference", *Social Theory and Practice*, Vol. 12（1986）, pp. 1 – 19.

②　Iris Marion Young, "Polity and Group Difference: A Critique of the Ideal of Universal Citizenship", in Anne Phillips（ed.）, *Feminism and Politics*（Oxford; New York: Oxford University Press, 1998）, p. 410.

③　David Miller, *On Nationality*（Oxford: Oxford University Press, 1995）, p. 132.

④　Jean Bethke Elshtain, *Democracy on Trial*（New York: Basic Books, 1995）, p. 72.

⑤　Todd Gitlin, *The Twilight of Common Dreams*（New York: Metropolitan Books, 1995）.

的差异性都会导致群体边界的产生，而差异的背后是规范。社群特殊性的存在源自各自的文化特质，这些特质就是其群体边界。而差异是社会生活经验的规范化结果，关注差异有利于合理理解身份压迫与价值冲突。①

事实上，杨试图将身份政治与差异政治区别开来的尝试并不成功。但是，值得肯定的是，杨从马克思主义中吸收借鉴了社会关系、社会生产等思想。基于社会差异建立起来的制度与规范反映了权利关系对人们身份认同的主导②，人们需要依赖于社会关系而生存。再者，杨肯定了经济基础对人们生活的绝对性作用，城镇化进程与市场经济的发展让人们对经济的依赖前所未有，经济赋予人们的身份逐渐超越了部分群体性身份。③ 杨从社会批判理论角度阐释社会关系、经济基础层面对于少数族群的压迫，从而差异政治跳出了自由主义与社群主义之争发展了正义理论。相比于自由主义的"权宜之计"，差异政治力争解决边缘群体受压迫的窘境。杨看到了身份压迫的深层原因，并非自由主义所主张的独立自我，也不是社群主义所认为的由社群决定的自我，而是由物质生产与生产关系共同决定的身份关系。由此，身份的差异具有深厚的社会根基，物质变革必然主导着身份政治的前景。

杨的差异政治理论肯定了差异性优先于同一性，正义意味着对弱势群体的关怀，使每一个个体具有自我实现的能力与可能。虽然杨借鉴了马克思主义，但是她依赖于政治上对少数族群进行特殊赋权。政治解放并不能使人们摆脱身份压迫的桎梏，也不能打破身份政治困境的枷锁。马克思主义的正义事关人类的解放，社会正义的

---

① Iris Marion Young, "Difference as a Resource for De-mocracy Communication", in James Bohman and William Rehg (eds.), *Deliberative Democracy: Essays on Reason and Politics* (Cambridge, Mass.: MIT Press, 1997), p. 384.

② Iris Marion Young, *Inclusion and Democracy* (Oxford: Oxford University Press, 2000), pp. 83 – 91.

③ Iris Marion Young, "Together in Difference: Transforming the Logic of Group Political Conflict", Judith Squires (ed.), *Principled Positions: Postmodenism and the Rediscovery of Value* (London: Lawrence and Wishart, 1993), p. 128.

实现以人类实现彻底的自由与平等为前提，而这一切需要具备正义的物质基础。杨的差异政治试图超越自由主义与社群主义的范式之争，对正义理论进行了一定的推进。自由主义者以自由与平等作为正义的核心内容，对身份政治持尊重态度，提出国家对多元价值持中立态度。社群主义认为公共善是正义，承认不同群体的文化权是身份政治的解决之道。其实，由此也看出很多当代学者在论及差异政治抑或是身份政治时，最后都落入正义之辩，这其实揭示了西方社会的价值共识难题。

第二节　差异政治与价值共识

身份政治自产生便面临一个核心问题——价值问题，寻求价值共识是现代性遗留的一个棘手问题，这也是差异政治的主要诉求。寻求群体共识是任何民族国家的必然选择，同时也一直是民主政治的难题。"身份政治的道德正当性在根本上依赖于民主政治的道德正当性。如果放弃这种道德规范性标准，身份政治将会瓦解自身的正当性基础。然而，身份政治与民主政治之间的兼容性和一致性并不是理所应当的，因两者并不具有历史的共生关系，也有各自不同的政治诉求。从思想史的视角来看，身份政治起源于对启蒙普遍主义的反叛。"① 面临这种价值困境，20 世纪末以罗尔斯为代表的新自由主义（New-liberalism）学派就身份政治对于普遍主义的批评进行了价值层面的回应。

一　身份政治面临的价值争论

身份政治需要回答"我是谁"这个问题，回答这个问题首先要厘清在社会关系中的个体的自我理解。个体的自我理解回避不了社会关系，社会关系与时代问题紧密联系不可分割。身份政治自始至

---

① 刘擎：《身份政治与公民政治》，《中国图书评论》2019 年第 8 期。

终都与后现代社会的意义丧失有关，事关价值问题。

"祛魅"与"现代性之隐忧"的社会背景催发了人们生活意义的失落。工业化革命的推进使社会思想面貌发生了巨大的变化，"祛魅"使得世俗时代到来。马克斯·韦伯在分析新教伦理与工业社会经济发展的关系时，发现"打从古犹太先知开始，再结合希腊的科学思想，拒斥一切巫术性的救赎追求手段为迷信与亵渎，乃是宗教史上的伟大过程，亦即现世的除魅（Entzauberung der Welt）在此走到终点"①。祛魅为现代社会祛除了愚昧，打开了垄断权威的大门，"无论依据哪种观点来看，西方现代性最为主要的特征都是解魅（disenchantment）的进展，也就是魔法力量与精灵世界的消逝"②。但是，"祛魅"也给现代社会带来了负面影响，祛魅的结果就是现代世俗时代的到来，在这个时代中工具理性使得"过去服务于我们的那些稳定的、持久的、总是意味深长的东西，正在让位于那些堆积在我们周围的快捷的、廉价的、可替代的商品"③。

在世俗时代，流动的现代性造成了诸多认同困扰。在全球化背景下，现代性成为一种社会普遍关注的问题。在全球化过程中，伴随着资本推广而来的是现代社会的生产方式与生活理念。不可否认，"现代性的后果引起了性质完全相反的两种倾向——发展与风险"④。风险体现为人们面临的认同危机问题，因为"从自然经济的熟人社会进入全球市场流通的契约社会，人们便生活在具有差异且不断变化的环境之中，不得不思考自己是谁以及自己属于什么群体"⑤。不

---

① 〔德〕马克斯·韦伯：《新教伦理与资本主义精神》，康乐、简惠美译，广西师范大学出版社，2010，第84页。

② 〔加拿大〕查尔斯·泰勒：《现代性中的社会想象》，李尚远译，（台北）商周出版社，2008，第88页。

③ Charles Taylor, *The Ethics of Authenticity* (Cambridge: Harvard University Press, 1991), pp. 6 – 7.

④ 刘岩：《发展与风险：现代性的两歧——西方风险社会理论述析》，《北华大学学报》（社会科学版）2010年第4期。

⑤ 韩震：《论国家认同、民族认同及文化认同——一种基于历史哲学的分析与思考》，《北京师范大学学报》（社会科学版）2010年第1期。

仅如此，全球化背景下的民族国家面临着国家认同危机，比如：20世纪90年代，随着苏联的解体，"长期性的民族政治冲突在全球范围，尤其是在非洲大陆和东南亚激增，其总数大约占到世界正在发生的民族冲突的80%"①。

实际上，价值问题是身份政治的核心问题。现代性之隐忧一定程度上呈现为认同危机，而价值问题也是身份政治的核心议题。祛魅遗留的现代性问题内含着价值问题，"由于我们这个时代的理性化、理智化特别是为世界祛魅的特征，它的宿命就是那些最高贵的终极价值从公共生活里逐渐销声匿迹了"②。泰勒诊断现代社会的矛盾与危机时，指出现代性带来"意义丧失"与"自由丧失"。并且，"人的身份和自我认同并不必然能通过给予名称和家世就可以得到解答，而是要由提供价值观的框架或视界的承诺和身份来确定……这既是认同问题的复杂性所在，也是认同问题的重要性所在。泰勒说，认同与我们在道德空间中的方向感有本质的联系，是认同给了我们根本的当下位置和行动的方向感"③。可见，要想回答认同的问题，不能回避价值问题。

不可否认，一定时期内多元文化主义是直面身份政治价值问题的卓有成效的应对方案，但是时代的问题越来越超出其解决框架。1999年，威尔·金里卡（Will Kymlicka）以加拿大国家族群认同政治为基础，对多元文化主义进行修正，并一度宣称"多元文化主义已经获得了胜利"④。但是，身份政治面临的问题极其复杂，而且随

---

① Monty G. Marshall and Ted Robert Gurr, Peace and Conflict 2003: A Global Survey of Armed Conflicts, Self-Determination Movements, and Democracy (University of Maryland. Center for International Development and Conflict Management, 2003), pp. 12 – 17.

② 〔德〕马克斯·韦伯：《学术与政治》，冯克利译，生活·读书·新知三联书店，1998，第48页。

③ 何怀宏：《从现代认同到承认的政治——身份政治的一个思想溯源》，《当代美国评论》2019年第2期。

④ Erik Christensen, "Revisiting Multiculturalism and Its Critics", The Monist, Vol. 95, No. 1 (2012).

着时代的变迁人们面临的价值问题愈来愈棘手。在世纪之交之后，金里卡已经意识到多元文化的解释框架面临诸多难以涵盖的时代问题，"从 20 世纪 90 年代中期以来，我们目睹了对多元文化主义的某种反冲和多元文化主义的退却，打造国家、共同价值观和共同身份认同及单一公民身份等观念得到重申，甚至出现了趋向于同化的回归"。[①] 可见，身份政治反映的价值问题的解决不是一蹴而就的。

自由主义面临身份政治再度挑起的诸神之争。身份政治自产生便围绕价值问题进行讨论，主要批判的对象是政治上的普遍主义。"从本质上说，后现代的身份政治的兴起是从同一性哲学的批判当中发展而来，通过对传统政治普遍主义的同质化倾向和对少数的排除倾向的批判，对被压迫的'他者'予以尊重和承认，并以此形成一种彻底的开放性的多元的政治民主，这是身份政治的支持者们所希望达到的终极目标。"[②] 身份政治自产生便是对自由主义的普遍主义的权力观的批判，试图去反抗这种政治上的普遍主义对于少数人的忽视。这一定程度上是在反思价值问题，即价值本身是否具有优劣，权利是否优先于善。

其实，以赛亚·柏林早就意识到这个问题，他提出"价值不可化约"，认为价值的优劣无法判断，自由主义应以价值中立为立场。[③] 进而，罗尔斯提出"正当优先于善"，抑或是"权利优先于善"，因为正义原则第一个便是"每个人对与其他人所拥有的最广泛的基本自由体系相容的类似自由体系都应有一种平等的权利"。[④] 但是，社群主义对自由主义这种价值中立的态度进行了批判。以桑德尔为代表，"把我们自己'与某些宗教的、哲学的和道德的信念，或

---

① 威尔·金里卡、焦兵：《多元文化主义的兴衰？关于多样性社会中接纳和包容的新争论》，焦兵译，《国际社会科学杂志（中文版）》2019 年第 3 期。

② 汪越：《身份政治的理论逻辑》，《学术界》2018 年第 3 期。

③ 柏林反对价值一元论，认为一个人或一个民族所享有的自由，"必须和其他价值如平等、正义、幸福、安全或公共秩序等比较权衡。"引自 Berlin, *Four Essays on Liberty* (Oxford：Oxford University Press, 1984), p. 169。

④ 〔美〕约翰·罗尔斯：《正义论》，何怀宏等译，中国社会科学出版社，1988，第 56 页。

者说某些稳定的归属和忠诚分离开来'是不可想象的",而且"现代民主社会是以道德和宗教理想的多元性为特征的"①。并且，就连自由主义内部也出现了反对的声音，比如：施特劳斯抨击价值中立是道德上的虚无主义的恶果。不仅如此，现实政治更是给了自由主义的身份政治主张当头一棒。在特朗普当选不久，身份政治的主张就被遗弃了。更有甚者，有美国学者提出自由主义打出的身份牌应当已经终结，因为"近年来，美国自由主义滑向了一种对种族、性别和性身份的道德恐慌，这扭曲了自由主义的信条，并且使之丧失了执政所需要的统一力量"。②虽然社群主义甚至自由主义内部皆对其价值主张提出了异议，但是自由主义对身份政治的价值回应是主导着美国身份政策的核心理念。

二　寻求公共领域的价值共识

多元文化主义与民粹主义的冲突背后反映的是西方社会长久以来的多元价值与公民身份认同一元价值之间的冲突。面对后现代社会多元价值与一元价值的冲突，20 世纪末以罗尔斯为代表的自由主义者主张迫切需要达成公共领域的价值共识，通过公共伦理规范来达成公民对国家的认同，同时尊重私人领域多元合理的善。

第一，价值序列遵循公共的伦理规范优先于个体善。祛魅的社会拒绝绝对的、超越的与实质性的意义，这是身份政治发生的价值基点。罗尔斯与桑德尔都意识到祛魅指向了一个价值纷争的时代，"世界祛魅"③"信仰的祛魅——绝对性时代的结束"④ 意味着现代社会没有唯一的、绝对的价值判断。就如萨特所言，个体是被偶然抛

① 〔美〕迈克尔·桑德尔：《民主的不满》，曾纪茂译，江苏人民出版社，2008，第21 页。
② 〔美〕马克·里拉：《身份自由主义的终结》，《知识分子论丛》2018 年第 1 期。
③ 〔德〕马克斯·韦伯：《学术与政治》，冯克利译，生活·读书·新知三联书店，1998，第 3 页。
④ 许纪霖、刘擎主编《多维视野中的个人、国家与天下认同》，华东师范大学出版社，2013，第 47 页。

入这个世界，生来就无依无靠，人生完全由自己来规划。"元话语意义上的善开始丧失，现代人需要在不同的善之间进行选择，没有绝对的、一元的、终极的参考标准。"① 逐渐地，现代社会变成一个善恶标准不再绝对的社会，相反是一个对各种善合理选择的社会。由此，身份对于政治运动所具有的意义越发凸显，以多元合理善为价值立场的身份政治不仅冲击着以经济利益为核心内容的阶级政治，也挑战着以自由权利为核心主张的公民政治。

面对主张多元价值的身份政治的冲击，罗尔斯主张正当优先于善。其实，关于善的有限性问题始于康德"人是目的"的论断，认为意志自由是高于自然存在物本身的自由，主张个体遵循道德律令。面对后现代社会价值场域的诸神之争，自由主义并没有重新将善的标准绝对化，而是明确指出内在的精神需要外在的规约，即公正的社会伦理规范。罗尔斯认为，"古希腊人讨论的是善的问题，涉及什么样的生活是幸福的；而现代人主要论及伦理问题，主要是幸福生活何以可能"②。

自由与平等是幸福生活的制度性条件。亨廷顿指出，文明的冲突在美国社会尤其突出，其国家特性在不断式微。2000 年之后的美国人口普查数据显示，少数族群裔人口增长速度明显高于欧洲裔白人，更有报告预测到 2060 年，欧洲裔白人所占比例将从 2014 年的 62.2% 降至 43.6%。③盎格鲁－撒克逊精神被少数族群的族群特质与文化所稀释，多元文化主义侵蚀着美国的国民文化。面临如此尖锐的认同分歧，罗尔斯试图以自由与平等的价值整合多种价值。"正义的第一个原则是每个人对与其他人所拥有的最广泛的基本自由体系

① 许纪霖、刘擎主编《多维视野中的个人、国家与天下认同》，华东师范大学出版社，2013，第 48 页。

② John Rawls, Samuel Freeman (ed.), *Lectures on the History of Political Philosophy* (Cambridge：Harvard University Press, 2008), p. 5.

③ 参考文章与报告 Chua, Amy, Rubenfeld, jed, "The Threat of Tribalism", *Atlantic* Vol. 322, No. 3 (2018). Sandra, L., Colby and Jennifer, M. Ortman, "Projections of the Size and Composition of the U. S. Population：2014 to 2060", Curent Population Reports.

相容的类似自由体系都应有一种平等的权利。"① 在一个包含多种文明的社会，平等与自由的公共理性高于具体身份所主张的个体善。"因为需要选择，个人的自由和平等才变得如此的重要；因为承认人的道德自主性，自由与平等才成为现代社会唯一公认的客观价值，超越于任何主观价值之上。"②

第二，国家政策体现出以中立性原则保障私人领域价值的独立性。"大熔炉"策略并非一劳永逸的解决方法，美国面临的棘手问题是世俗化的国家如何处理宗教等私人价值的冲击。美国是一个具有特殊历史背景的国度，包含来自不同种族、宗教、不同国家的移民者。形形色色的移民背景带来不同的文化、信仰、习俗、语言、血统等方面的差异，这些因素合力使得美国成为"大熔炉""拼色盘"。但是这些差异性并非如不同的色彩一样可以永远和平相处，相反这些异质性因素会成为导致不稳定的因素。其中尤为突出的是宗教问题，信奉伊斯兰教的阿拉伯移民在顽强地抵御着世俗理念与价值。现在需要回应的问题不仅是穆斯林是否要在公共场合戴面纱，更有如何对待不同宗教价值的问题。

面对宗教与世俗及宗教之间的价值分歧，新自由主义主张将价值共识限制在公共领域，宽容私人价值。罗尔斯在1971年《正义论》一书中将正义原则视为是具有完备性与普遍性的原则，但是他于1993年在《政治自由主义》中修正了其观点，提出"在个体的善的问题上，不存在达成一项公认的判断的紧迫性。在政治问题上使达成一致判断有其必要的理由，但不存在于其他价值判断当中"③。其实早在《正义论》中，罗尔斯就肯定了多元合理善的存在，"个体从不同的方面确定他们的善，许多事物可能对一个人来说是善而对另

---

① 〔美〕约翰·罗尔斯：《正义论》，何怀宏等译，中国社会科学出版社，1988，第60~61页。

② 许纪霖：《独根、造根与寻根：自由主义为何要与轴心文明接榫》，《知识分子论丛》2013年第1期。

③ 〔美〕约翰·罗尔斯：《正义论》，何怀宏等译，中国社会科学出版社，1988，第450页。

一个人则不是善"①。对于多种合理善，罗尔斯主张民主宽容，"行为主体对他（她）不赞成或不喜欢的人及信念有能力干涉却不干涉的一种克制"②。但是，罗尔斯也指出了宽容具有负担的弊端，"对于一种民主宽容的理念而言，这些判断的负担有着最重要的意义"③。

面临身份政治所揭示的私人领域价值冲突，美国实行国家中立原则。中立性是自由主义面对身份政治最主要的一个重要议题，诺齐克、哈耶克、德沃金等人都有过不同的论述。简而言之，中立性原则是指政府在面对不同的价值观念时需要保持中立的态度，政府需要公正地对待现代社会中不同群体的认同。当然，政府不能主动鼓励人们去选择某种观念，也不能明确地支持或排斥某种行为，把价值选择权与行为主动权归还给个人。1944 年，哈耶克在《通往奴役之路》中指出，政府干预公民的生活是把我们逼上奴役之路的罪魁祸首。不仅如此，哈耶克认为，即使是以社会公平为基础理念的社会保障仍然需要有所限制，因为"对要求保障的普遍赞同可能是对自由的一种危险。其实，如果人们在对于绝对的意义上理解保障的话，普遍追求保障，不但不能增加自由的机会，反而构成了对自由的最严重的威胁"④。所以，哈耶克是反对差异政治的主张的，因为政府一旦开始以社会公平为由干预社会生活，便有可能将个人逼上"奴役之路"。因此，大多数当代自由主义者认为，面对身份政治，政府不应当诉诸平等主义政策，相反应当限制自身的权力来保障公民权利和自由。

在公共领域内，国家对多元合理善的分歧具有裁决的责任。罗尔斯对此曾有明确说明，"公共领域对待'合理分歧'的善的观念

---

① 〔美〕约翰·罗尔斯：《正义论》，何怀宏等译，中国社会科学出版社，1988，第450 页。

② 刘曙辉：《合乎理性与宽容——罗尔斯〈政治自由主义〉中的宽容观》，《华东师范大学学报》（哲学社会科学版）2007 年第 5 期。

③ 〔美〕约翰·罗尔斯：《政治自由主义》，万俊人译，译林出版社，2000，第 61 页。

④ 〔英〕弗里德里希·奥古斯特·冯·哈耶克：《通往奴役之路》，王明毅等译，中国社会科学出版社，1997，第 116 页。

意味着可以以否定的态度对待不合理的善的主张"①。在私人领域内，国家需要在多元合理善之间保持中立，让每个人都有选择合理善的权利。拉兹曾列出三种中立性："国家应取得平等的机会来保障公民实现个体的善；政府不应袒护任何特殊完备性学说；政府与国家不应影响个体接受具体的某种善的价值。"② 中立性原则不仅是一个程序性的原则，而是在试图成为一个实质性的道德原则。国家对多种认同保持程序上的中立，并在价值层面上对合理的善保持平等的尊重，这是对"平等的尊敬"的价值承诺。中立性原则则是新自由主义基于现代性情境中的现实问题提出的价值无涉原则，是"一种积极的（具有广泛共识和强制约束力的）道德观念"③。

　　第三，价值目标是以"重叠共识"维护公民政治。随着政治正确的矫枉过正，美国社会开始出现反对身份政治的声音。随着 20 世纪 60 年代以来身份政治运动的不断铺展，"政治正确"成为美国政治的一把戒尺。在美国社会，人们在讨论种族、性别平等、同性恋、信仰、边缘人群等议题时需要时刻注意政治正确。比如：如果白人将黑人称为"黑鬼"，他（她）可能面临失业的危机。政治正确有时甚至能引发流血事件，2017 年 8 月的夏洛茨维尔事件便因当地政府移除南北战争雕像引发白人至上主义者的不满而爆发。特朗普在多个场合发表反对政治正确的言论，认为政治正确成为一把阻止言论自由的枷锁。特朗普当选之后，美国社会反对身份政治的公开言论开始出现。马克·里拉甚至主张美国"需要一种后身份政治的自由主义（Post-identity Liberalism）"④，因为美国大选的教训是美国必须终结身份自由主义。

　　面对公民身份与多元身份背后反映的价值冲突，以罗尔斯为代

---

①　〔美〕约翰·罗尔斯：《正义论》，何怀宏等译，中国社会科学出版社，1988，第437 页。

②　Joseph Raz, *The Ethics of Liberty* (Oxford: Oxford University Press, 1988), pp. 82 – 92.

③　刘擎：《国家中立性原则的道德维度》，《华东师范大学学报》（哲学社会科学版）2009 年第 2 期。

④　〔美〕马克·里拉：《身份自由主义的终结》，《知识分子论丛》2018 年第 1 期。

表的自由主义者以"重叠共识"（Overlapping Consensus）来弥补社
会不稳定因素所导致的裂痕。区别于"权宜之计"与"宪法共识"
（Constitutional Consensus），"重叠共识不只是一种对接受某些建立在
自我利益或群体利益之基础上的权威的共识，或者只是对服从某些
建立在相同基础之上的制度安排的共识"①。面临身份政治所激起的
社会不稳定，"权宜之计"与"宪法共识"能解一时之饥渴，真正
长远之大计是在"宪法共识"基础之上达成具有道德意义的共识。
"重叠共识"具有三个特征，"共识的目标即政治的正义观念，它本
身就是一个道德观念；第二，它是在道德的基础上被人民所认肯
的……重叠共识的上述两个方面——即道德目标和道德根据——是
与第三个方面即稳定性方面相联系着的"②。

　　"重叠共识"的实现以宪法共识为前提，"宪法共识"本质上仍
是公民政治。罗尔斯认识到在美国社会实现"重叠共识"缺乏很多
客观条件，首先需要实现"宪法共识"。"一种重叠共识乃是乌托邦
式的。这就是说，没有足够的政治力量、社会力量或心理力量来实
现一种重叠共识……重叠共识可能产生且其稳定性可能得到确保的
某一方面的大致要领。这一要领分两个阶段。第一个阶段以一种宪
法共识而告终，第二阶段则以一种重叠共识而告终。"③ 美国社会的
确是用一部宪法在维系着这个大熔炉的平衡，使得大熔炉不至于爆
发。"在宪法共识中，能满足某些基本原则的宪法为缓和社会内部的
政治对峙，确立了各种民主的选举程序。"④ 身份政治强调的是政治
秩序中参与者特殊的身份价值，以多元合理的价值为其权利的合法
性进行道德证成。相反，公民政治强调的是公民身份的同一性，公
民身份背后的文化身份的差异性不是重点。历史表明，民主运动以
普遍的公民权为核心主张，宪法共识所依赖的民主程序仍是以维护

---

① 〔美〕约翰·罗尔斯：《政治自由主义》，万俊人译，译林出版社，2000，第156页。
② 〔美〕约翰·罗尔斯：《政治自由主义》，万俊人译，译林出版社，2000，第156～
　　157页。
③ 〔美〕约翰·罗尔斯：《政治自由主义》，万俊人译，译林出版社，2000，第168页。
④ 〔美〕约翰·罗尔斯：《政治自由主义》，万俊人译，译林出版社，2000，第169页。

公民政治为目的，美国政治的核心是自由而平等的公民理念。

第三节　"权宜之计"的不彻底性

公共领域价值共识的达成需要在政治文化中寻求交集区域，同时需要得到政治实践的检阅。"'重叠共识'不仅是一个理论问题，而且是一个实践问题。"① 实践证明，"权宜之计"存在对现实的妥协，有中立性原则的虚假性，还有政治解放的不彻底性等诸多问题。

一　公私领域划分对现实的妥协性

公私领域的价值区分有利于弥合价值分歧导致的价值裂痕。面临身份政治带来的冲击，新自由主义主张以一种商谈伦理来保障对多元价值的宽容，以一种对话机制去弥合代议制民主的弊端。基于合法性危机，哈贝马斯提出商议民主，通过协商民主来解决代议制民主的机制弊端。代议制的一票一权制看似民主，但是实际上公民很难获得实质民主，少数族群的权利诉求更是很难实现。基于协商程序，具有不同文化身份的少数族群便易于实现其价值诉求，有助于缓和身份政治带来的危机。但是，公私领域的区分更多的是向现代性的妥协。"现代自由主义的中心学说是这个论题：从大众的观点来看，好的生活的人生目的的问题无法得到系统解决。在这些问题上，个人可自由地赞成什么和反对什么。因此，道德和法律的规则既不应来自某些对人而言的更基本的善的概念，也不应依据比这个更基本的概念来证明其合理性。这个论点中，我相信，德沃克尼已经认识到了一个在特征上不仅是自由主义，而且是现代的立场。"② 自由主义把其本身的一套规范限于公共领域，对私人领域的价值持中立态度，更多的是对现代性的屈服，对多元社会的妥协。

---

① 童世骏：《关于"重叠共识"的"重叠共识"》，《中国社会科学》2008 年第 6 期。
② 〔美〕A. 麦金泰尔：《德性之后》，龚群等译，中国社会科学出版社，1995，第150 页。

正是这种妥协性，导致新自由主义的公私领域区分存在诸多问题。首先，公私领域本身并非能完全相分，将公共领域与私人领域绝对区分是不合理的。对公私领域的区分本身是对现实的妥协，这种尝试没有解决理论的彻底性问题，公私领域是否完全可分值得商榷。其次，公私领域的区分不具有现实可能性。公共领域与私人领域的界限难以划分，或者说公共领域与私人领域根本就难以分离。比如：个体具有多元身份，这些身份既存在于公共领域也存在于私人领域，难以区分。最后，自由主义主张公私领域的划分以价值区分为前提，但是这种尝试不成功。政治价值与道德、宗教价值难以完全区分，或者说不可区分。比如：美国、加拿大、英国等国坚持对少数族群的宗教与道德价值诉求保持中立。但是，因宗教、道德价值与政治价值难以区分，至今还遗留许多存有分歧的官司问题。"法律本来应该具有定分止争的功能，司法审判本来应该具有终局性的作用，如果司法不公、人心不服，这些功能就难以实现。"① 自由主义的价值区分的操作难题导致司法审查出现扯皮的情况或者是出现存在分歧的判决，这些都有悖于法律的稳定性与公正性。例如，魁北克民族的语言承认要求与政治上承认的要求难以区分，这是因为价值本身就难以区分。所以，以价值区分为前提的公私领域划分并不合理。

二 政治价值的不完备性与中立原则的虚假性

政治价值具有优先性，但不具有普遍意义。罗尔斯将其自由主义思想限定在公共领域，认为政治价值在公共领域内是可以普遍化的，公民身份具有普遍化的可能性，但在私人领域内的道德、宗教价值中可能存在多元合理的答案。与此同时，莫菲认为，"政治身份认同不仅仅是许多身份认同中的一种，而且是所有身份认同中高于

---

① 中共中央宣传部编《习近平总书记系列重要讲话读本》，学习出版社、人民出版社，2014，第 94 页。

其他种类的"①。政治价值共识优于其他价值认同，这导致了自由主义对德性的忽视，继而使其社会凝聚力极其羸弱，被弱化的德性也难以在共同体文化中起作用。但是，如今我们也会发现即使在公共领域，政治价值也不能完全普遍化，因为它难以取代宗教、道德等私人价值。维持国家认同不仅需要对政治价值的认同，许多其他因素在其中也起作用，宗教价值和道德价值就是不可忽视的因素。对公共领域价值共识的寻求，是自由主义所持的一种制度认同观念，即认为其所建立的政治框架可以包容多种价值，可以维持多元社会的存在。②

　　政治价值不具有完备性，难以取代宗教、道德价值，不可完全普遍化。学者琳达·科里在《不列颠人：打造一个民族 1707 – 1783》中指出，英国对于大不列颠民族性的打造实质上是对人格的技术性改造，打造的目的是实现某种同质的国家认同。对人格的技术性打造是在普遍主义原则指导之下，通过对其殖民地进行所谓的"文化"的过程来实现对其殖民帝国之归顺，并美其名曰以先进而高级的生活方式对其他落后的生活方式进行改造。然而，此时大不列颠的统一思想并不具有其正当性，也不具有普遍意义。可见，很多时候普遍主义原则并不适用于特定的情况，并不是任何时间、任何地区皆具备可普遍化的条件。比如：在美国，印度裔移民、亚裔移民、非洲裔移民的情况差异较大，将普遍性的原则套用到所有群体身上会导致不认同甚至反抗。"法律不应该是冷冰冰的，司法公正也是做群众的工作。一纸判决，或许能够给当事人正义，却不一定能解开当事人的'心结'。"③ 法律、政策也应该具有温度，需要考虑

---

① Chantal Mouffe Ed. , "Democratic Citizenship and the Political Community, In the Community at Loose Ends", *The Miami Theory Collective* (Minneapolis: University of Minnesota Press, 1991), p. 79. 转引自徐贲《通往尊严的公共生活：全球正义和公民认同》，新星出版社，2009。

② 张丽丝：《制度认同的核心要义及其实践层面的评价——兼论自由主义对身份政治的回应》，《党政研究》2020 年第 1 期。

③ 中共中央宣传部编《习近平总书记系列重要讲话读本》，学习出版社、人民出版社，2014，第 95 页。

具体的历史情况与背景。而普遍主义用统一的公民身份对待国家所有成员，以普遍主义的原则对待所有具有不同历史背景的成员是不考虑具体情况的体现。

悬置价值标准本身具有虚假性，价值中立实质上是对制度权威的论证。"当代居主导地位的世界观是韦伯的世界观"[①]，可见悬置价值判断，保持价值中立已被广泛接受。但是，我们已经很清楚自由主义不是真正地保持价值中立，它有自己的一套价值规范体系，价值中立只是其为了社会发展与稳定的统治工具，为了缓和多元社会的冲突，最终的目的还是对制度权威的合理性进行论证。麦金泰尔认为，道德言论的形式几乎能为任何面孔提供面具，"这就是尼采对现代道德言论的这种庸俗化品格的感觉，这种感觉部分地体现在他对道德言论的厌恶上"[②]。保持价值中立实际上就是一种庸俗化品格，只不过是对官僚政治和管理模式权威的论证，通过掩饰与伪装来保留权力。《加拿大权利与自由宪章》第 27 节规定，所有具有异质性文化的公民都有其生存空间，并且具有在公共领域内的自由表达权，政府应对此保持中立。然而，现实中的情况是少数群体在公共领域内难以自由表达，即便弱势群体有一定的表达空间，但并非能真正得到其他族群的认同。形式上的中立，机制上的对话，一定程度上是以自由表达权换取少数群体对其制度的认同。但是，政府中立具有虚伪性，难以真正为少数群体提供生存空间。少数群体虽有自由表达权，但难以寻得文化承认，也不会产生对国家的归属情感。

西方政治理论认为，政府难以保持真正的中立，中立性原则不过只是自由主义者所崇尚的一个理念而已。而且，从根本上而言，政府在进行政策制定与决策之时，不可避免地对民众的价值判断产生了影响。的确，政府一直在潜移默化地影响着民众的价值选择与

---

① 〔美〕A. 麦金泰尔：《德性之后》，龚群等译，中国社会科学出版社，1995，第 137 页。

② 〔美〕A. 麦金泰尔：《德性之后》，龚群等译，中国社会科学出版社，1995，第 139 页。

行为方向。在制定种族、性取向、性别与宗教相关的法律法规与政策之时，政府的目的与价值取向昭然若揭，实际上影响了人们的价值观念与行为选择。自由主义所主张的中立性原则不过是为了保障个体自己的自由而已，因其中立主义太过抽象，以至于脱离了现实的社会环境与身份政治运动的情形。

崇尚中立性原则的国家有时也会间接侵犯个体的权利与自由。"具有'不干涉主义'政府传统的国家，在尊重其民众的权利和自由方面不一定就有良好的记录。美国就是一个例子。在诸如麦卡锡的反共调查运动和对待美国国内以及最近的塔利班和基地组织的囚犯等侵害人权的问题上，美国民众要求政府干预的呼声十分强烈。相对来说，北欧各国——以社会民主制度和普遍社会福利为特征的国家——不仅人的发展机会比较均等，而且在人权方面一般来说也具有比较良好的记录。"① 可见，中立主义在某些时候反而会侵犯到个体自由。不仅如此，自由主义强调中立主义有些时候会有失偏颇，极有可能会忽视政府干预的积极影响。面对愈演愈烈的身份政治运动，许多国家不可避免地需要倡导与普及公共精神与公共文化。

三　制度认同方案的理想性与不可操作性

制度认同的价值原则具有一定的调和作用，但也有不可操作性的弊端。国家认同政策大多是一种政治文化的调整，一定程度上有利于化解国家认同危机。共同体不是原生的，是个体不断权衡的结果。相应地，对共同体的认同也存在妥协与调和的色彩。"在民主法制国的范围内，多样的生活形式可以平等相处，但这种生活形式必须重叠于一个共同体的政治文化，而这种政治文化又必须不拒绝来自新生活形式的碰撞。"② 普遍主义原则与国家中立原则作为一种文

---

① 〔英〕保罗·霍普：《个人主义时代之共同体重建》，沈毅译，浙江大学出版社，2010，第125页。
② 〔德〕哈贝马斯：《在事实与规范之间：关于法律和民主法治国的商谈理论》，童世骏译，生活·读书·新知三联书店，2003，第678页。

化政策调整主张，通过平衡多元文化来维系政治共同体纽带。就普遍主义而言，政治身份可以统摄多元身份，比如哈贝马斯对欧洲移民持支持态度，主张一种世界公民身份，这一定程度上出于制度认同的理想性。自由主义的国家认同实质上是以政治文化来统摄多元文化，以一种理性商谈的形式保障审慎主张文化的形成与发展，这其实是以一种形式的普遍性来包容多元异质性文化。

但是，政治秩序替代心灵秩序的现实操作的可能性较低。自由主义坚持对具有争议的善保持中立，这意味着政府首先要判断可能存在的关于善的争议，并且判断争议中存在多种合理善，在此基础之上才能保持中立。在现实中，价值本身的判断具有困难性。中立性原则不是价值无涉，这首先需要进行价值判断，这本身就基于一种价值判断，比如：美国有很多因其在进行价值评判时难以保持中立而存在争议的司法判决，移民政策区别对待与其普遍性原则的矛盾，族群政策价值标准混乱加重价值的分化倾向等，这是因为很多时候很难把政治价值与道德、宗教价值完全区分开来。同时，中立状态也是很难保持的。价值中立不是不进行价值判断，而是事先不能进行价值判断，要求一个公正的不能参与价值争论的裁决者，这在现实之中难以实现。

自由主义的制度认同以现实为基础，相比其他认同模式能够不断协调保持平衡。自由主义不认为政治制度框架是灵丹妙药，在实践过程中不断地遇到问题，也要不断地在实践中调整。自由主义所主张的制度认同，是在规范层面的认同，这给予每个人空间，基于此个体对制度的认同才能是发自内心的。但是，塔利对政治制度框架在实践中遇到的问题是有先见的，就制度认同来说，自由主义不断地回避族群认同，悬置价值判断，这为社群主义等学派所诟病。虽然制度认同在不断地调整，但在这个过程之中也出现了很多问题。

自由主义的制度认同的动态平衡与整全性规则的矛盾难以调和。制度认同是一个动态的、开放的过程，是公民自己不断商谈的结果，对社会共识提供了制度保障，但是制度认同本身是基于规范与法律的形式来达成公民的共识。塔尔认为，自由主义的整全性理论难以解决现实中权力分配问题，而且即使这种整全性表达作为一种方案出现也很难为人所接受。这是很现实的问题，整全性的表达难以使动态的冲突得以彻底的、永久性的解决。商谈伦理为制度认同提供了一种结构性的正当性，但是具体的规则制定难以对制度认同的具体内容进行整全性的概括。

作为一种乌托邦，自由主义的制度认同虽然具有可能性与理想性，但对现实提出了过高要求。哈贝马斯一直强调个体在法律框架内的民主商谈。个体具有表达自己的价值判断的权利，可以表达自我对于什么是善、什么样的生活值得过的价值倾向。但是，商谈要求公民在审慎的基础之上，参与公共生活表达自己的情感与诉求。在这个过程中，政治文化得以形成，是公民参与政治活动的结果。在一种开放的过程中形成的认同很大程度上取决于公民本身，因而制度认同对公民的要求是审慎的理性，但这在实践中很难实现，因此哈贝马斯所提倡的制度认同被认为是一种乌托邦。哈贝马斯对此有解释，"乌托邦的意思如果是指一种具体生活形式的理想投影，那么理解为方案的宪法就既不是社会乌托邦，也不是那种乌托邦的代替物。这种方案实际上是'乌托邦'——一个在国家中建制化的集体理性与世俗化过程中并通过明智的建制化而自我影响的能力。"[1]共享身份的商谈伦理要求公民间的交往与理性的协调，这都是在现实中很难呈现的。的确，一种商谈伦理要求的公民审慎思考的能力不是所有公共领域的个体都能达到的，它具有理论上的可能性，哈贝马斯也认为真正的制度认同需要集体理性与明智。宪法爱国主义与现实距离遥远，对现实提出的要求过高。

四　政治共识无法实现人的解放

政治共识颠倒市民社会与国家的关系。制度并非真正的实体，其所传递的政治价值也不能完全涵盖其他所有价值。在一定程度上，

---

[1] 〔德〕哈贝马斯：《在事实与规范之间：关于法律和民主法治国的商谈理论》，童世骏译，生活·读书·新知三联书店，2003，第548页。

政治价值的普遍优先原则是一种国家决定市民社会的观点。政治价值具有优先性，其他价值处于弱势地位，这很容易忽视其他自然与社会因素。国家如果不考虑自然基础和市民社会的因素，自身将难以为继。市民社会对于国家而言是必要条件，"政治国家没有家庭的自然基础和市民社会的人为基础就不可能存在。它们对国家来说是必要条件。但是，制约者被设定为受制约者，规定者被设定为被规定者，生产者被设定为其产品的产品"①。观念不能替代现实事物的主体地位，政治信念不能取代由自然、家庭与社会构成的情感归属感。同样，政治价值不能取代其他价值，人的自然与社会属性不能为政治属性所替代，政治属性可以统摄一部分属性，但绝不能取代自然、家庭与社会对个体打下的烙印。

宪法共识背离现实社会，政治解放难以取代人的解放。宪法共识是一种具有一定反思平衡性的制度认同，但它脱离现实经济状况，忽视了人的自然属性与社会属性，是一种理性主义的国家认同观。马克思反对以形而上学的方式去理解国家，认为国家不能脱离市民社会，不能脱离人民的自由精神。马克思认为国家由市民社会决定，应从现实的经济情况出发，给予无产者以最大的关切。自由主义所主张的个体权利至上的理念实质上就是以政治秩序取代真正的秩序，政治的解放不能代替人本身的解放。国家作为一种间接的媒介将现实的人连接起来，马克思认为，"国家是人以及人的自由之间的中介者。正像基督是中介者，人把自己的全部神学、自己的全部宗教约束性都加在它身上一样，国家也是中介者，人把自己的全部非神性、自己的全部人的无约束性寄托在它身上"②。政治解放如果只是从宗教解放到政治国家，"不过是用宽容的基督教国家代替了排斥异教的狭隘的基督教国家"③。制度认同忽视价值分歧，抑或是对价值分歧

---

① 《马克思恩格斯全集》第 3 卷，人民出版社，2002，第 12 页。
② 《马克思恩格斯全集》第 3 卷，人民出版社，2002，第 171 页。
③ 李淑梅：《人类解放：消除对政治国家、宗教和金钱的崇拜——读马克思的〈论犹太人问题〉》，《学习与探索》2010 年第 4 期。

保持中立，以一种形式上的政治自由取代真正人的自由，以政治解放取代人的解放。同时，这种政治解放使得国家和市民社会产生疏离感，使公民和市民身份分割，这是一种原子式的个人认同，是利己主义的认同，这种政治国家的认同具有局限性。

人的解放才是对身份政治的真正的回应与合理的问题解决，人的解放在现代社会体现为对人的社会承认。霍耐特提出，"人类主体同一性来自主体间承认的经验"①，身份政治说到底是要求社会承认的政治。现代人的个人认同不是基于个体自身而达成其认同，这需要在对话关系中实现自我的认同。对话意味着相互之间的承认，得不到他人的承认，会以一种压迫的状态凌辱个人的认同。个体的认同会被贬损与扭曲，例如，一定时期的少数族裔、被殖民者、女性等。与认同不同，承认内在地蕴含了对主体间性的关注，是对群体的关怀。承认"和同样与他人密切关联的'认同'（identity）又不一样……允许'认同'的社会也许仍然会在某种程度上保持是隔离主义的，多元主义的，不平等的；但是要求普遍平等的'承认'则是对他人或社会的进一步要求：我们不仅要自我认同于某个群体，而且要其他群体承认我们的群体是与其他群体平等的，甚至不排除要求所有人的平等，即不是在群体，而是在所有个人的层次上平等承认"②。当然，承认是人类斗争的根本动力，但也存在忽略他者幸福权利的斗争。为了规避个体寻求自尊承认之时对他者幸福权利的侵犯与僭越，有必要克服对欲望的承认斗争，要实现科耶夫意义上的"个体对普遍的人性满足的需要"③的承认。

本真性的恢复是承认的重要组成部分。在泰勒看来，真正的个体认同是部分地由他人的承认构成的，个体需要找寻自己的本真性，忠实于个体的独特性。解放所有人才能实现所有个体的真正认同，

---

① 〔德〕阿克塞尔·霍耐特：《为承认而斗争》，胡继华译，上海人民出版社，2005，第77页。

② 何怀宏：《承认的历史之维与道德之维》，《中国人民大学学报》2005年第3期。

③ 〔法〕科耶夫等：《驯服欲望：施特劳斯笔下的色诺芬撰述》，贺志刚等译，华夏出版社，2002，第104页。

才能真正找寻到个体的本真性。群体认同的获得，需要提供一定的斗争手段以实现他者对于所属群体的特殊性的承认，"我们的道德拯救来自恢复同自身的本真性道德理想。与此同时，本真性观念为现代平等政治的出现提供了条件，每个人都有其独特的个性，这些都需要得到承认。当然，每个民族的文化也因其本真性而需要得到承认"①。作为承认的重要组成部分，本真性具有不同的尺度。个体具有自身的尺度，"都有一种独特的作为人的存在方式，并且这样的一种独特性既适用于与众不同的个人（the individual person among other persons），又适用于与众不同的负载着某种文化的民族（the culture-bearing people among other people）"②。

---

① Charles Taylor, *The Politics of Recognition*, *In Amy Gutmann ed*, *Multiculturalism and The Politics of Recognition* (Princeton：Princeton University Press, 1992), p. 29.
② 韩升：《查尔斯·泰勒对共同体生活的追求》，复旦大学，博士学位论文，2008，第 77 页。

第五章

女性主义与性别身份政治

在很长的历史时期内，女性一直被认为是依附于男性而存在，性别歧视历史可以追溯到古希腊。一直到 20 世纪 60 年代，女性身份意识开始真正地觉醒，两性平权是初期女性主义身份政治的主要诉求。女性主义身份政治运动是早期身份政治运动的重要组成部分，对女性主义身份政治进行历史考察，审慎对待女性所遭受的偏见，并梳理女性主义身份诉求，对其身份政治实践具有重要意义。

第一节　性别歧视历史与身份政治

长期以来，女性处于被歧视的窘迫处境，19 世纪末女性主体意识的觉醒是其进行社会承认斗争的前提。在 20 世纪中叶，随着社会经济的发展与社会文化包容度的不断增强，女性开始走出家庭走向社会。一旦女性开始不依附于家庭，她们便意识到自身处于弱势地位，开始意到公民身份对自身的排斥。因此，20 世纪 60 年代以来，西方女性主义开展了大规模的身份政治运动。

一　性别歧视历史

在很长的时期内，女性一直是为社会所忽视的角色，是一种从属于男性的角色。在古希腊时期，女性与奴隶都不具有公民资格，不能参与城邦的公共事务。菲勒斯（Phallus）作为男性重要的生理特征的图腾，象征着男权。菲勒斯中心主义便是以男性优于女性为出发点，坚持男性对于人类事物的优先性与权威合法性地位。克勒斯中心主义是一种男权符号，完全以男性为中心，女性则被迫客体化。在黑暗的中世纪，民主政治且谈不上，更遑论女性的公民身份了。一直到19世纪，妇女仍然不能受法律的保护，需要受男性保护。女性在社会地位、教育水平、政治权利、就业方面都处于弱势地位，完全不具备平等的公民权。20世纪，弗洛伊德则完全用菲勒斯中心主义来指代男性强权与父权社会女性所处的弱势地位。这种状态一直持续到20世纪中期，女性仍然受制于由男性所主导的社会。

自由主义一贯主张具有包容性的公民身份，但是历史却铺开了一张忽视女性基本权利的画布。普遍主义的公民身份是一幅蓝图，抽象的个人权利在现实中具有另一副面孔。实际上，诸多身份群体被排除在公民身份之外，例如黑人、亚裔移民群体、女性、同性恋者、犹太人、墨西哥裔等群体在美国社会享有不平等的公民权。公民身份作为一种所谓的"理想"状态，女性身份认同问题一直是公民身份的忽视区域。"由于笼罩在自由主义和共和主义背景下，妇女长期以来被排斥在公民身份的理论和实践之外，女性主义的政治理论家们揭露了这些绝非偶然的被排斥方式。抽象的、脱离个人的普遍主义的套装已被挂在一边，仅仅去阐述普遍主义中男性公民的一面，白人，异性恋和非残障人的一面。"[1]

二 女性身份意识的觉醒

在一定时期内，女性在生活中处于被支配的地位，性别歧视无处不在。女性受歧视的一个重要原因是受教育权、就业权的剥夺。在男性主导的历史脉络中，女性因为先天的生理差异而依附于男性，

---

[1] 〔英〕露丝·里斯特：《公民身份：女性主义的视角》，夏宏译，吉林出版集团有限责任公司，2010，第105页。

受教育权与就业权受到影响。男性不可避免地设置符合男性自身性别利益的教育入学门槛与就业要求标准，并且女性需要在繁殖后代上花费大量的时间与精力。这些客观存在的事实直接影响着女性在社会中的生存能力，这在一定程度上导致女性处于被歧视的处境。"不存在随意歧视就证明了不存在性别不平等；但是不存在随意歧视也许正好证明了性别不平等的无所不在。正因女人在整个社会都处于被支配地位，她们就没有必要成为被歧视的对象。不仅没有必要在工作中通过随意歧视以维系男性特权，而且这种歧视还不太可能发生——因为，绝大多数女人永远不可能占据随意歧视所针对的工作职位，也许，偶尔也有些女人能够顶住维系传统性别角色的社会压力。但是，所受的支配越强，女人就越不可能竞争上岗，因此随意歧视就越没有存在的空间，社会越是充满着性别不平等，社会制度越是反映了男性的利益，就越不可能产生随意歧视。"① 可见，在一个处处反映男性利益的社会制度中，性别歧视无处不在，虽然并不是随意歧视的问题，而是被支配的问题。女性被贬低到家庭领域，其个人自主性被牺牲了。女性主义要解决的问题就是女性的从属地位，也即男人控制着女性的一般生活机会。

因而，19世纪末便开始有妇女运动，主要争取劳动同工同酬与政治权利平等。20世纪中叶，真正的女性身份意识觉醒出现了，两性平权是初期女性主义身份政治运动的主要诉求。女性的自我意识真正觉醒，与其主体意识的成熟有关。一般而言，自由主义所倡导的公民政治是针对所有公民的，被认为是针对所有身份的政治，但是公民身份本身的排斥性并不为人所知。在20世纪中叶，处于弱势地位的女性开始意识到公民身份对自身的排斥，这是因为女性开始不依附于家庭。随着社会经济的发展与社会文化包容度的不断增强，女性开始走出家庭走向社会。这样一来，女性就扮演了一定的社会角色，这促使了女性自我意识的觉醒。职场中的女性开始意识到生

---

① 〔加拿大〕威尔·金里卡：《当代政治哲学》（下），刘莘译，上海三联书店，2004，第680页。

育、生理劣势等影响着其社会地位与政治权利，女性的公民身份权利诉求逐渐与生育权利、文化权利相结合。女性开始意识到其自身是性别歧视的牺牲品，要想摆脱弱势的地位需要加强自身主体性地位的建设。

女性主体性意识逐渐强化。关于女性公民身份的讨论必然不可回避女性的主体性问题，这意味着女性开始着重呼吁提升女性的政治主体性地位。与生育期、教育权不同，女性的政治权利直接决定着其社会地位的提升，是摒弃女性歧视历史的必要手段。社会学家吉登斯认为公民身份的完整性论述必然包含主体性讨论，女性地位的提升需要完成从"结构性约束"[①] 到"政治主体性"的转变。以澳大利亚为例，"有关女性主义争论的话题已从国家的性质转移到公民身份的性质上来，这可以看作是一种从关注妇女解放的结构性约束向关注妇女政治主体性的转变"[②]。作为主体的女性公民身份的目标是实现女性身份在心理与政治的双重承认，由经济地位平等要求转向到政治权利的承认诉求，这些都源自于女性主体性意识的增强。

三　寻求社会的承认

随着女性主义理论与运动的发展，其基本诉求也在政治权利平等基础之上扩展到社会身份权利。提到公民身份理论，不得不提马歇尔。但是，有学者指出，"虽然马歇尔对'理想公民身份的图景'作了一种动态的理解，但人们对他的观点批判之一就是，'作为公民身份运动的核心运动，社会斗争这一概念'并没有得到足够的'强调'"[③]。确实，现代社会的公民身份运动与社会斗争紧密相连，并且社会斗争运动为了获得承认。近些年来的社会斗争聚焦于人的身

---

①　结构性约束（Structural Constraint）大多被用作经济学概念，指经济背景，它由各个决策变量之间的相互关系，包含经济结构与外部关系等。

②　〔英〕露丝·里斯特：《公民身份：女性主义的视角》，夏宏译，吉林出版集团有限责任公司，2010，第9页。

③　〔英〕露丝·里斯特：《公民身份：女性主义的视角》，夏宏译，吉林出版集团有限责任公司，2010，第7页。

份，主要表达了弱势群体身份平等的承认诉求。"在这些斗争中，妇女扮演了中心角色，她们不仅仅是为了选举权，同时也为了社会公民身份权利，她们常常明确地运用公民身份观念作为自己斗争的指导原则。"① 女性在寻求社会承认的斗争中占据重要地位，在社会斗争中女性的身份承认是主要诉求。并且，女性主义运动进行社会斗争的诉求不仅是对政治权利的获得，也是寻求社会的全面承认。

早期的女权运动影响有限，第一波女性主义主要争取女性在家庭与社会中劳动的平等，并没有重点关注身份认同问题。从 20 世纪50 年代起，女性主义身份政治开始在全球范围内产生重大影响。这个阶段的女性主义主张以"性别平等"取代"性别歧视"，平等的政治观念是女性主义运动的核心政治价值。波伏娃在《第二性》中指出，"一个女性不是生来就是女人，她是逐渐变成女人的"②。在《性的政治》中，米利特揭示了身体政治的奥秘，并预测人类终将结束男女不平等的身体政治的桎梏。20 世纪 60 年代之后，女性主义开始与身份政治合流。"身份政治之身份在女性主义这里，既可以是战斗的武器，也可以是釜底抽薪的终极革命。"③ 女性获取独立地位的组织的代表"为经济和法律独立而斗争的妇女解放组织"（Women's Liberation Campaign for Financial and Legal Independence），组织活动反抗妇女的公民身份的不完整性，主张在社会保障与税收工作中提升妇女的待遇。1986 年，埃莉诺·拉兹博（Eleanor Rathbone）在其专著《被剥夺继承权的家庭》中为了两次世界大战期间的妇女们争取权益，"公民身份"概念是为妇女争取权益的主要抓手。里斯特（Lister，1990）指出，公民身份"虽然是一个性别中立的概念，实际上却有着深刻的性别歧视……这种现状指明了存在于当

---

① 〔英〕露丝·里斯特：《公民身份：女性主义的视角》，夏宏译，吉林出版集团有限责任公司，2010，第 8 页。
② 〔法〕西蒙娜·德·波伏娃：《第二性》，陶铁柱译，中国书籍出版社，1998，第45 页。
③ 张念：《性别之伤与存在之痛：从黑格尔到精神分析》，东方出版社，2018，第227 页。

前女性主义者所关注的首要的，也是更为消极的原因：我们或许应许之为'珠穆朗玛峰论据'，即事实就摆在那儿。不仅如此，而且性别歧视还像珠穆朗玛峰一样，既在历史中也在当下支配着西方政治思想领域"①。

直到20世纪70年代末80年代初，女性主义的第三次浪潮对差异本身的关注大于对平等价值的执着。随着男女平等理念的提出与倡导，现实生活中单亲家庭数量与离婚率不断增加，女性主义开始关注性别的差异性问题。在美国，女权主义者"平等权利修正案"的失败标志着女性主义开始转向对身份差异的关注。弗雷泽指出，70年代末，差异政治的观念不断地冲击着平等政治观念，"'性别差异'逐渐让位于'女性内部的差异'，这开启了女性主义争论的新阶段"②。美国学者波克塞指出了，新的阶段"转向一种新的身份政治，对每个人的定位也更加开放、流动、复杂化，更易接近也更实际，既承认差异的重要性，也不否认差异的局限性及其同样重要的作用"③。虽然消除女性歧视犹如登上珠穆朗玛峰，女性获取公正地位的努力从未缺席。逐渐地，有一些女性开启关于差异承认的自我斗争，旨在通过社会运动来达到其获取性别差异的社会承认诉求。例如，1989年4月4日，《卫报》报道了十一位穆斯林妇女的一封信，她们批评了移民规则中的"最初目的"。这封信的结尾指出，"目前，我们必须在我们的丈夫与我们的国家之间进行选择。我们面临的压力迫使我们离开无公民身份的国家而到处流浪"④。这封信获得了广泛的关注，更为完整地包含女性的平等公民权的呼吁赢得了社会的目光。以南非为例，南非妇女积极地参与到了《有效平等的

① 〔英〕露丝·里斯特：《公民身份：女性主义的视角》，夏宏译，吉林出版集团有限责任公司，2010，第1~2页。
② Nancy Frazer, *Justice Interruptus: Critical Reflections on Postsocialist Condition* (New York: Routledge, 1997), p. 192.
③ 〔美〕玛丽琳·J. 波克塞：《当妇女提问时：美国妇女学的创建之路》，余宁平、占盛利译，天津人民出版社，2006，第144页。
④ 英国移民规定移民者需要遵循其入境之时的"最初目的"，因配偶而移民的女性需要保证婚姻并非是为了获得身份，当然这一规则被新工党所废除。

妇女宪章》（Women's Charter for Effective Equality）的起草过程之中。

　　20 世纪 90 年代后期以来，女性主义又有了新的转向——团结政治（Politics of Solidarity）。的确，随着差异政治的推进，女性主义内部存在一定的张力，内部的团结被撕裂，与各种具体身份特征杂交，而缺少对女性本身的关注。以黑人女性主义者柯林斯为例，她意识到意识形态对于黑人女性的压迫与殖民，因而倡导对黑人女性进行赋权的政治。① 继而，女性身份政治理论开始关注"混杂性"（hybridity）概念，混杂性是指对多元混杂性的关注，女性主义在寻求对身份差异的关注。印度裔美国学者莫汉蒂将之称为"无边界的女性主义"（Feminism without Borders），女性主义者认为应当跨越边界来团结具有共同差异的女性，甚至男性，来实现社会正义。② 冷战之后，女性主义身份政治话语体系逐渐形成。"冷战结束后，文化意识形态话语兴起，这也是第二波女权运动与更宽泛的文化左翼话语合流的时刻，从此，女性主义与身份政治难解难分。"③ 身份政治通过获得承认的身份政治运动，获得与男性平等的政治权利与社会地位，逐渐地形成了中心——边缘的身份政治话语，政治正确成为西方国家重要的政令。1993 年，《权利法案》在南非国民大会通过，它保障了南非的妇女在公共领域中的平等权利。2018 年，美国反性骚扰运动"Me Too"④ 是反对女性歧视的主要身份运动，该运动掀起了全球范围内的性别歧视抵抗运动的高潮，更深层次地挑战男性主导的权力结构。

---

① Patricia Hill Collins, *Black Feminist Thought: Knowledge, Consciousness, and the Politics of Empowerment* (New York and London: Routledge, 2000).

② Chandra Talpade Mohanty, "Feminism without Borders: Decolonizing Theory", *Practicing Solidarity*.

③ 张念：《性别之伤与存在之痛：从黑格尔到精神分析》，东方出版社，2018，第 225 页。

④ "Me Too" 运动是 2017 年 10 月女星艾丽莎·米兰诺（Alyssa Milano）等人对制作人哈维·韦恩斯坦（Harvey Weinstein）性侵多名女明星发起的身份运动，有过被性侵的网友在社交媒体上回复 Me Too 而引发的运动，进而引发社会关注。

第二节　女性身份政治的价值诉求

在长时期内，女性主义对于同一性与差异性问题一直存在争论与徘徊。启蒙主义权利话语的普遍主义与性别差异话语之间具有不可调和的矛盾，无性别的普遍主义与具有主体意识的女性主义之间具有多种冲突。虽然女性主义存在于同一性与差异性之间徘徊的历史阶段，但是女性身份政治始终主张实现女性的主体性地位，反对虚假的普遍主义公民观，并积极地进行社会斗争实践。

一　完整的人格与生理的差异

由于受特定历史时期的经济发展水平与社会现状影响，女性主义存在对"男女是否应该平权"这个问题的争论。女性主义身份政治运动初期，女性希望获得与男性一样的经济权利。随着女性进入社会，她们认识到女性本身的生理差异、弱势处境与从属地位，开始主张社会应当对女性的生理差异与受歧视状况进行观照。同时，女性主义主张，作为理性的主体，女性应当享有性别平等的权利。在很长时间内，女性的生理基础是其被歧视的原因。在生理学上，女性与男性相比具有一定的差别，而且这些差异难以消除。从社会性别的角度来说，女性生理上的弱势不能成为被歧视的证明与原因，相反应该提供一定的政策与制度保障来消除性别歧视。因为在本质上，"妇女是具有理性能力的个体，因而她们具有完整的人权，应该自由地选择她们的生活角色，在与男人平等竞争中探索她们的全部潜能，这是她们的信仰。与这些原则相一致，早期的自由主义的女性主义者要求受教育权、财产权和选举权；以实现同男人在法律与政治上一样平等的地位为目标"①。作为理性的主体，女性具有完整的人格与人权，应该具有与男性一样的社会地位。

① Bryson, V., *Feminist Political Theory* (Hampshire: Macmillan, 1992), p. 159.

因此，前期女性主义内部是排斥性别差异，因为这会丧失社会性别的批判力。女性主义是拒斥性别差异话语的，因为这使得"社会性别"具有较大的变动性。实际上，以差异之名难以消除性别压迫与机制排斥。性别身份政治延续了对差异运行机制进行的批判，包括差异理念所建构的各种所谓的包容机制。这种差异不是包含同一性的平等，而是依靠所谓的差异性别平等。虽然"在理性主义内部，不会使用性别差异的框架，而是在启示与理性之间展开了一场持久的精神战争。在这些有关现代性的男人版解决方案中，女性主义在逻辑上被安排在特殊与普遍的对立之中，在文化上被辨别为边缘与中心的冲突"①。

新自由主义主张政府在涉及性别问题上应当保持中立，以保障女性具有同男性相同的公民权利。但是，以性别中立来回应女性身份政治价值诉求是无效的，"因为在女性分配公民身份角色的时候，一些规范和原则是男性所设计的，他们要让女性符合或者适应男性设计形象塑造模式，这样的模式恰恰忽略了女性的身体方式，这些把妇女公民身份纳入到男性公民身份的框架思考，他们有意无意地忽略女性的公民身份，这阻碍和扭曲了女性的自我发展"②。可见，性别歧视并不是单纯的生理歧视，也并非仅仅依靠文化层面的因素所能解决，社会制度层面的规范与原则也是重要问题。福利国家设定享受福利的资格，其准入资格与民族国家的大门准入控制机制有关。例如，移民在一定程度上是受到歧视的，许多移民很难享受到福利国家的政策。在 20 世纪 90 年代的移民中，女性占据的比例在不断增加③。移民文献中，大多"把妇女作为依赖者的理解也广泛进入移民法和国籍法的视野，并成为萦绕她们的话语。因此，即使

---

① 张念：《性别之伤与存在之痛：从黑格尔到精神分析》，东方出版社，2018，第246页。

② 马俊峰：《马克思社会共同体与公民身份认同研究》，中国社会科学出版社，2019，第179页。

③ 根据联合国1995年的统计数据，女性在移民与难民中比例逐渐增加，大约占据一半。

那些明显是性别中立的管理移民的法律在其效果上可能间接地带有歧视性，由于妇女处于不利的经济地位中，她们甚至可能会因为带有种族歧视的移民法而受到特别粗暴的对待"。①

二　反对虚假的普遍主义公民观

如果说女性主义运动排斥差异性是早期阶段性的价值选择，女性主义始终坚持对普遍主义进行批判。因为长期以来，女性被排除在公民身份理论的普遍主义原则之外。"由于笼罩在自由主义和共和主义背景下，妇女长期以来被排斥在公民身份的理论与实践之外，女性主义的政治理论家们揭露了这些绝非偶然的被排斥方式。抽象的、脱离个人的普遍主义的套装已被挂在一边，仅仅去阐释普遍主义中男性公民的一面，白人、异性恋和非残障人的一面。"② 公民身份具有其包容性，但是处于多元性之中的普遍主义却存在不少问题。实际上，公民身份只保持了理论上的性别中立，在现实中却存有一定的性别区分。性别被一分为二，并且两性皆被标签化，代表的价值取向也被固化。就像上文中提到的古希腊社会女性与奴隶被排除在公民身份之外的情况，甚至在 19 世纪后期的英国社会，已婚妇女仍然受制于父权制的价值导向。甚至在 20 世纪后期的美国，虽然妇女获取了选举权，进入陪审团仍然是个艰难的问题。在相当多的国家内，妇女只是享有部分的权利，只有已婚妇女才能跟男人一样进行纳税。

表 5－1　性别二分法（dichotomies）

公域、男性、公民	私域、女性、非公民
抽象、脱离现实、有思想	特殊、现实、植根于自然之中
理性、能够得到运用	感性、非理性、服从性

① 〔英〕露丝·里斯特：《公民身份：女性主义的视角》，夏宏译，吉林出版集团有限责任公司，2010，第 68 页。
② 〔英〕露丝·里斯特：《公民身份：女性主义的视角》，夏宏译，吉林出版集团有限责任公司，2010，第 105 页。

续表

公域、男性、公民	私域、女性、非公民
不带偏见的理性和正义标准	欲求和激情、不能运用正义标准
公正、关心公共利益	偏见、忙于私事和家庭事务
独立、积极、英勇、强壮	依赖、被动、弱小
拥护自由王国、人性（human）王国	维持必然王国、自然王国和重复（repetitions）王国

资料来源：〔英〕露丝·里斯特：《公民身份：女性主义的视角》，夏宏译，吉林出版集团有限责任公司，2010，第 110 页。

　　女性主义反对的并非真正意义上的平等，而是虚假的普遍主义价值。妇女需要的是完整的公民权利，自由主义与共和主义所倡导的公民身份理论只是看似持性别中立的概念。在自由主义与共和主义传统中，公民是一种抽象的、脱离现实的概念，以不带偏见的理性与正义标准为内容。这些理念暗藏了男性的基本特征，独立、理性、勇敢的男性可以参与公共领域内的事物。但是，女性则被排除在公共领域之外，只能圈于私人领域之中，家庭成为女性的栖息之地。其实，私人领域内尤其家庭对女性的忽视较为严重。西方社会推崇私人领域的隐私性，相关法律也非常健全。家庭作为私人领域的重要组成部分，对他人家庭的干预意味着对他人隐私权的侵犯。保护隐私具有其正当性，但是有些时候保护家庭隐私性有可能会导致女性受到伤害。迈克金伦认为，"女性主义认为女性决定从属地位的关键要素是身体、两性关系、性与生育行为、亲密感情……隐私法律思想可以并且一直在对殴打妇女、婚内强奸以及劳动剥削等行为进行庇护；一直保护这些核心制度，而这些制度剥夺了女性的身份、自主、权力和自我意识"[1]。

　　女性被认为是感性的、弱小的植根于自然之中的"东西"，不具备理性、公正等能力。女性不能像男性一般能在公共领域之中参与政治事务，只能在家庭之中负责生育与孩子的教育工作。"对妇女公

---

[1]　MacKinnon, *Feminism Unmodified: Discourse on Life and Law* (Cambridge: Harvard University Press: 1987), p. 708.

民身份问题的漠不关心也暴露了政治理论中的伪装成普遍主义的一般男性规范，这样一来，妇女要么被未经批判地体现在虚假的性别中立的形式之中，要么被简单地遗忘了。在这两种方式中，她们都完全成为不可见的了。"① 普遍主义蕴含着一套男性的规范，被忽视疑惑被中立对待都是回避性别身份政治的表现，女性的弱势地位与平等权利诉求在普遍主义的价值中立立场中皆被漠视了，相应地对应的现实冲突也难以缓和。

女性主义不仅反对虚假的普遍主义公民观，同时也反对妇女范畴内部的虚假普遍主义。"对'妇女'这一范畴的虚假普遍主义的挑战有两个来源：一方面是后结构主义的理论发展，另一方面是黑人和其他妇女群体的身份和利益因'妇女'这一范畴而被忽视，被边缘化或被处于从属地位。"② 女性主义具有很强的反思性，对于虚假普遍主义的批判也具有相同的反思过程。后结构主义反对"本质主义"，同样也会拒绝复数的女人（women），否认具有一种可以代表所有女性的抽象的、真实的普遍主义。另一方面，女性身份内部仍然存在一定的虚假普遍主义，白种女性主义者也存在建构一元的女性主义形象的问题，这往往是排斥黑人女性身份的存在。不可否认，白人女性主义试图建立自身的优势地位，但是其他女性弱势群体不能因此被边缘化。

三 性别身份政治的社会斗争

女性主义有时是拒斥身份政治的，因为这会削弱性别政治本身的影响力。有学者指出，将女性主义完全纳入身份政治会使身份政治陷入僵局，政治实践主体受到身份的多元性限制，这最后必然会导致女性主义性别政治的消逝。"这里的僵局是任何政治实践必须预

---

① 〔英〕露丝·里斯特：《公民身份：女性主义的视角》，夏宏译，吉林出版集团有限责任公司，2010，第113~114页。

② 〔英〕露丝·里斯特：《公民身份：女性主义的视角》，夏宏译，吉林出版集团有限责任公司，2010，第115页。

先设定其政治主体，但这个主体的位置又和多元交叉身份相关，这些交叉身份之间又形成彼此的争议性，比如性别、种族和阶级。"①比如，对于美国社会而言，边缘身份的组合更容易赢得政治、就业与教育同情，一个底层的黑皮肤的女同性恋者比一个白皮肤的异性恋的女性精英更能在职场上、受教育过程中具有政治地位，因为这些身份组装是弱势的集合。尤其值得指出的是，在欧美大学申请的程序中，对于个人身份认同的填写是必填项目。弱势的组合能够引发更多的政治现象，也能获得更多资源倾斜。但是，在这个组合中，女性身份本身的政治影响力被交叉身份稀释了，随之女性主义的政治深度也在各种平行身份的建构中式微了。简而言之，在与后殖民、性取向、族群、种族等议题的并列发展中，社会性别的批判力被耗尽，女性主义政治话语力量被削弱。

事实上，女性主义拒斥的是与身份政治一起纳入公民身份之中，因为这样的话作为公民的妇女身份行动能力就减弱了。因为，身份政治本身纳入公民政治是不可行的，"对身份的认同是不能够完全纳入公民身份之中的，诸如男性对她们实施的暴力、强奸、色情描写、性骚扰以及她们的生育权，所有这些都对妇女的公民身份有影响，而对残障人、同性恋人和黑人妇女更是具有特别的意蕴。家庭内外的男性暴力与它所制造的恐惧一道，起到了动摇妇女作为公民的地位的作用。如果妇女不能在公共领域中自由地迁徙或行动，在私人领域因为暴力威胁而害怕，那么，她们作为公民而行动的能力就减弱了"②。纳入了公民理论的身份政治一旦披上了权利政治的外衣，就又陷入了普遍主义公民观所面临的漠视难题，女性主义更是难以实现自身的价值平等诉求。在公共领域内，女性的价值诉求被"价值中立"原则主导下的多元文化主义政策所忽视。私人领域内，在

---

① 张念：《性别之伤与存在之痛：从黑格尔到精神分析》，东方出版社，2018，第225页。

② 〔英〕露丝·里斯特：《公民身份：女性主义的视角》，夏宏译，吉林出版集团有限责任公司，2010，第175页。

家庭之中的妇女难以保障自身的权利。因此，女性需要走进公共领域，不再是公共领域内政治的边缘人。

女性需要真正地参与政治实践。乔纳斯多蒂尔指出，"妇女需要在政治中成为显性的参与者，并获得相关能力的执行权，因而，在重大问题上，女性可能表现出不同于男性的需求与态度，并且这种表现将持续性出现。但是，这并不意味着女性与男性没有共同的需要和偏好"①。男性与女性参与政治之时，表现出来的偏好与需求差异，并不是简单的生理差异，这些差异正是在建构男性与女性两个基本社会团体政治文化。并且，一定的时期内，强调差异的平等性并不能从根本上解决女性受歧视的问题，也难以从实质上改变女性的弱势地位。女性参与政治实践才是免除性别歧视的开始，需要进行政治表达，落实性别平等问题。

女性参与政治实践是一种智举。"在各种层次的决策制定过程中，男女的代表平等保证了有较好的政府。由于她们有作为一个群体的经历，妇女们有她们自己独特的视角。她们具有不同的价值和观念，因而彼此不同。妇女不断参与决策制定过程，将创造一种新的政治文化将新的光线投照在权力如何被运用的问题上。妇女非常重视人们之间交往的性质。她们与男人相比，个人主义因素要少一些。"② 女性具有与男性不同的社会经历与情感体验，因而具有相应的决策能力与行为模式。女性具备在公共事务决策的沟通能力，能够促进政治事务的推进。即使女性不具备超越男性的能力，也具有平等地参与政治事务的权利。多元文化主义背景之下，女性身份政治着重关注身份背后的公民文化权。文化公民身份对于改变女性的被动地位具有重要意义，有利于推进女性参与政治实践。

长期以来，获取公民资格是女性参与政治实践的主要斗争内容。

---

① Jonasdottir, *On the Concept of Intersts*, *Women's Interests and the Limitations of Interest Theory* (London: Sage, 1988), p. 53. 转引自马俊峰《马克思社会共同体与公民身份认同研究》，中国社会科学出版社，2019，第 180 页。

② 〔英〕露丝·里斯特：《公民身份：女性主义的视角》，夏宏译，吉林出版集团有限责任公司，2010，第 249 页。

缺乏公民资格意味着不享有公民相对应的权利与义务，女性进行社会斗争的主要内容便是公民资格。女性进行社会斗争往往是通过公民身份的角度切入，虽然"公民身份作为一种对女性主义具有潜在价值的概念，要利用它则涉及许多步骤"①。从公民身份的角度出发，重新讨论普遍主义的实用性问题必然要解决公共领域与私人领域的关系，这对消除女性偏见有重要意义。上文已经提到，女性主义一直反对的就是普遍主义的虚假性，女性受压迫的主要原因也是出于此。那么，女性如何达成公民认同呢？这需要对公民身份资格标准本身重新讨论，需要将更加宽容的、包含差异性的理解整合进公民性别身份的内涵与外延之中。

女性的自治是女性主义社会斗争的理想与终极目标。女性主体性觉醒与其自治政治诉求关联②，女性的公民自治诉求与个体的需求有很大关系，"人的基本需要之一就是'主体者自治的需要——在关于什么该做和如何去做这样的问题上明确作出自己的选择的能力'。个人自治的关键在于有机会去参与生产、再生产、文化传承和政治权力这些社会角色"③。女性地位的平等不仅是经济上的平等，也不是单纯的情感上的平等，而是经济、政治、社会与心理多方面的平等。女性的独立自主需要自觉地认识到主体意识，这直接指向女性的自治诉求。自治是女性身份政治斗争的核心诉求，自治是女性实现自身尊严的重要途径。公共领域内，女性可以通过参与政治活动来实现自身权利，这是作为政治边缘人无法做到的。私人领域内，女性的自治权是保障女性不受侵犯的边界。在历史上，女性身份的解放直接衡量着人类解放的尺度，而自治程度是衡量女性身份的主要标准。

---

① 〔英〕露丝·里斯特：《公民身份：女性主义的视角》，夏宏译，吉林出版集团有限责任公司，2010，第310页。

② 2004年，博迪·西蒙（Birte Siim）指出主体性是女性公民身份的关键，学者多伊尔（Doyal）与高夫（Gough）将人的主体性概念与自治相关联。

③ 〔英〕露丝·里斯特：《公民身份：女性主义的视角》，夏宏译，吉林出版集团有限责任公司，2010，第11页。

第三节　性别身份政治的弊端与发展

西方社会所主张的公共领域与私人领域的二元机构，是为了消解私人价值与公共价值之间的对立矛盾。但是，公共领域与私人领域的二分对于女性身份政治而言具有巨大的弊端，倡导差异性并不能解决女性被歧视的问题，反对普遍主义公民观并不意味着对共同体价值的忽视。倡导差异性不能成为女性身份政治的未来主要主题，人类解放的视野必不可少。性别认同的问题需要放在人类共同体之中解决，应当以人类的解放为最终斗争目标。

一　二元结构的弊端

女性主义的核心议题是公共领域与私人领域的关系。从人类社会的发展史来看，女性并非一直生活在私人领域内。在母系社会之中，女性执掌着主要权力。然而，进入父系氏族之后，女性开始处于被支配地位，并开始回归家庭。从古希腊，女性不被纳入公民身份之中，只有男性可以任意占有支配的对象。文艺复兴之后，少许富裕阶层的女性开始具有一定的权利。随着经济全球化时代的到来，劳动分工逐渐主导着社会地位的高低，女性再一次被动边缘化。女性难以获得平等的公民身份，很难公平地参与公共领域的经济活动与政治事务，更遑论女性自我价值的实现。现代社会的女性主义重提公共领域与私人领域关系，女性身份认同问题的讨论框架也进一步扩展。

自由主义主张以公共领域与私人领域的二元结构划分来消除性别歧视。"在西方社会，妇女被排斥于公民身份之外的历史直接与她们归属于公私二分中的私人这一方紧密联系在一起。这样的归属既作为话语而得到运作，也把在某种时空背景中的妇女从身份上驱逐出了公共领域，而根本不顾及一些妇女已成为政治领袖这样的事实。"[1]　女

---

① 〔英〕露丝·里斯特：《公民身份：女性主义的视角》，夏宏译，吉林出版集团有限责任公司，2010，第112页。

性的身份认同建构需要消除性别差异，而性别差异的消除可以推动
性别歧视的消除，这最终有利于女性实现自我价值。妇女在公共领
域与私人领域产生的影响被认为是一个衡量，其中社会分工会产生
很大影响。尤其近代以来，资本的逻辑直接影响着妇女在社会公共
领域与私人领域的作用。将妇女划归到私人领域，是资本主义发展
的逻辑实然，劳动分工决定了性别分工。事实上，在共同体内，公
共领域与私人领域的划分具有一定的限度，二元结构的划分具有很
大的问题。劳动分工对性别分工的决定并不意味着，公共领域与私
人领域划分是正当的，因为这其实使女性在公共领域内成为边缘
人群。

性别身份政治往往是通过中心——边缘的人物的角度进行政治
现象的讨论，从而为边缘女性群体进行斗争，但是有时候过度关注
边缘化话语的身份政治会使女性主义政治本色式微。不可否认，以
中心——边缘的话语模式讨论性别政治可能会导致关注焦点转移到
谁更边缘的这个问题上。因此，在身份认同问题上，女性身上附加
很多其他的标签，例如黑人、底层与同性恋等。实质上，中心——
边缘话语仍然是一种权利话语，并非性别政治的话语。斯洛文尼亚
哲学家齐泽克指出，"今日的主体具有如下基本特征：一方面，为自
身一生负责的自由主体；另一方面，将言语权威视为高于自身受害
状态。个体与其他个体接触之中，每一个接触都会被视为一种潜在
的威胁……这种受害者化的逻辑在今日已然被普遍化，完全超出了
性骚扰或种族主义歧视的标准案例"[1]。以美国为例，"受害者化"
已经成为社会的主要趋势，在"米兔"运动中便是建立在普遍地受
害者的逻辑之上。"女人的斗争将会变成一系列反对全球资本主义、
生态危机、种族主义，呼唤民主等等中的一个。"[2] 这面临着许多主

---

[1] Slavoj Žižek, *Like a Thief in Broad Daylight: Power in the Era of Post-Humanity* (London: Penguin, 2018), pp. 11 – 12.

[2] Slavoj Žižek, *Like a Thief in Broad Daylight: Power in the Era of Post-Humanity* (London: Penguin, 2018), p. 12.

体主动地陷入受害者的逻辑之中的危险，而女性运动则会被中心——边缘话语演化为因素复杂的、交叉的社会现象。

二 共同体的价值

倡导差异性不能成为女性政治的趋势。不可否认，以性别差异替代性别同一性是一种趋势，但是差异理论颠倒了同一性与差异的本体论地位。法国哲学家德勒兹认为，所有的同一性都与差异性有关，"除了这种原初差异之外，相似、同一、类似和对立等不再能够被认为是任何东西"①。这种将物本身视为是差异完全颠倒了差异与同一性的本体论。个体主体化的过程并非差异性的过程，共同体讲究的是同一性。有学者极度反对性别政治纳入身份政治的范畴，认为应当以"性差异"取代"性别差异"。② 这种观点错误地将"性倒错"（transvestism）视为是性别政治的抓手，"'女人'只是'游牧主体性'（Nomadic Subjectivity）的一种流动中的聚合体。'形成——女人'（becoming-woman），本身就是一个不断差异化、不断创造的过程，并不存在任何一种稳定的、中心化的'女性形态'来形而上学地规制那些过程"③。差异的流动性难以替代性别政治，裂变的游牧主体也难以替代同一性，强调男性与女性之间的差异并不是身份政治的根本诉求。

女性身份认同问题的解决不能背离共同体。公民身份是共同体中的资格，女性获取公民资格需要重视共同体的重要价值。女性主义身份政治重视认同的力量，而认同的力量具有稳定共同体的价值。陌生的共同体难以产生共同的力量，疏离的共同体也难以具备强有力的向心力。没有认同的共同体缺乏凝聚力，女性不具有认同感与

① Gilles Deleuze, *Difference and Repetition*, Paul Pattan trans. (London; New York: Continuum, 2004), p. 143.
② 张念：《性别之伤与存在之痛：从黑格尔到精神分析》，东方出版社，2018，第228页。
③ 吴冠军：《德勒兹，抑或拉康——身份政治的僵局与性差异的两条进路》，《中国图书评论》2019年第8期。

归属感的社会更加难以自持。"所有个体因他们共同的人性而享有的基本的伦理权利，而公民身份权利是特殊政治共同体所特有的权利。"① 公民身份权利属于共同体的范畴，每个民族国家都是一个政治共同体，性别身份政治不能背离外界的政治环境空而论道，谈论抽象的女性权利缺乏基石难以为继。

在后现代社会，人们感受到太多的不确定性之痛，迫切渴望稳定的共同体。在经济全球化过程中，女性不可避免地被社会的流动性困扰。在巨大的不确定背景之下，人类的内心诉求是获得稳定的身份认同。女性迫切需要一个安全与稳定的共同体，排除焦虑与缺乏归属感之扰。滕尼斯指出，原始的血缘共同体分离出地缘共同体，而地缘共同体又发展为精神共同体，并且"精神共同体在同从前的各种共同体的结合中，可以被理解为真正的人的和最高形式的共同体"②。马克思与恩格斯在《德意志意识形态》中使用了共同体概念（Germeinwesen）③，揭示了真实共同体的意义。真正完美的共同体是"自由人联合体"，在这个共同体之中，"每个人的自由发展是一切人的自由发展的条件"④。自由人的联合体不以抽象的权利为噱头，相应地身份政治也应当诉诸整个人类的真正解放来实现对于虚假普遍主义公民观与国家的扬弃。

三　人类解放的视野

性别认同的问题需要放在人类共同体之中讨论，女性主义的终极目标即性别自治是人类解放事业的具体环节。女性面临着从属地位与受歧视问题，产生于共同体，也只有由共同体来解决，也要重新审视共同体的问题。如果，一定时期内的性别身份政治，停留在

---

① Gerard Delanty, *Modernity and Postmodernity*: *Knowledge*, *Power and the Self* (London: Sage, 2000), p. 69.

② 〔德〕裴迪南·滕尼斯:《共同体与社会》，林荣远译，商务印书馆，1999，第65页。

③ 《马克思恩格斯选集》第1卷，人民出版社，1995，第70页。

④ 《马克思恩格斯选集》第1卷，人民出版社，2012，第422页。

问题本身层面，不仅没有解决女性受压迫、被蔑视的问题，反而又陷入了自由主义的逻辑。不管如何批驳西方社会对于公共领域与私人领域关系的论述与政策，不回到共同体层面，女性面临的身份认同问题便不能从根本上解决。"女性问题不再只是公民身份问题，而是人类解放问题，否则，即使女性获得公民身份，从根本上也无法真正使自己获得自由和全面发展，只有女性把争取公民身份的斗争与女性解放事业结合起来，融入到人类解放运动中，才能使得自己获得真正的解放和自由。"①

　　女性在家庭中的分工直接影响着女性的社会地位。私人领域之中，女性的地位由家庭中无偿劳动的性别分工所决定，这直接影响了男性与女性在公共领域的地位。在劳动市场之中，男性与女性所能提供的劳动时间与精力完全不同，而这是获得社会公民身份权利的关键。恩格斯在《家庭、私有制与国家的起源》中论及性别权力结构，指明了家庭内部的分工导致了压迫。性别差异是一种自然存在，然而家庭内部的性别分工产生了一定的权利分配。家庭并非自然共同体，在私有制和劳动分工共同作用之下，家庭共同体之中产生了统治与被统治的关系，这就是最初的性别压迫。"家庭、私有制和国家构成了人类社会权力结构的三个逻辑构件，而国家则是权力逻辑的根本性起点，权力引擎是从性别统治启动的。"② 权力分配是社会意义上的存在，而家庭分工并非自然的产物，相应地家庭的权力与利益结构分配不能作为自然的产物。那么，女性面临的性别权力压迫关系，并非自然的产物，而是私有制与社会分工的产物。

　　因此，从公共领域与私人关系的划分出发解决性别歧视问题并没有重构社会生产关系，也不能从根本上实现女性主义的诉求。在马克思看来，社会的不平等是由于分工产生，消除社会不平等便是

---

① 马俊峰：《马克思社会共同体与公民身份认同研究》，中国社会科学出版社，2019，第187页。
② 张念：《性别之伤与存在之痛：从黑格尔到精神分析》，东方出版社，2018，第218～219页。

消除社会分工。家庭由分工组成，国家也是由分工产生的阶级建立。在国家这个共同体之中产生的女性身份认同问题，随着分工的消失也将会消失。"'自由人联合体'就构成人存在的方式，每个人的个性得到自由和全面发展，不会因为性别问题困惑人了。在这个意义上，女性主义者认为，妇女争取独立、自由和解放的运动，应该被纳入到无产阶级解放运动之中，通过争取人类解放，才能解放每个人。"① 消除分工的社会共同体是建构"自由人联合体"的前提，消除分工意味着消除由分工产生的阶级，以及在阶级基础上产生的国家。而性别身份政治的女性平等诉求也将在人类的解放事业中得以实现，女性的从属地位也将有所改变。

---

① 马俊峰：《马克思社会共同体与公民身份认同研究》，中国社会科学出版社，2019，第 185 页。

第六章

后殖民主义与文化身份政治

随着全球化进程的推进，一种新型的殖民主义产生了。二战之后的"新型帝国主义"是一种以意识形态为手段间接地对其他国家或地区进行控制的机制。实质上，全球化背景下西方社会与非西方社会仍然是一种剥削与被剥削关系。20 世纪 70 年代，西方学术界兴起一种反对后殖民时代"主奴"关系的学术思潮——后殖民主义，它以反对西方中心主义文化霸权为主要任务，主要内容是文化身份认同问题。

第一节　殖民主义、后殖民主义与身份政治

谈起后殖民主义，不得不谈到殖民主义。顾名思义，二者有着不可割断的联系，"后"代表了二者的时间与逻辑关系，存在先后产生的时间顺序与继承关系。而身份政治是后殖民主义的重要内容，因为它代表了"去殖民化群体对一种身份的渴望"[①]。作为一种批判话语，后殖民主义身份政治不仅经历了从批判民族中心主义到反抗经济中心主义的演变，还经历了从民族国家意识到边缘化少数文化群体话语的演变。

[①] 〔美〕小埃·圣胡安：《超越后殖民理论》，孙亮、洪燕妮译，中国人民大学出版社，2016，第 2 页。

一 后殖民主义与殖民主义的渊源

"后"代表了二者的时间与逻辑关系，首先，后殖民主义在殖民主义之后产生；其次，后殖民主义继承了殖民主义，并在此基础之上有所发展。殖民历史悠久，它伴随着帝国主义的形成而扩大影响。"'殖民'是一个在时空意义上远远先于'殖民主义'的纯粹技术性概念，早期的'殖民'也仅是在'移民'（emigration）的纯粹技术内涵下成立自己的中性意义。"① 很多时候，殖民主义与帝国主义含义相同，因为人们往往会交替使用帝国主义与殖民主义二词，因为移民历史往往是与帝国主义的侵略、政治管控、经济掠夺密切联系。1760 年左右，英帝国主义开始出现，也代表殖民历史的开端。② 1757 年，英帝国主义时代因克莱伍在普拉西战役的胜利而拉开帷幕。20 世纪，英国在印度的殖民统治极为严酷。总体上，殖民的权力模式存在两种，"一种模式被看作是建立在福柯称为'压制性的假设'（repressive hypothesis）基础之上，另一种模式被看作主要是通过话语及其'改革'的各种'精神指导'战略来协调的"。③

殖民主义成为历史之后，帝国主义仍然在资本的全球化过程中以一种新的形式存在。④ 随着 1945 年帝国主义体系的解体，美国开始以一种后殖民者身份出现。后殖民时期指形式上的殖民统治结束之后的时期，"新殖民主义强调在形式上直接的政治控制与军事占领结束之外尚存的帝国主义仍然通过政治、军事、经济、文化等手段对于第三世界实施的间接控制。而后殖民主义则侧重于文化方面，往往表达了揭露、反对、解除殖民/主义（decolonization）的理论立

---

① 〔英〕巴特·穆尔：《后殖民批评》，杨乃乔等译，北京大学出版社，2001，第 15 页。
② 福柯在《规训与惩罚》中提出，1760 年前后，现代政权形式开始出现。
③ 〔英〕巴特·穆尔－吉尔伯特：《后殖民理论——语境 实践 政治》，陈仲丹译，南京大学出版社，2001，第 206 页。
④ Williams, Chrisman, *Colonial Discourse and Postcolonial Theory* (New York: Columbia University Press, 1994), p. 1.

场"①。后殖民主义时代，被殖民者往往会以具有主权的独立国家而存在。事实上，不少民族国家虽然处于政治独立的状态，但是其经济与文化主导权皆为帝国所把持。例如，作为美国殖民地的菲律宾在1946年后，又开始沦为新型殖民地。传统的殖民者与其他利益群体通过相关手段控制其经济与政治命脉，虽然新的帝国主义保留了其民族国家的政治独立，但是这仅仅成为一种形式上的政治解放，意识形态领域的主导权已被新的帝国主义所攫取。

二　作为批判话语的后殖民主义

实际上，后殖民的具体含义还相对较为模糊。"即使在其最具体的用法中，后殖民一词意义也是不透明的，因为它的每一种含义都是由其他含义多元决定的。"② 一般而言，后殖民主义③存在两种含义，一是描述性概念，对后殖民时代原宗主国、帝国主义对第三世界的控制与压迫情形；二是规范性定义，是指后殖民时代对于上述情形的批判话语，这与上述后现代社会的身份政治合流。虽然后殖民主义描述话语与后殖民的批判话语不能完全区分开来，但是"后殖民，与其说是一种对事物的描述，都不如说是一种话语，这种话语试图将自己看成是后殖民知识分子的自我形象来建

---

① 罗如春：《后殖民身份认同话语研究》，中国社会科学出版社，2016，第2页。

② 〔美〕阿里夫·德里克：《后殖民气息：全球资本主义时代的第三世界批评》，陈燕谷译，载汪晖、陈燕谷主编《文化与公共性》，生活·读书·新知三联书店，1998，第447页。

③ 关于后殖民主义的用法，德里克在《后革命氛围》中总结了三种典型用法："（a）从字面意义上描述曾是殖民地的状况……包括以前归属于第三世界的那些地方，也包括像加拿大和澳大利亚这个通常与第一世界联系在一起的移民者的殖民地。（b）描述殖民主义时期之后的全球状况，这种用法中它的所指多少有些抽象而不那么具体，就其模糊性而言也与早期的一个术语即'第三世界'不相上下，实际上它本来就是想要替代那个术语的。（c）描述论及上述状况的一种话语，这种话语是通过由这些状况产生的认识论和精神方向来传达的。"徐贲在《走向后现代与后殖民》也相应地提出了三个层次的后殖民主义，"第一个层次是指那些与殖民地经验有关的写作和阅读……第二个层次是指西方对第三世界'殖民化主体'的构成，对第三世界本土历史的消声……以西方为中心的世界结构范畴。第三个层次是指第三世界对殖民主义和新殖民主义的思想批判，以及其对抗形态和策略。后殖民批判的抗争与传统的民族主义运动并不相同。"

构世界"①。

在大多数时候，后殖民主义作为反殖民的理论与实践而存在。后殖民主义话语"强调历史、阶级、政治、种族等因素、宏观结构的制约性，注重身份的确定性甚至本质化，在思维方式上探讨非二元论、反本质主义的局限"②。后殖民主义理论实质上强调的是差异性，肯定了第一世界与第三世界之间的对立。后殖民主义批判帝国主义抹杀了第三世界文化的差异性，资本主义的文化逻辑一直影响着第三世界许多国家的文化处境。对差异的赞同意味着否定普遍性，反对西方帝国主义的同一性。但是，"对于差异的尊重与希望强调联系的地方和从事共同的事业之间的两难境地也反映在存在于后殖民研究中的两种显然互不相容的文化身份和政治定位模式中"③。一类是身份的基础主义（foundationalist），这属于文化民族主义；另一类是民族与文化之间差异具体化的本质主义身份模式。

后殖民主义内涵了"内部殖民"的问题。"内殖民是指国家、民族或共同体内部的少数族裔、弱势群体受压制的类似于殖民的状态，它与传统的主要受别国、异族的外部殖民相区别。"④ 列宁在《俄罗斯帝国主义的发展》一文中首次提出"内部殖民主义"，之后也研究了大不列颠民族发展史时指出凯尔特民族的边缘化情况。

的确，一定时期内的英国内部存在一种新的殖民性的关系，英格兰是中心、核心民族，而苏格兰、威尔士、爱尔兰等其他民族则是边缘民族。这其实暗示了与后殖民主义密切相关的另一个重要议题——少数族群，"内部殖民"问题涉及少数族群的身份认同与"少数族群话语问题"（Minority Discourse）⑤。因此，"后殖民主体具

---

① 〔美〕阿里夫·德里克：《后革命氛围》，王宁等译，中国社会科学出版社，1999，第124页。
② 罗如春：《后殖民身份认同话语研究》，中国社会科学出版社，2016，第8页。
③ 〔英〕巴特·穆尔-吉尔伯特：《后殖民理论——语境、实践、政治》，陈仲丹译，南京大学出版社，2001，第245页。
④ 罗如春：《后殖民身份认同话语研究》，中国社会科学出版社，2016，第5页。
⑤ David Lloyd, *Nationalism and Minor Literature: James Clarence Mangan and the Emergence of Irish Cultural Nationalism* (Berkeley: Berkeley University Press, 1987).

有'混杂性'或'中间性'的特征，而固定的范畴或二元对立概念是无法将这些特性完全包罗的"①。

三　身份政治是后殖民主义的主要内容

从源头上来说，殖民主义问题是殖民地人民的自我认同问题，后殖民主义也不例外。在认识论上，后殖民主义的理论基础是差异性。同一性与差异性之辩是后殖民主义的主要议题。"后殖民主义理论认为，制度威权应当关注知识审慎、权力监督和文化预判等问题。在这些问题中，同一性、内在差异的多元逻辑和与之相关的独特性、暂时性显得尤为重要。"② 后殖民主义的差异性并不是指对特殊情况描述的肯定，相反是知识论上对差异性的肯定。"在这种认识论看来，像'生产方式叙事'这样的主导叙事或像'资本主义'这样的'基础范畴'都不可避免地会压制自身的差异性、异质性和多元性，所以后殖民理论家拒绝各种系统化与整体化的理论努力。"③ 西方资本主义生产方式压迫着第三世界的经济生产方式，同时其意识形态也在压迫着其他地区的差异性、多样性。因而，后殖民主义者往往会承认差异性的优先性，反对本质主义，从而拒斥整体主义的整合。

后殖民主义身份政治的第一个阶段是政府对种族隔离的干预。后殖民时代，民族国家虽然获得了政治上的独立，国内仍然存在一定的种族隔离，不同肤色、宗教信仰、族群的人在居住与活动范围上有较大区别。20 世纪 50 年代，民族独立运动对后殖民主义身份政治产生了较大的推动力，有组织的政治团体开始主导反对种族隔离的斗争。种族隔离对非洲的民族国家的认同产生很大影

---

① 〔美〕阿里夫·德里克：《后革命氛围》，王宁等译，中国社会科学出版社，1999，第 118~119 页。

② 〔美〕小埃·圣胡安：《超越后殖民理论》，孙亮、洪燕妮译，中国人民大学出版社，2016，第 1 页。

③ 李应志、罗钢：《后殖民主义：人物与思想》，北京师范大学出版社，2015，第 196 页。

响，血缘、种族、信仰更多地决定了人们的认同。"在南方种族隔离中，认同形成的第一阶段是以政府批准的形式出现了，旨在确定谁是人们以及他们可以占据哪些地缘政治空间。"① 20世纪60年代，后殖民斗争运动开始兴起，主要反对种族隔离，这改变了殖民地的认同。"认同形成的第二个阶段是反对种族隔离的结果，种族隔离采取了从低强度战争到大规模动员的不同形式的抵抗。"② 例如，南非改变了基本的身份认同，"彩虹之国"的称号源自于它对多元文化的认可。

后殖民主义身份政治的第二个阶段是反对帝国主义的经济与意识形态依附关系。"依附是这样一种状况，即一些国家的经济受制于它所依赖的另一国经济的发展和扩张。"③ 形式上的独立营造了一种假象，好像殖民主义已经走远。实质上，国际分工营造了新型依附关系，一个国家工业的发展受限于发达国家的经济发展，受到了世界经济中心的控制。实质上，我们已经进入后帝国主义时代，帝国主义以跨国公司等超国家的形式进入市场。因此，这个阶段的后殖民主义身份政治"强调对抗和斗争的政治，重构了中心和边缘之间的关键的关系"④。

随着互联网的发展，宗主国对殖民地的殖民方式也发生了很大变化。资本主义的殖民已然"通过高科技的作用而转移到了那遥远的、处于黑暗角落的第三世界之中去"⑤。资本主义全球化其实是一种新的帝国主义，这种帝国秩序与过去的帝国秩序的区别在于现代

---

① S. Nombuso Dlamini, *Youth and Identity Politics in South Africa, 1990 - 94* (Toronto: University of Toronto Press, 2005), p. 4.

② S. Nombuso Dlamini, *Youth and Identity Politics in South Africa, 1990 - 94* (Toronto: University of Toronto Press, 2005), p. 3.

③ 〔巴西〕特奥托尼奥·多斯桑托斯:《帝国主义与依附》，毛金里等译，社会科学文献出版社，1999，第302~303页。

④ 〔美〕小埃·圣胡安:《超越后殖民理论》，孙亮、洪燕妮译，中国人民大学出版社，2016，第4页。

⑤ G. C. Spivak, *In Other Worlds* (New York and London: Routledge Classics, 2006), p. 167.

的帝国主义维护一种超越国家与民族的国际秩序。因而，德里达指出"所谓全球国家法在其具体的实施中仍主要受到特定的民族——国家的操纵。几乎总是它们的经济——技术的和军事的力量准备和应用"①。相反，过去的帝国主义秩序与各个帝国存在一定的冲突，现代的帝国通过一种文化的普适性实现其国际秩序。"今天，帝国正在以一种中心而出现，它支撑起整个生产网络的全球化，并撒下一张巨网，试图将所有的权力关系网罗进它的世界秩序之中。"② 具体的网络帝国主义具有强大的裁决能力，它能悄无声息地打击具有反抗意识的他者。"现代的技术、铁路、电报以及武器用于控制和奴役殖民社会。帝国的扩张刺激了科学和新植物学的发现，同时又推进了对于'异域'环境的掠夺，使殖民征服合法化。"③ 马克斯·韦伯批判了这种殖民，新型帝国主义"通过精密自然科学，人既然可以有形地把握他的作品，人就希望找出他对世界的旨意的蛛丝马迹……其实，照这些自然科学的倾向，一旦它们真要涉及这些问题，那么有所谓世界的'意义'存在这个信念，将会被它们从根铲除"④。

后殖民主义的身份政治不仅经历了从批判民族中心主义到反抗经济中心主义的演变，还"经历了从泛民族中心主义、民族——国家意识到女性话语、族裔散居等边缘化少数群体话语的演变"⑤。逐渐地，后殖民主义理论建立了中心——边缘话语体系，反对霸权，关注弱势群体，重视东方与西方、富人与穷人、白种人与黑种人、主流与边缘之间的不平等的扭曲关系。

---

① 〔法〕雅克·德里达：《马克思的幽灵——债务国家、哀悼活动和新国际》，何一译，中国人民大学出版社，2008，第81页。
② Michael Hardt, Antonio Negri, *Empire* (Cambridge：Harvard University Press，2000)，p. 20.
③ Barbara Bush, *Imperialism and Postcolonialism* (New York：Routledge，2006)，p. 84.
④ 〔德〕马克斯·韦伯：《学术与政治》，冯克利译，生活·读书·新知三联书店，1998，第172～173页。
⑤ 陶家俊：《文化身份的嬗变——E. M. 福斯特小说和思想研究》，中国社会科学出版社，2003，第70～71页。

第二节 后殖民主义的文化认同政治

《东方主义》是后殖民主义理论的重要代表作，后殖民主义理论主要代表人物有萨义德、斯皮瓦克、巴巴等人，文化身份认同是后殖民时期身份政治的主要内容。东方主义被认为是后殖民主义反抗西方中心主义的宣言，后殖民主义的文化认同政治包含对属下文化进行批判，并以混杂身份观念来否定仿真同化策略。

一 东方主义对西方中心主义的批判

20 世纪中叶开始，西方知识分子开始认识到新型帝国主义存在的事实。"法侬是第一个认识到正统的民族主义走着帝国主义铺设的道路的重要反帝理论家。"① 1978 年，美国当代批判理论家爱德华·W. 萨义德（Edward Said）所著《东方主义》的出版，开启了英美国家知识分子对第三世界的文化殖民问题的研究。换言之，东方主义拉开了后殖民主义研究的帷幕。②

东方是文化概念，并非纯粹的地理概念。"作为一种地理、文化甚至历史的实体，'东方'与'西方'这样的实体地域概念皆为人造的，因此'东方'与'西方'是一个概念，二者都有其自身的历史、思想、形象与词汇传统。"③ 萨义德进行《东方主义》创作之初，就已经意识到如果不对思想、文化与历史的影响力及其权力配置进行研究，便很难对思想、文化与历史有深入的理解，其东方主义思想从民族认同的视角分析帝国主义文化事业民族认同④。后殖民批判论及的主要内容是知识是否可以不压迫文化的差异性，也即殖民地的文化认同问题。西方中心主义对于东方社会的殖民体现为二

---

① 〔美〕爱德华·W. 萨义德：《文化与帝国主义》，李琨译，生活·读书·新知三联书店，2003，第 383 页。

② Robert J. C. Young, *White Mythologies* (London：Routledge, 2004), p. 1.

③ Edward Said, *Orientalism* (London：Routledge and Kagan Paul, 1978), p. 38.

④ 爱德华·赛义德：《认知的策略》，《国外文学》1999 年第 1 期。

元对立的身份关系，宗主国与殖民地的身份对立与依附关系是后殖民主义的批判内容。赛义德在此基础之上发问，"是否真正存在'真正的'知识——或是不强制、不削弱地表现他者"①。

东方主义思想批判了西方对于非西方地区的知识权力与文化霸权。福柯知识权力话语与葛兰西文化霸权理论是赛义德文化分析的重要思想来源。赛义德在论述东方主义时着重论述了什么是权力，权力是如何行使的，这与福柯如出一辙。但是，赛义德并没有完全依据福柯的权力话语理论，而是改写了福柯关于话语是权力得以实现的必要渠道思想。东方不仅是一种地理位置还代表了一种文化观念，是西方人的一种虚构。西方文化中心主义对第三世界的控制不是建立在个别统治者的偶然性行为，相反是西方制度化政治框架的有意识、自觉的后殖民过程。此外，赛义德对葛兰西的文化霸权理论进行了继承与发扬。《东方主义》的主要目的便是揭露西方的知识使非西方世界以从属的方式卷入西方政治与经济社会的问题。西方的话语一直主导着东方社会的意愿，不同文化之间的平等根本不存在。殖民者一直操纵着被殖民地的宗教、文化、语言等，认为东方文化是西方文化的他者，西方作为一种强势的文明形象而出现。所谓的东方主义的话语却将东方塑造成落后、女性化、淫荡、沉默的形象，而西方则是一种男性化、理性、开放、活泼的形象出现。

混杂性的文化身份模式有助于解决西方文化主义对第三世界的殖民。后现代社会，人们的身份认同受到复杂的历史影响，具有一种混杂性特征。赛义德肯定了混杂性身份模式，因为"这种模式回避了基于固定的本体论类型的身份概念，而不管是种族身份、族性身份还是民族身份"②。本体论的身份认同是一种本质主义认同，主张一元身份认同模式；而混杂性身份模式，包容不同种族、血缘、

① 〔英〕巴特·穆尔－吉尔伯特：《后殖民理论——语境　实践　政治》，陈仲丹译，南京大学出版社，2001，第88页。
② 〔英〕巴特·穆尔－吉尔伯特：《后殖民理论——语境　实践　政治》，陈仲丹译，南京大学出版社，2001，第78页。

信仰、性别与性取向等身份，主张多元身份认同模式。赛义德试图将福柯与马克思主义理论相结合，但是将一种反人道的东西与一种人道主义的理论结合在一起的结果便是产生一种悖论，东方主义与帝国主义的差异着实难以消除。因而，《文化与帝国主义》具有折衷主义的特征，赛义德一方面吸收了"左倾"的文化分析方式，例如法侬的研究；另一方面又参考了保守主义的研究，例如马丁·格林的帝国文学。《文化与帝国主义》更加披露了外界对殖民的反抗，拒绝主义是反对殖民斗争的一个重要阶段。实际上，赛义德"新人道主义"思想是以解放话语为实现目标，它的实现在于如何建构尊重差异的承认模式。英国后殖民主义学者穆尔（Bart Moore-Gilbert）指出，"这方面的关键问题是如何建构一种承认并尊重与之俱来的差异而又不维持政治现状的共同文化"[①]。

二　对属下文化的批判

美国印度裔后殖民主义学者加亚特里·斯皮瓦克（Gayatri C. Spivak）将后殖民批判引向跨国资本主义，认为跨国资本主义是新一轮的殖民。相比于以往的地域性、空间性帝国主义，跨国资本主义是全球范围内的殖民文化。二战后，偏隅一角的帝国主义形式上的解体导致了殖民地的认同断裂与文化断层。随着经济全球化的趋势，不以地理空间为基础的新一轮的殖民主义在全球铺开了。值得肯定的是，她注意到了微电子资本主义的新特征，国际劳动分工的趋势越来越明显。她在《后殖民批评家》中肯定了福柯话语理论的价值，并指出跨国资本主义的世界化（worlding）范本。但是，土著等身份却被认为是客体，不能被世界化。[②]

在这个意义上，斯皮瓦克否认个人的起源与归属，也即身份，具

---

① 〔英〕巴特·穆尔-吉尔伯特：《后殖民理论——语境　实践　政治》，陈仲丹译，南京大学出版社，2001，第 87 页。

② Spivak, G. C. , "Three Women's Texts and a Critique of Imperialism", *Critical Inquiry*, Vol. 12, No. 1 (1985): 244.

有固定的含义。在《后殖民批判》中，斯皮瓦克否定了寻根本身的意义，因为这种固定的身份归属与殖民主义对于属民身份的建构意义相悖。比如：印度人便是一种殖民话语。斯皮瓦克使用"零散"与"文本"将身份进行理论化。零散属民具有"非中心的"特征，"一个属民发挥作用的部分或许是一个庞大的不连续的网络（在通常意义上是'文本'）的一部分，组成这一网络的各部分可以是政治学、思想、经济学、史学、性学、语言等等……这些部分的不同关节点和布局是由异质的限定项所决定的，这些限定项本身又依附于多种多样的环境，就这样产生了一个发挥作用的属民的效应"①。斯皮瓦克深受德里达非中心属民观念的影响，这种非中心属民观念否定了对身份的起源与归属的传统理解方式。不仅如此，这种非中心属民的观念一定程度上起到了阻碍后殖民身份斗争的作用。

再者，斯皮瓦克质疑了福柯与德勒兹建立在欲望之上的属民构成思想，主张属下的身份认同应当获得承认。斯皮瓦克的属民理论否定了简单的分析欲望与利益的不均衡关系，在《属下能说话吗?》中指出，"我发现德里达的形态学要比福柯和德勒兹直接、实际地卷入带有强烈'政治性'的问题要费心得多、有用得多"②。在斯皮瓦克看来，西方应当将被殖民地的历史留白，但是对待属民身份不能空白。德里达则主张应当以承认的方式来达到对他者的同化，而福柯与德勒兹则以主张仁慈地对待他者的身份。《属下能说话吗?》指出了属下不能完全被代表，应当有发声的权利。属下"沉默的历程"是危险的历史，属下难以像当代西方社会妇女身份运动一样实现自我的解放。在《在他者的世界》中，斯皮瓦克指出属下具有摆脱属下性的可能性，被殖民者的呼声需要西方社会听到。摆脱属下性由多种因素决定，也需要通过非属下的身份中介实现。

---

① 〔英〕巴特·穆尔－吉尔伯特：《后殖民理论——语境　实践　政治》，陈仲丹译，南京大学出版社，2001，第107页。

② 〔英〕巴特·穆尔－吉尔伯特：《后殖民理论——语境　实践　政治》，陈仲丹译，南京大学出版社，2001，第102页。

事实上，后殖民分析首先应当以一种对异类承认的话语模式出现。斯皮瓦克提出，被压迫者的文化需要得到承认，这是对差异的尊重。宗主国的殖民者与第三世界的属民存在明显的认同差异，但是这些差异被长期遮蔽。土著与地方等话语被用于代表属民，但是并不是以平等的话语来描述长期存在的差异。斯皮瓦克批判福柯与德勒兹并没有充分地注意到性别问题，不重视"性别化"的属民。在《新法国女性主义》中，斯皮瓦克发表论文《在国际框架中的法国女性主义》，该论文揭示了西方权势社会对其他地方格局形成的绝对性作用，西方女性主义对殖民性别问题的干预同样令人担忧。国际女性主义是一种相对"发达的""文明的"西方话语，但在关注第三世界妇女问题时往往会伪装其优越性，这实际上造成了殖民地话语与价值的压迫。事实上，多元的异质性的主体概念同时包含理性与非理性主体，符号体系的解构与重构使社会内部发生了断裂。①斯皮瓦克不排斥后殖民理论家对于后殖民的分析，因为并非殖民地的，或者被压迫的研究才具有真实性与合理性。在《新殖民主义与知识的秘密代理人》中，斯皮瓦克否定了第三世界的人应当排斥类似"女性主义者"等来自西方的话语的作为。但是，掌握霸权的西方人应该放弃自身的霸权地位，去学会如何与属民交流。虽然属民处于一种他者的地位，这并没有赋予西方所谓先进文明模式强加于殖民地的权力。

总体上，斯皮瓦克试图中和马克思主义与解构主义，在承认物质生产的马克思主义与并非简单否定经验世界的解构主义之间寻求共识区域。首先，斯皮瓦克厘清了属下身份的定义。"属下性（subalternity）是个我借用来表示与资本主义或社会主义逻辑有任何严肃接触空间的名称……请不要将它与无组织的劳工、妇女一类人、无产者、殖民地人民、人种学研究的对象、移民劳工、政治难民等等

---

① Kirsteva, J, *Desire in Language: A Semiotic Approach to Literature and Art* (New York: Columbia University Press, 1980), p. 18.

相混淆。弄混淆了毫无益处。"① 斯皮瓦克把阶级描述为一种虚构的理论，属下则是一种与其他身份相比不同空间意义上的身份概念。属下完全是一种他者的身份，个体所受的压迫与苦难自然不会少。属下化过程的手段有资本主义社会的国际劳动分工，因为国际分工直接导致了殖民主义的发端。对于斯皮瓦克的属下虚构概念而言，所受的压迫与苦难自然也是虚构的。当然，斯皮瓦克认为德里达对完全他者的概念有所误用，完全他者的概念难以定义，也根本不存在。

属下身份思想存在折中的问题，具有不彻底性。斯皮瓦克对帝国主义持批判态度，认为帝国主义具有解构的作用。但是，她也肯定了帝国主义的积极作用，认为帝国是一种"有益的暴力"（Enabling Violence）。在批评资本分工侵犯个体平等权利的同时，她也肯定了社会资本化的有益作用。当然，斯皮瓦克以一种相对温和的态度对帝国主义进行了批评，不管怎么样帝国主义对殖民地都负有不可推卸的责任。因而她需要在两方之间斡旋，既要解构又要重构。她"要辨别在政治上作为权宜之计的思想谬误。但又称为无真理可循；她在否认有真实历史的可能性的同时又想帮助重构女性文学边缘化的历史；她要提出解放的主张，但同时又否认有道德准则假定个人极少有想象意志力的观念；她要采用心理分析的概念又不愿至少在原则上承认她分析的真实历史；等等"②。

三　混杂身份观念对仿真同化策略的否定

印度裔学者霍米·巴巴（Homi K. Bhabha）是后殖民主义的重要理论家之一，现任哈佛大学英美语言文学讲座教授，其对于后殖民主义、族群与移民的论述主要收录在《文化的定位》中，主要贡献

---

① 〔英〕巴特·穆尔－吉尔伯特：《后殖民理论——语境　实践　政治》，陈仲丹译，南京大学出版社，2001，第128页。

② 〔英〕巴特·穆尔－吉尔伯特：《后殖民理论——语境　实践　政治》，陈仲丹译，南京大学出版社，2001，第142页。

是其混杂理论与文化翻译观念。巴巴实现了由殖民话语分析到身份构成与心理影响的转变，这很大程度上受弗洛伊德、拉康等人的影响。他认为主体需要进行"一种回溯的形式"，这与拉康精神分析的主体理论有很深的渊源。前期，巴巴关注殖民典型的运作方式，并对这种典型的运作方式所造成的不稳定的心理与相对应的殖民关系进行了分析。1984 年，巴巴在《再现与殖民文本》中指出，他关注的是引发典型形象转变的内容，而非转型之后的形象。在《他者问题》开头，巴巴指出在殖民话语中稳定的殖民关系所依附的是固有的关系。殖民者与被殖民者的心理矛盾使得二者的关系处于不断的冲突状态，这会对二者的身份地位产生一定的冲击。

殖民者与被殖民者的关系非常复杂，尤其被殖民者身份具有混杂性（hybridity）。与赛义德与斯皮瓦克等人关注后殖民主义身份依附关系不同，巴巴则主要关注后殖民时代的身份差异，并寻求其中的平衡。巴巴认为不应该推崇多重身份，反对将身份分为男性、女性、黑人、白人、犹太人、伊斯兰教、天主教等。他提出应当尊重他者多样的身份差异，并且后现代主义的文化观与多元文化主义不具有非此即彼的关系。多元文化主义接纳了文化的差异，将身份政治对国家政权的冲突降到最低。多元文化主义承认多种合理的善的存在，各种具有差异的文化具有平等权，理应尊重多元文化。但是，巴巴试图建立一种文化差异理念，重建文化内容与符号，少数族群应当具有书写历史的权利。① 事实上，巴巴对殖民社会的混杂身份的认识还不够透彻，并且其近些年提出的"少数人化"（minoritization）策略的论证也不够充分。

1984 年，巴巴在《仿真与人》中引入了仿真（mimicry）这个概念，并用这个概念来形容宗主国对殖民地进行统治的形式。仿真意指殖民者对殖民地进行改造，让其进行重复的殖民者"文化"以达到开化的目的。因而，巴巴认为是仿真使得殖民权力获得权威，并

① Homi Bhabha, "Freedom's Basis in the Indeterminate", in John Rajchman, ed. *The Identity in Question* (New York: Routledge, 1995), p. 47.

控制了知识权。仿真的策略是为了培育出意指崭新的、得到其认同的他者，而并没有太多差异的属民。事实上"身份认同只有在通过移置（displacement）和分化（differentiation）的原则否定任何独创和完满的感觉才有可能"①。但巴巴认为，这种仿真同化策略所旨在获得的无差异的属民与其殖民者身份的权威性相悖，因为殖民者是出于否定被殖民者的"他者"身份而证明其存在的。以印度为例，殖民者所依据的权威便是其英国性身份的先进性，而这种影响是滞后的，这需要与在外来文化接触之中产生。正是这种滞后使得殖民者的身份在关键之处出现一定的裂痕，这会导致殖民者丧失其地位，并且增加了殖民者的权威与权力出现分裂的可能性。

　　此外，巴巴主要关注后殖民主义的文化后果及其与后现代主义之间复杂的关系。在巴巴意识到殖民地的移民问题之后，他开始关注后殖民主义与后现代、现代性的关系。宗主国与被殖民地的不平等关系并没有决定身份认同，相反共同享有的地理空间与文化传统是决定性因素。巴巴试图通过后殖民主义来重新论述后现代主义，伴随着现代性出现的是后殖民历史，后殖民主义文化与现代文化是一种断裂与延续的关系。在殖民历史中，非西方社会的现代化进程并没有完全受到西方社会的承认。"在物质领域，奴隶制度和殖民剥削对现代性物质文明方面的贡献仍然没有得到充分的承认。在文化和思想领域也同样存在着这种情况，很少注意到现代性的许多思想基础。"② 殖民地对人类文明的贡献一直为西方所忽视，所有非西方的文化都被称为原始的。

　　综上，作为后殖民主义重要的代表人物，赛德尔、斯皮瓦克、巴巴皆对后现代社会文化身份认同进行了论述。东方文化的提出是后殖民思想对西方中心主义批判的开始；斯皮瓦克对属下身份的文

---

① 〔英〕巴特·穆尔－吉尔伯特：《后殖民理论——语境　实践　政治》，陈仲丹译，南京大学出版社，2001，第149页。

② 〔英〕巴特·穆尔－吉尔伯特：《后殖民理论——语境　实践　政治》，陈仲丹译，南京大学出版社，2001，第157页。

化依赖关系进行了评判，并指出承认属下文化的必要性；巴巴基于身份的混杂性提出文化差异，保障少数属下身份的文化权。

第三节　后殖民主义文化认同政治的意义与限度

不可否认，后殖民主义的文化认同政治对反对西方社会的文化殖民具有巨大的批判意义，但是其自身的理论短板也阻碍着它进一步深入与彻底地批判性发展。后殖民主义身份政治理论具有反压迫、社会批判的理论价值与现实意义，但是后殖民主义的社会语境造就了其理论限度，后殖民主义学者本身的构成与批判能力也受到了一定的诟病。

一　后殖民主义身份政治的超越意义

后殖民主义身份政治具有社会批判的意义。说到底，殖民主义与后殖民主义都在反对资本主义的殖民，殖民主义反对的是资本主义的经济与政治殖民，而后殖民主义批判了第一世界对于第三世界的意识形态压迫。后殖民主义对帝国主义的批判一度被认为是西方内部进行反思的结果，因为后殖民主义学者是具有东方人外包的西方人，他们具有西方的文化理念内核。实际上，后殖民主义理论超出西方社会内部批判的范围，它是作为与资本主义意识形态相对立的思想出现的。后殖民主义与西方的核心意识形态具有一定距离，因为它反对西方的文化霸权。[①] 在这个意义上，后殖民主义身份政治理论具有反压迫的价值。后殖民主义对于文化霸权的批判，具有反对特权压迫的批判意义。后殖民主义学者对于西方的中心主义的批判，集中于对西方文化强势输出与文明教化问题的批判。[②] 并且，后

---

① 罗钢、刘象愚编《后殖民主义文化理论》，中国社会科学出版社，1999，第238页。
② 1992年，印度裔学者阿赫默德（Aijaz Ahmad）在《在理论内部》中便将后殖民理论理解为一种批判特权话语的理论，反对"第三世界"同质化的文化认同倾向。但是，他的文化认同建构忽视了女性、工人与少数族群，造成了一部分的边缘化与被迫成为他者的态势。

殖民理论重新界定了文化的内涵，维护了文化和思想的权威性，反对任何文化对其文化的改造，主张在国际上建立一种崭新的个体文化。

具体而言，后殖民主义身份政治具有文化批判的意义。与殖民主义不同，后殖民主义关注的核心问题显然不是帝国主义的经济与政治侵略，相反是帝国主义经济殖民背后的文化殖民。相比于经济与政治侵略，文化殖民的后果更加严重，因为其影响范围更广，影响时间更加持久。苏联解体之后，金融资本主义全球化的浪潮越来越不可逆。苏联的解体随之而来的是全球资本主义的进一步紧逼，全球资本主义以一种胜利者的姿态出现。例如，拉美、非洲地区政治上的民族独立运动浪潮被认为是西方民主化进程的一部分。但是，"后殖民理论排除了帝国主义的这种'和平演变'式的殖民策略对第三世界的'拯救'动机"①。后殖民主义学者对这种标榜为从"野蛮"走向"文明"的发展持批判态度，因为第三世界政治上与经济上的发展被解读为是资本主义的"恩惠"。这种"恩惠说"是一种文化霸权主义，是西方文化中心主义。后殖民主义的文化认同政治便是立足于对西方文化中心主义的批判，并力图建构起第三世界的文化认同。

后殖民主义身份政治具有反对帝国主义的超越意义。逐渐地，后殖民主义实现了社会批判核心从资本主义到帝国主义的转变，这与资本主义的全球化进程有关。顾名思义，后殖民主义包含了殖民主义的现代延续问题，这就与西方意识形态的文化霸权、经济、政治全球化有很大关系。自15世纪资本主义兴起，文化优越论便经久不衰。马克思指出，在殖民历史中，基督教是"历史上任何时期，任何野蛮愚昧和残暴无耻的人都无法比拟的"②。"文化是西方殖民制度携带到殖民地的'驯化员'和'医生'，负责麻醉疼痛和治疗

---

① 李应志、罗钢：《后殖民主义：人物与思想》，北京师范大学出版社，2015，第4页。

② 马克思：《资本论》，人民出版社，2004，第861页。

生理、心理上的创伤，使其更加健康和强壮并因此能承受更多的剥削和奴役。"① 同时，马克思也揭示了宗教的原罪与资本主义的原始积累极为相似，西方在进行经济剥削的同时，也在进行着文化层面的侵略。随着殖民历史的推进，殖民地本土文化逐渐式微，例如，加拿大与美国的印第安人、新西兰与澳大利亚的土著所归属的本土文化问题。全球化过程中，西方文化霸权以隐性的方式不断地延续着其后现代社会的殖民历史。

后殖民主义身份政治具有反现代性的属性，某种程度上超越了后现代主义。在《走向后现代与后殖民》中，学者徐贲将后殖民主义与后现代主义当作是两种具有相同理念的思潮。不仅如此，斯皮瓦克也将后殖民主义当作是后现代主义的替代品。可见，后殖民主义与后现代主义承袭着相同的核心理念传统，反对现代性便是二者的相同点。后现代主义怀疑现代社会的体制与意识形态，后殖民主义也主张反思资产阶级的理性、民主、文明与现代等概念。但是，后现代主义具有其理论悖论，"既不能从反原旨批判中，也不愿意从它所批判的人道理性中去形成民主理论，结果，它往往只得放弃民主政治理想而变成让·弗朗科（Jean Franco）所说的'策略性的文本游戏'"②。后现代主义反对中心主义与真理，而自身又不得不以"真理"的面貌出现。一定程度上，后殖民主义超越了后现代主义的缺陷，"后殖民这个概念乃是第三世界从所谓后现代世界秩序的边缘与其中心的对抗，以殖民关系来重写'后现代状况'"③。后殖民主义走出了资本主义社会内部社会批判的局限，开始以第三世界对第一世界的对抗为批判立场。

二　对后殖民主义身份政治的批判

分析后殖民主义，不能回避或脱离其社会背景与社会语境问题，

① 李应志、罗钢：《后殖民主义：人物与思想》，北京师范大学出版社，2015，第24页。
② 徐贲：《走向后现代与后殖民》，中国社会科学出版社，1996，第171页。
③ 徐贲：《走向后现代与后殖民》，中国社会科学出版社，1996，第173~174页。

而这引发了以下三个问题。首先，后殖民主义的知识分子多为第一世界或第三世界的精英，而且其中大多数第三世界的精英知识分子往往是宗主国的移民。这其实反映了后殖民主义学者自身的身份认同与归属问题，他们往往具有双重身份，比如，阿拉伯裔的赛义德、印度裔的斯皮瓦克与牙买加裔的霍米·巴巴皆移民美国并在美国执教。正因为他们的特殊处境，让其既享有自身族裔的归属感，也具有了西方的文化理念。这种特殊的社会语境，使他们处于前殖民地与前宗主国之间的夹缝之间。因而，后殖民主义学者在移民欧美等国后，其对于文化问题的切身关怀也只能停留在纯粹的学术讨论之中，停留在文学术语之上。这种关怀有时被当作"一种第三世界精英群体的兴趣"，也就不足为怪了。因而，有学者认为后殖民主义其实是一种少数人的学术兴趣，不具有代表性。可以说，后殖民文化是第一世界与第三世界的混杂结果，这其实也是文化霸权的结果，并且这种混杂性直接决定着后殖民主义的身份政治诉求存在妥协性。

其次，部分后殖民主义身份政治理论学者的研究动机、研究能力与论域存在一定的问题。不可否认，某些后殖民主义学者存在一定的功利想法，以少数族群的权利为噱头引发学界的关注。巴特·穆尔指出，"从历史的角度看，在 17 世纪到 21 世纪为保留一种原始意义上的印第安土著文化，而否定一个后工业文明之美国的发达，这多少是某些学者为了成就自己的学术功利，必须佯装同情被殖民者或少数族群，以一种受文化暴力迫害的偏激向国际主流文化挑战而引起国际学术界的主义"①。这仅仅揭示了后殖民主义理论者中部分印第安裔学者存在的功利的学术动机问题，实际上这种现象不是个例，这也是后殖民主义为人所诟病的地方。不仅如此，后殖民批判与理论"在全球众多不同的公共机构的各种学科内进行"②，这也

---

① 〔英〕巴特·穆尔-吉尔伯特：《后殖民批评》，杨乃乔译，北京大学出版社，2001，第 14 页。

② Bart Moore-Gilbert, *Postcolonial Theory: Context, Practices, Politics* (London: Verso, 1996), p. 5.

衍生出许多问题。对此，历史学家罗素·雅克比对后殖民主义的理论深度提出了疑问，"当后殖民理论家从传统文化介入政治经济学、社会学、史学和人类学，他们驾驭得了这些领域吗，还是仅仅浅尝辄止？他们是研究殖民史和文化问题严谨的学者，还仅仅是在著作中点缀一些葛兰西和霸权的词句？"① 比如，1995 年，约翰·麦肯齐在《东方主义：历史、理论与艺术》，批评了赛义德根本不懂帝国历史，相应地易于表现出幼稚的特征，出现对很多问题考虑不周的情况。后殖民的主要研究者大多集中于文学，很难实现跨学科的研究，而后殖民的研究需要从物质与文化角度进行全球化的跨学科、跨领域的研究。

再者，后殖民主义身份政治的实际语境相对较为单一。现代社会第三世界通过后殖民话语进行反抗与其自身经历存在一定的矛盾，因为"简单地讲述一个民族的故事就是在重复、扩大并且制造新形式的帝国主义"②。其实，后殖民主义身份政治的研究难以超越其文本的范围，并且其文本主要是欧洲文学的标准文本。"后殖民批评不时还深受在处理殖民关系中过高评价符号领域之害。"③ "解构后殖民批判家成问题地经常是危险地生活在一个欧洲中心主义的资产阶级自由文化'左翼'边缘，常常就很容易成为（回溯）解放斗争的真正英雄"④。可见，欧洲社会的变化直接影响着后殖民主义身份政治的推进，一定程度上后殖民主义的发展还是围绕着西方中心这个外力在前进，这不可避免地使得后殖民主义身份政治诉求偏离其自身轨道。后殖民主义一直试图实现超出欧洲文化中心主义，但是这并非易事，相关讨论还是在其主要内容与范畴之中进行的。

① 〔英〕巴特·穆尔－吉尔伯特：《后殖民理论——语境 实践 政治》，陈仲丹译，南京大学出版社，2001，第 12 页。
② 〔美〕爱德华·W. 萨义德：《文化与帝国主义》，李琨译，生活·读书·新知三联书店，2003，第 384 页。
③ 〔英〕巴特·穆尔－吉尔伯特：《后殖民理论——语境 实践 政治》，陈仲丹译，南京大学出版社，2001，第 206 页。
④ 〔英〕巴特·穆尔－吉尔伯特：《后殖民理论——语境 实践 政治》，陈仲丹译，南京大学出版社，2001，第 206 页。

三　后殖民主义身份政治的未来

事实上，前文所提到的后殖民主义面临的社会语境问题非常棘手，更为致命的是后殖民主义立足于对本质主义的批判，主张建构多重的、混杂的文化身份认同。具体而言，"边缘的多重性"造成了后殖民主义身份政治面临的主要困境，他者的混杂性造成了更为棘手的身份认同问题。后殖民关注"'多重的边缘'（Multiplication of Margins），它总是与当代不断增加的民族、语言、宗教和种族集团、社会及亚文化的'呼声'相伴而生"[①]。复杂多元的他者，必然有不同诉求，那么如何团结这些边缘人群多样化的诉求便是难题。再者，聚焦于第三世界他者表面的混杂身份，使后殖民主义忽视了物质领域内的殖民压迫。对此，马克思主义对后殖民主义身份政治的介入十分必要。

当然，不少后殖民主义学者早就借鉴了马克思主义的思想精髓。赛义德在《东方学》中承认受马克思主义者葛兰西文化霸权的影响，一方面指出帝国主义在殖民地发动的革命是受利益驱使的，采取的方式也是毁灭性的；另一方面，也指出人类不能像帝国主义一样采取激烈手段来实现自身的使命。就此，他认为英国在印度完成的使命具有双重性，一个是毁灭性的，而另一个却是再生性的。[②] 相比于赛义德，印度裔的后殖民主义学者迪佩什·查克拉巴蒂（Dipesh Chakrabarty）接受了马克思的劳动价值论对于理解资本主义全球化的作用，更加深入地关注到马克思主义对于殖民主义与帝国主义批判的核心内容。她提出，"抽象劳动的观念可以用来质疑资本的逻辑是如何与历史差异的问题相联系的。众所周知，就马克思对'资本'的哲学理解而言，历史概念具有中心性特征。马克思用'抽象劳动'来解释资本主义生产方式如何设法从面貌迥异的人群和历史中抽象

---

① 〔英〕巴特·穆尔－吉尔伯特：《后殖民理论——语境　实践　政治》，陈仲丹译，南京大学出版社，2001，第18页。

② 〔美〕爱德华·W. 萨义德：《东方学》，王宇根译，生活·读书·新知三联书店，2007，第198页。

出一个同质和普遍的单位来衡量人类劳动，因而'抽象劳动'可以被认为是资本逻辑如何否定自身历史差异的论述的重要部分"①。

但是，后殖民主义身份政治并未实现其理论的本土化，反而变得日趋抽象，不少后殖民理论者对马克思主义进行了解构。"三十年代，中国的马克思主义者致力于将马克思主义与中国的具体实际相结合，他们认为马克思主义须要翻译成中国的语言，民族的、地方的、农民的语言，结果马克思主义实现了中国化。面对相似问题，后殖民批评家却用后结构主义的语言来重述马克思主义，结果马克思主义被解构，被改变。"② 不仅如此，马克思主义与后殖民主义的关系被人为割裂，认为二者具有巨大差异，不可融合。比如，印度马克思主义批评家阿赫迈德就认为，"支持马克思的特殊论断绝不是东方主义话语，相反是福柯所说的政治经济学的话语。抑或说，马克思观点的来源不是歌德式的德国浪漫主义，也不是源自于东方主义观念，而是马克思自身坚持的阶级与生产方式观点"③。马克思主义与东方主义虽然不具有同等的关系，二者确实具有一定的差异性，但这并不意味着马克思主义观点与立场对于后殖民主义毫无意义。相反，马克思主义的人的解放学说、阶级学说对于反对殖民、反抗压迫、消除剥削具有重要意义。

实际上，马克思主义指明了后殖民主义的方向。其实，马克思主义是最早开始批判殖民主义的。恩格斯早就批判过西方殖民主义所谓优越性的思想与制度基础，认为"同启蒙学者的华美诺言比起来，由'理性的胜利'建立起来的社会制度和政治制度竟是一幅令人极度失望的讽刺画"④。并且，马克思对殖民的预测体现了一种全球化立场，他对中国农民起义与欧洲侵略东方社会的精准预测，体

---

① Dipesh Chakrabarty, *Provincializing Europe: Postcolonial Thought and Historical Difference* (Princeton: Princeton Univeristy Press, 2000), p. 50.

② Dirik, A., "The Postcolonial Aura: Third World Criticism in the Age of Global Capitalism", *Critical Inquiry*, Vol. 20, No. 2 (1994): 342.

③ Aijaz Ahmad, *In Theory: Classes, Nations, Literatures* (London: Verso, 1992), p. 230.

④ 《马克思恩格斯选集》第3卷，人民出版社，2012，第644页。

现了其科学性。"这种全球化立场与马克思本人对 1850 年的中国农民起义的结果预测十分契合。马克思称：'当欧洲反动派登上去往亚洲的新航班，他们将最终到达中国长城，这是一道为原始反动和保守主义留有一席之地的铁闸'。"① 马克思主义主张以社会革命来进行"武器的批判"，并且这种"武器的批判"并不过时。卢卡奇指出，"只有无产阶级的自觉意志才能使人类免遭灾难。换言之，当最后的经济危机击中资本主义时，革命的命运（以及与此相关联的是人类的命运）要取决于无产阶级在意识形态上的成熟程度，即取决于它的阶级意识"②。虽然在 20 世纪，"由于资本主义本身对社会危机的调节和干预，对个人阶级力量的分化和收编，重举马克思主义'武器的批判'这种方式似乎已经不太可行。因此，在对资本主义的新一轮批判中，对抗性逐渐转入文化领域应该是可以理解的。也就是说，尽管在推翻资产阶级的统治这一最终目的上并没有太大改变，但在具体的批判手段上却有所不同"③。阶级意识便是分析后殖民时代身份政治问题的方法，它"既不是组成阶级的单个个人所思想、所感觉的东西的总和，也不是它们的平均值。作为总体的阶级在历史上的重要行动归根结底就是由这一意识，而不是由个别人的思想所决定的，而且只有把握这种意识才能加以辨认"④。分析后殖民主义时期的文化殖民，首要的问题是分析不同身份文化诉求背后所反映的阶级意识，也即意识形态问题。⑤ 在后殖民主义的身份政治问题

---

① 〔美〕小埃·圣胡安：《超越后殖民理论》，孙亮、洪燕妮译，中国人民大学出版社，2016，第 13 页。

② 〔匈〕卢卡奇：《历史与阶级意识——关于马克思主义辩证法的研究》，杜章智等译，商务印书馆，1999，第 131～132 页。

③ 李应志、罗钢：《后殖民主义：人物与思想》，北京师范大学出版社，2015，第 6 页。

④ 〔匈〕卢卡奇：《历史与阶级意识——关于马克思主义辩证法的研究》，杜章智等译，商务印书馆，1999，第 107 页。

⑤ 卢卡奇也成功地识别到了文化意识的优先性。不仅如此，葛兰西也意识到了意识形态的重要性，指出"在现代世界中，人们应当强调政党在制定和传播世界观中所具有的重要性和意义，因为它们所做的事情，主要就是制定出与之相符的伦理和政治，并把它当作它们的历史'实验室'那样地去行动"（节自〔意〕安冬尼奥·葛兰西《狱中札记》，曹雷雨等译，中国社会科学出版社，2000，第 246 页）。

上，多重复杂的身份以及其多元诉求的分析与整合，必须立足于阶级理论，运用历史唯物主义的方法剖析混杂的文化诉求的经济根源，并基于此整合多重身份认同，而这些问题的根本解决最终依赖于无产阶级阶级意识的觉醒与自觉。

第七章

身份政治的困境及理论超越

经过近 60 年的发展，身份政治也逐渐反映出一定的问题。一方面，面对巨大的不确定性与身份认同焦虑，一些人开始诉诸宗族主义，这在一定程度上增加了社会不稳定因素。另一方面，随着政治正确的矫枉过正，部分西方国家以白人身份政治为噱头，民粹主义大行其道。这些都与身份政治的自身限度不无关系，因而承认理论试图实现对身份政治进行理论超越。从根本上来说，社会批判理论要实现对身份政治的超越，需要回归马克思主义，坚持唯物史观，借鉴阶级分析方法才能扭转身份政治的弊端，最终实现人类解放的斗争目标。

第一节 身份政治的困境

近几年，身份政治进入了低迷期。资本主义的结构性危机表现为频发的金融危机，因族裔、血统、肤色、性别等因素而产生的身份政治有式微的趋势。不仅如此，身份政治成为民粹主义的借口，反受其害。身份政治所面临的困境，可以归因为其自身的限度。

一 诉诸宗族主义

巨大的不确定性与传统生活方式的式微，使得相当数量的人们求助于宗族主义。1993 年，一群加利福尼亚大学墨西哥裔学生，因抗议学校未把有关其族群奇卡诺人的教学方案纳入学习课程而占领教学楼，造成了 50 万美元的损失。同时，冷战的终结间接地推动了民族运动与种族主义的兴起，并且近些年互联网技术的发展直接推动了族群关系与宗族关系的紧张化。可见，在后现代社会，稳定的身份归属感与集体感已然变得非常羸弱。在后福特主义时代背景之下，生产模式与消费模式的变革直接推动着人们生活方式的巨大转变。不仅如此，随着全球化进程的推进，人们的生活变得充满了变数，不确定性已然成为时代的主要特征。因此，一部分人为了寻求归属感，试图依赖稳定的族群、宗族或民族认同，回归具有确定性的群体生活，退避到宗族主义行为模式。

在个人主义崇尚越来越明显的社会中，社会成员的集体感不断削弱，宗族的认同便开始产生。"社会生活的瓦解，促使人们去寻求宗族的庇护。由于身份的同一性使然，个人化也很容易蜕变为宗族化。"[1] 共同的语言、文化与历史为人类的宗族认同提供了稳定的基础，寻求宗族内部的庇护成为人们面对个人主义趋势的迫切选择。人们因为宗族、文化、种族以及其他共同体层面的差异性而退避到宗族共同体中，正是这种不确定的相对混乱的社会心理状态引发了这种退避行为。"种族的、民族的、地方的认同以及其他的宗族主义形式，从某种程度上来说，都应该被视为对新的社会状态所作出的回应。"[2] 确保归属感与稳定性成为人们面临不确定性的首要选择，宗族认同成为集体行动逻辑的来源，宗族主义为人们摆脱社会的不稳定性、规避个人主义提供了心理支撑。但是，这也会成为社会不稳定因素，比如，德国种族主义及暴力事件便是个体化行为的后果，年轻人通过民族认同来实现其群体感的获得，部分暴力事件便由此

---

① Richard Kilminster, Ian Varcoe Edited, *Culture, Modernity and Revolution*: *Essays in Honour of Zygmunt Bauman* (London: Routledge, 1996), p. 38.

② 〔英〕保罗·霍普：《个人主义时代之共同体重建》，沈毅译，浙江大学出版社，2010，第 109 页。

产生。

为抵制全球化进程与现代化进程的裹挟，部分宗族认同运动以防御的形式在不同地区发生。"全球化造成'宗族'认同的另一种途径，正是在确保人们在日常生活中能够联合起来共同对付'他人'的过程中形成。"① 在全球化进程中，人员流动性很大，人们不得不接触来自不同社会背景的陌生人，不同观念与文化处于冲突的状态，旧的社会认同一度处于瓦解的状态。新的认同难以在短时间内建立起来，这为多元文化主义的生长提供了肥沃的土壤。人们被动地去思考，社会关系之中"我是谁"这个问题。不可避免地，一些人感受到了深深的不安、焦虑与恐惧，因而死守社会传统秩序与信仰，以获得确定性与归属感。

但是，退避到宗族主义认同并非长久之计，在漫长的局部认同与整体认同的冲突之中，宗族认同必然以不同的形式出现，甚至被其他稳定的新认同所替代。斯图尔特·霍尔与霍普皆认为社会认同不是一成不变的，相反具有流动性的特征。不仅如此，社会中的人们具有多重认同，宗族认同只是其中之一。并且，宗族主义认同所引发的暴力冲突事件是令人忧虑的现象，同时它在全球化过程之中处于一种波动变化的状态。"一些人为了不至于寻求或单纯寻求个人主义的策略来应对后现代性的进程，他们正在退避到各自的'宗族'中去。近来，宗族、种族和民族认同现象的复苏，排斥与歧视少数民族和移民群体的行为方式，分离主义或独立运动的活跃以及原教旨主义宗族的兴起等等。"② 必须指明，身份政治从来不是恐怖主义的遮羞布，宗族与恐怖主义联谊的所谓正当性不能拿身份政治来证成。退避到宗族主义的妥协行为并非身份政治的本意，相反身份政治是对资本主义带来的人与人关系异化与社会不确定之痛的批判，

---

① 〔英〕保罗·霍普：《个人主义时代之共同体重建》，沈毅译，浙江大学出版社，2010，第110页。

② 〔英〕保罗·霍普：《个人主义时代之共同体重建》，沈毅译，浙江大学出版社，2010，第106页。

身份政治不是社会分裂的根源性因素，相反揭露了资本主义社会的结构性矛盾与危机。

二　民粹主义的反扑

2016 年以来，美国自诩为白人身份政治的运动，呈现出与民粹主义的合流趋势。欧洲各国在很长时间内都在试图严格控制移民数量，以限制欧洲内部的身份认同运动。不仅如此，不少欧洲国家也提出反对难民的移民政策。以奥地利为例，自由党政治地位的增强，与其反移民纲领不无关系。"1997 年的投票表决显示，42% 的奥地利人在一定程度上接纳种族主义与排斥外国人的立场；而在欧盟国家中，持相同立场的平均比例仅为 33%。"①

但是，民粹主义却一度被误以为是身份政治。美国政治学学者穆勒（Jan-Werner Müller）在其著作《什么是民粹主义》中，将民粹主义定义为身份政治的一种形式。② 但是，很明显，身份政治与民粹主义是两种不同的理论，两者的政治语境差别巨大。实际上，民粹主义是一种区别于精英主义与多元主义的意识形态，建构了单纯的人民与精英的对立关系，表达了民众的坚定立场。③ 民粹主义反对多元文化主义的道德化，其核心诉求是一元的、纯粹的与道德的，反对腐化的精英。④ 民粹主义有左翼与右翼之分，"左翼民粹主义主张经济和政治权力向中下层开放，因而呈现出更多的包容性。右翼民粹主义强调社会和政治认同，反对优待特定外来群体，比如移民、难民等，因而呈现出较多的排斥性"⑤。

---

① 〔英〕保罗·霍普：《个人主义时代之共同体重建》，沈毅译，浙江大学出版社，2010，第 111 页。
② Jan-Werner Müller, *What Is Populism*?（Philadelphia：University of Pennsylvania Press，2016），p. 3.
③ Cas Mudde and Cristóbal Rovira Kaltwasser, *Populism：A Very Short Introduction*（Oxford：Oxford University Press，2017），p. 6.
④ Jan-Werner Müller, *What Is Populism*?（Philadelphia：University of Pennsylvania Press，2016），p. 19.
⑤ 孔元：《民粹主义是一种身份政治吗?》，《中央社会主义学院学报》2019 年第 2 期。

　　虽然，民粹主义与身份政治皆表现出对同一性的关注，也都具有反抗的特征，但二者存在本质上的区别。民粹主义追求的同一性是政治上认同，而身份政治并不诉诸政治认同来实现同一性。以特朗普政府为例，主张白人是公民的重要组成部分，对少数群体的偏重与保护实际上损失了白人的利益，这违背了普遍主义的公民观，本质上是一种将少数利益群体包装成整体利益群体的作为。一定程度上，民粹主义的反扑不是身份政治催生之果，相反说明了身份政治自身的失败。身份政治并没有成功地完成对社会身份压迫与歧视的批判，也没有成功消解白人至上的社会政治与文化传统。杜克大学政治学教授艾什利·贾迪娜（Ashley Jardina）认为，不能把白人的反抗当作是白人至上主义，相反应该将其规定为是一种白人的身份政治（the Identity of Whiteness），因为他们认为在身份政治影响欧美世界深度与广度不断加强的过程中，白人实际上处于一种受害者的地位。[1] 事实上，身份政治已经成为白人实现自身政治价值的工具，当然更有甚者把身份政治当作是美国社会的公敌。一方面，它以身份政治装点门面，自称为认同主义运动（Identitarian Movement）；另一方面，它反对女权主义与同性恋运动，强调了白人族群的文化权。这使其置自身于难堪的处境，相悖的政治主张与政策揭露了其维护白人政治利益的本性。

　　身份政治不会反抗差异性，而白人至上主义却反抗其他族群的认同与权利。实际上，这是"在全球化和多元文化主义中找不到自身归属的底层白人，发展出一种更具同质性的族群意识，从而引发白人种族主义的反动政治（Reactionary Politics）"[2]。

　　实际上，民粹主义在美国社会的反扑与中产阶级的衰落有关。2008 年金融危机之后，资本主义的结构性危机并没有结束，中产阶

---

[1]　Laila Lalami, "The Identity Politics of Whiteness," *The New York Times Magazine*, November 27, 2016, p. MM15. Thomas B. Edsall, "Donald Trump's Identity Politics," *The New York Times*, August 24, 2017, https://www. nytimes. com/2017/08/24/opinion/donald-trump-identity-politics. html.

[2]　孔元：《民粹主义是一种身份政治吗？》，《中央社会主义学院学报》2019 年第 2 期。

级仍然面临着贫困化的趋势，担负着巨额债务，深受通货膨胀的影响，为资本主义制度本身的根源性问题买单。2020 年，新冠肺炎疫情则进一步暴露了资本主义社会的内在矛盾，更大范围内的中产阶级与社会底层面临着更为严重的失业，担负着更为沉重的债务。同时，物价持续上涨，持续时间也更长，政府补贴的美元也只能是杯水车薪，这最终会加剧西方社会的不稳定性。短期内，任何社会事件都可能激起更大范围内的身份政治运动。欧美政府抑或会继续其民粹主义政策来转嫁资本主义内部危机，身份政治或将继续成为挡箭牌。这是西方国家转移资本主义社会矛盾的方法，身份政治被利用反而揭示了自由主义的崩盘。

三　身份政治的限度

认同具有一定的想象性，这其实造就了身份政治的偶然性。"身份认同属于虚构……它们是'我们'在任何'我'的构成中的沉淀堆积，正是这个'我'的明确表达中改变特性的结构呈现。身份认同永远不会被完全地和决定性地制造；它们被不间断地重组，并且，同样地，受可重述性的不稳定逻辑的支配。它们被持久地整顿汇集、加强巩固、紧缩节俭、论争竞赛，且有时偶尔被迫让行。"[1] 正因为个体认同具有极大的不确定性与流动性，不断重组的认同便会受不稳定的逻辑所支配。相应地，身份政治运动也会受此影响，它的偶然性与其对特殊性权利的追求有很大关系。"身份政治还包含着另外两个陷阱…… (a) '具体权利的获取'和 (b) '受害者共同体的无限制罗织'。在现代性框架下，身份政治总是被联结到具体权利的获取上。然而，这却恰恰导致身份政治陷入另一种结构性僵局：一旦镶嵌在身份上的那些具体权利被'满足'，身份政治便立即熄火。"[2]

---

[1]　James T. Schutta, *Business Performance through Lean Six Sigma: Linking the Knowledge Worker, the Twelve Pillars, and Baldrige* (Milwaukee: ASQ Quality Press, 2006), p. 105.

[2]　吴冠军：《德勒兹，抑或拉康——身份政治的僵局与性差异的两条进路》，《中国图书评论》2019 年第 8 期。

的确，女性身份认同运动以获得女性的社会承认为目标，黑人身份政治为提升黑人的社会地位而奋斗，移民身份政治则为自身的平等权利而努力等。可见，身份政治往往与特殊的身份诉求耦合，因身份政治运动的主体与其认同皆具有偶然性，这必然会与具体的权利诉求相捆绑。一旦特殊的权利诉求得到社会的承认，身份政治运动便会戛然而止。

身份政治对特殊权利的追求会使其让位于别的社会运动。身份政治以差异为基本理念，关注不同群体的特殊权利。而且，身份是一个非经济概念，它关注人与人之间的关系。有些时候，身份政治解释不了经济不平等带来的问题，回答不了金融危机所反映的资本主义结构性危机问题。因而，有学者指出，2008年国际金融危机之后，身份政治迅速衰落的"根本原因在于西方身份政治学在演进过程中已落入资本主义圈套，沦为新自由主义意识形态的'帮手'"①。消费主义已经席卷了全球，消费者身份已然代替了种族、肤色、性别、文化等身份。的确，随着资本主义暴露的危机越来越严重，身份政治暂时处于衰退的趋势②，成为新自由主义的爪牙。不仅如此，身份政治无意间产生了诸多社会问题③，其中一个问题便是破坏了社会的稳定性，也一定程度上产生了仇恨甚至犯罪。"新的仇恨犯罪法既是身份政治的原因，也是身份政治的结果，而且可以从几个方面分裂我们的社会。"④ 但是，身份政治对弱势群体、少数族群的帮助，不能因为某些群体或者政党的狡黠与曲解便被误解，这对身份政治而言不公平。

事实上，身份政治本身带有马克思主义与社会批判理论的烙印，

① 张亮：《资本主义当代危机与西方身份政治学兴衰》，《光明日报》2018年6月11日。
② 宋朝龙：《后现代主义身份政治的衰颓与新民粹主义的崛起》，《北京行政学院学报》2020年第2期。
③ 新左翼的作家大卫·弗拉姆（David Frum）、托德·吉特林（Todd Gitlin）、迈克尔·托姆斯基（Michael Tomasky）也对身份政治进行了批判。
④ 〔美〕詹姆斯·B. 雅各布、吉姆伯利·波特：《仇恨犯罪——刑法与身份政治》，王秀梅译，北京大学出版社，2010，第180页。

或者说身份政治解决方案受到马克思主义的影响，以不同的身份范式解读资本主义面临的危机，完成着当代资本主义社会的"时代诊断"。身份政治虽然与马克思主义有着很强的渊源，但是它缺乏长远目标。资本主义社会本身存在很多问题，其中不仅包含经济剥削，还包含意识形态上的殖民。因而，身份政治反对所谓的"普世价值"的文化压迫与精神殖民，这是其最大的价值。这一切都来源于身份政治对边缘群体的关注，对精神层面的底层人的关注是身份政治的重要意义。从某种意义上来说，身份政治与马克思主义不分家。身份政治对人与人之间关系的关注，与马克思对社会关系的关注如出一辙。只不过，身份政治总是与具体的身份权利诉求结合，其社会运动也各自为政，只注重眼前偶然的目标，缺乏长远目标，这会导致它经常会被裹挟。人们在其中也会难以寻找到十足的、稳定的确定性，因而转而投向宗族主义。不止如此，因身份政治的理论彻底性与完备性的缺陷，它经常会被其他政治团体利用，成为民粹主义粉刷门面的工具。

身份政治理论缺乏彻底性与完备性，需要理论层面的自我革新与超越。身份政治对个体先天的生理因素与后天的文化身份有了充分的关注，但是它忽视人的经济层面的身份。身份政治固然揭示了后现代社会人与人关系的异化，但是它忽视了人的阶级属性。经济维度的身份压迫理应纳入进身份政治的讨论范围，其理论范式也应回应人的不平等经济关系。不过值得指出的是，阶级理论具有很强的解释力，但是它并不是一条万能的金科律令。马克思主义是一种观点立场方法，随着时代的发展，应当在坚持马克思主义基本原理的基础之上增加新鲜的血液与内容。当代社会，阶级理论自身也应当被注入新的内涵，新的解释。同时，身份政治要想解决其理论的不彻底性，需要纳入阶级身份，实现自我理论的革新，这样才能实现其理论的完备性证成。

实际上，社会批判理论对身份政治的介入，从外部推进了身份政治的自我革新。承认理论便是对认同理论的超越，与认同不同，承认是寻求所有人的平等。不管自我认同还是群体认同，都是要回答一个问题"我或我们是谁"。认同是在寻找我者与他者的共同性，身份政治是寻求不同身份之间的同一性的运动。"'承认'则是要努力寻找获得与自己相异（至少起初是相异）的人们的某种认可。所以，要求'承认'也许是比'认同'更近了一步，要求更多。允许'认同'的社会也许仍然会在某种程度上保持是隔离主义的，多元主义的，不平等的；但是要求普遍平等的'承认'则是对他人或社会的进一步要求：我们不仅要自我认同于某个群体，而且要其他群体承认我们的群体是与其他群体平等的，甚至不排除要求所有人的平等，即不是在群体，而是在所有个人的层次上平等承认。"① 与认同不同，承认内在地蕴含了对主体间性的关注。与主体化理论不同，主体间性理论放弃主体与客体的关系论述，相反更关注不同主体之间的平等关系。承认理论不仅要求我者与他者之间的相互认同，更要求所有人的平等。因此，承认理论一定程度上克服了身份政治的某些局限性，并且它将身份认同与正义相联系。承认理论克服了认同政治专注于具体权利所导致的社会分裂的可能性，同时从道德与伦理的角度修正了身份认同，协调同一性与差异性，承认多元主义纳入再分配维度，承认政治整合多元价值。不仅如此，要保持理论之树长青，社会批判理论本身也需要不断自我革新，唯物史观是一个可靠的立场与研究方法，立足于现实身份问题是立身之本。

第二节　承认理论对身份政治的超越

身份政治的兴起与发展，揭露了当代西方资本主义社会的新病态，同时对资本主义社会进行"时代诊断"的批判理论面临着新的批判内容。与此同时，身份政治面临的困境及其反映出的自身

---

① 何怀宏：《承认的历史之维与道德之维》，《中国人民大学学报》2005 年第 3 期。

限度，要求社会批判理论不仅要揭露资本主义社会矛盾，还要实现理论层面的超越。在当代社会批判理论中，霍耐特把承认理论推到学界的显著地位，泰勒则提出承认政治来整合多元文化，力图实现承认的范式超越。正是承认理论的发展，催生了"认同还是承认"的发问，这其实间接地说明承认理论一定程度上实现了对身份政治的超越。

一　承认理论力争实现范式超越

承认理论是哲学界一个相对成熟的研究范式，"它由一套核心的概念与假设组成，包含以一些成熟的实质命题——对于社会困惑相对稳定的解决办法，关注特定主张和概念的分歧"①。这里的特定主张与概念分歧实际上指向身份政治，认同理论与身份政治运动是承认理论所回应的主要对象。

（一）　对差异的伦理证成

从历史的角度来看，承认理论可以追溯到古希腊哲学对于友情的理解，再到卢梭基于人的自爱本性发掘出的人们对承认的欲求。当代承认理论主要来源于费希特与黑格尔对于主体间性承认的论述，黑格尔识别到主体间性对于人们生活的重要性。承认概念真正成为学术热点是在二战之后，以法国与德国精神分析学界对主体间性的研究为甚。在德国，承认范式不仅在哲学史领域展开，而且间接地影响着人类学的研究。随着哈贝马斯交往理论的兴起，主体间性成为社会生活建构的重要内容。最终，两个支流从黑格尔主义分离出来，分别为女性主义与多元文化主义。时至今日，承认理论能成为一个成熟的学术框架，这归功于霍耐特对承认理论的全面总结与发展。

承认理论是一种反对普遍主义的道德伦理，隶属于新亚里士多

---

① Hams-Christoph Schmidt am Busch and Christopher F. Zurn Edited, *The Philosophy of Recognition: Historical and Contemporary Perspectives* (Maryland: Lexington Books, 2010), p. 1.

德主义①，实现了对差异的伦理证成。与普遍主义伦理观不同，承认理论肯定了差异存在的合理性。"承认理论为了突破人类政治共同体固有的契约论假设证成，选取与新亚里士多德主义相同的研究方法。"② 它肯定了差异的价值，不再进行普遍主义层面的哲学探讨，相反着眼于个体的实现，个体的认同被当作道德生活的不可或缺的一部分。"它尽管反对古典功利主义与福利经济学中偏好聚合模型（Preference-aggregation Models），它与自由至善论一样强调，大多数人没有否认有更多机会去实现更多元形式的个人实现。"③ 道德动机是承认理论证成过程中的重要组成部分，意义对于人的认同影响很大。一定程度上，承认理论是建立在吸收康德道义论与黑格尔主体间性承认思想基础之上。承认理论肯定了个人权利与民主政治的价值，同时承认个体的道德义务。在此基础之上，霍耐特吸收了黑格尔主体间性承认的分析与米德等人的社会心理学成果，提出基于个体认同与价值主张证成的承认理论。这在一定程度上否定了普遍主义伦理观，完成了证成方式上的区分。承认理论并不否定当代社会的法权与民主政治体制，认可个体平等的政治价值。共同体对公民权利的保障，是以实现主体间性的承认为目标。承认理论旨在推进个体的自我实现，这不仅仅需要依赖再分配，还需要主体之间的相互承认。承认具有比经济不平等更加广泛的现实忧虑，它关注因特殊性而产生的社会不正义，要求当代社会反思现有的经济再分配模

---

① 价值哲学主要有三种范式：功利主义、康德主义与新亚里士多德主义。规范的道德理论主要包括这些问题：个体对他人有什么义务；个人应当如何生活等。对于这些问题的不同回答构成以下学派：结果论、道义论以及德性论。在规范的政治理论中，结果论、康德主义与新亚里士多德主义有不同的实现方式。首先，结果论涵盖包括关注社会福利的理论与自由至善论；其次，康德主义则以正义为核心价值，强调自由、平等、民主与社会契约；最后，新亚里士多德主义则着重关注政治社群主义。

② Hams-Christoph Schmidt am Busch and Christopher F. Zurn Edited, *The Philosophy of Recognition*: *Historical and Contemporary Perspectives* (Maryland: Lexington Books, 2010), p. 6.

③ H Hams-Christoph Schmidt am Busch and Christopher F. Zurn Edited, *The Philosophy of Recognition*: *Historical and Contemporary Perspectives* (Maryland: Lexington Books, 2010), p. 4.

式与文化承认、尊重的获得方式。

不管身份政治还是承认理论，最后面对的一个共同的批判对象就是新自由主义，二者如果要想更彻底，必须要对新自由主义代表罗尔斯的分配正义理论进行回应。在理论来源上，罗尔斯的分配正义理论具有浓烈的康德式（Kantian）色彩。康德将"应得"作为其分配理论的核心构成，并以此来推证其权利的分配。在《道德形而上学》的"法权论"部分，康德即清晰地阐明："由自然状态中的私人法权产生出公共法权的公设：你在和所有人无法避免的彼此共存关系中，应当从自然状态走出而进入一种法权状态，亦即一种具有分配正义的状态。"① 在康德的论域中，法权又需要以正当作为基础，即"一个人的任性能够在其下按照一个普遍的自由法则与另一方的任性保持一致的那些条件的总和"②。因此，康德实质上是用一种先天的普遍法则来规定了其分配理论的正当性。同样，罗尔斯承续了这一思路，他运用自由和理性的道德人将正当置于优先地位，而正义是正当的子范畴，是应用于社会制度时的正当。罗尔斯在《正义论》中指出，"正义否认为了一些人分享更大利益而剥削另一些人的自由是正当的，不承认许多人享受的较大利益能绰绰有余地补偿强加于少数人的牺牲"③。可见，在罗尔斯看来，天赋不是天然应得的，因而不是道德上应得的，应当把个人的天赋看作社会的共同资产。正义的两个原则也是为了保障制度形式上的平等，也尽可能接近事实上的平等。

而霍耐特的承认理论则是进一步向黑格尔主义传统靠拢的。黑格尔主义自由观念基础上的正义理论，则将道德合理性与社会现实结合起来，试图找出构成正义原则的社会条件。霍耐特的正义思想

---

① 〔德〕康德：《道德形而上学的奠基》，载《康德著作全集》第 6 卷，李秋零编译，中国人民大学出版社，2013，第 239 页。

② 〔德〕康德：《道德形而上学的奠基》，载《康德著作全集》第 6 卷，李秋零编译，中国人民大学出版社，2013，第 212 页。

③ 〔美〕约翰·罗尔斯：《正义论》，何怀宏等译，中国社会科学出版社，1988，第 3~4 页。

具有四个前提，也即社会理论发展一种正义思想，需要以社会成员共同拥有的普遍价值和理想为先决条件；以合适的社会机制或实践实现社会成员普遍确认的价值；建构一种实现普遍价值的规范，也就是作为社会分析的正义论；不仅在重构规范性的过程中展现伦理机制，还有对其价值做公开的批判。① 并且，霍耐特在继承黑格尔承认思想基础上提出了其承认理论，认为他者之承认对个体身份形成与发展非常重要。合理的承认有利于个体形成身份感，而扭曲的承认则会对人造成伤害。"自我意识只有在一个别的自我意识里才获得它的满足"②，他者的承认是个体自我意识满足的必要条件，相互承认对于自我意识的形成非常重要。黑格尔在论主奴关系中，主张相互承认对于个体意识的形成与发展至关重要，而不承认与错误承认则损害个体意识。

（二）规范研究与经验研究相结合

与契约论对法权与民主的合法性论证不同，承认理论认为承认是社会斗争的历史结果。承认哲学最为活跃的研究部分并非在规范理论之中，相反在社会哲学之中。例如，霍耐特从个体不被承认与侮辱的社会经历与心理出发，来论述不同认同诉求产生的社会斗争。其承认理论的蓝图是通过三种承认模式去理解从古代社会、到封建社会，再到资本主义社会等社会组织的变化。这种视角"对于认识当今社会的认同政治的兴起过程中，少数族群要求扩大社会、政治与文化自治权与当今自由社会与民主政府调和之间的区别，认同与差异、普遍主义与特殊主义、个体主义与群体主义之间潜在危险有重要意义"③。

---

① 〔德〕阿克塞尔·霍耐特：《自由的权利》，王旭译，社会科学文献出版社，2013，第9~24页。

② 〔德〕黑格尔：《精神现象学》（上卷），贺麟等译，商务印书馆，2017，第137页。

③ Hams-Christoph Schmidt am Busch and Christopher F. Zurn Edited, *The Philosophy of Recognition: Historical and Contemporary Perspectives* (Maryland: Lexington Books, 2010), p. 7.

　　承认理论发扬了社会批判理论优良传统，体现在它最初对于社会历史与现实的分析。承认理论的解释力在于它对社会运动斗争动力的解读，将社会斗争的根源归结为当时的社会关系冲突与人们寻求承认的需要有极大关系。传统马克思主义者从经济维度解释社会矛盾的产生，将阶级斗争当作是社会进步的手段。二战后，资本主义社会运动与革命发生较大的变化，社会批判理论也面临着资本主义诸多的新变化，因此需要作出新的社会分析与阐释。第一代社会批判理论学者面临的社会现实问题是经济斗争已然不再是唯一重要的社会斗争，新兴的反殖民、反性别歧视、反对种族主义等社会运动提出了新的诉求。在一定程度上，第一代法兰克福学派意识到了这些社会运动所反映的道德与规范的主张，对人与人的关系进行了一定的阐释。第二代社会批判理论学者开始做出调整，比如，将反殖民运动诠释为新的社会斗争趋势，但是这并不能使人满意。第三代社会批判理论学者则进一步地指出了社会新兴运动反映出的承认斗争模式，给出了社会运动的斗争理由。他们敏锐地识别到了个人的遭遇对于社会运动的影响，看到了诋毁与污蔑的社会文化环境对于社会运动的巨大影响。不仅如此，承认理论提出规范性主张，阐明了包含对个体特殊主张尊重的社会斗争规范标准。因此，承认范式将社会现实和历史观照与规范性主张结合起来，基于社会现实诊断，提出新的规范标准，这实际上超越了以往的从规范到规范的研究范式。

　　事实上，霍耐特对新自由主义分配正义理论的超越还体现在方法论层面上。传统分配正义理论是从应然到应然的研究范式，是从有关道德、人性或良善生活的哲学假设出发进行逻辑推理得出相关的原理与理念，是从应然的前提推导出某些应然的结论。在弗雷泽看来，"正义的原则是在一种'无知之幕'后被选择的。这可以保证任何人在原则的选择中都不会因自然的机遇或社会环境中的偶然因素得益或受害。由于所有人的处境都是相似的，无人能够设计有利于它的特殊情况的原则，正义的原则是一种公平的协议或契约的结果"①。罗尔斯假设一种原初状态的环境，所有个体都是道德人，即作为有自己的目的并具有一种正义感的有理性的存在物，人们不受天赋、背景、爱好、志趣的影响，不知道自己是富裕还是贫穷。可见，无知之幕是一种应然的状态，所有人的相互联系都应当是相称的，而在应然的伦理基础之上提出的正义原则是另一种规范层面的尝试。

霍耐特将规范研究与经验研究相结合，其承认理论便是运用由实然至规范的研究方法。霍耐特从实然的前提出发，反思那些进入研究者视野中的现实的社会关系、过程与结构，确认其中哪些社会关系、过程与结构对于所研究的问题是具有重要的影响，从而构建出它们之间的内在相关性，进而提出规范性的判断和结论。霍耐特在社会分析形式中，直接阐发社会正义原则与其承认理论。在《为承认而斗争》中，霍耐特就强调必须走规范研究与经验研究相结合之路，到人类学中寻找批判理论的规范基础。承认理论是基于社会现实生产关系的考察，得出规范性的认识。《自由的权利》则更加突出了经验与规范研究的特征，不仅有对消极自由、反思自由、社会自由的历史考察，而且有对法定自由、道德自由、社会自由的规范分析。在其中，霍耐特充分讨论了自由的可能性与现实性，兼顾对道德维度与经济维度问题的梳理，包含对劳动力市场、民主法治、公共领域等问题的讨论。总之，承认理论"不仅有严密的逻辑论证，而且有详细的数据资料，以及引人入胜的故事情节；不仅有取自文学、历史的材料佐证，而且有社会现实的事实例证"②。

二　承认多元正义纳入再分配维度

与传统社会批判理论学者一样，霍耐特基于时代诊断来推动社会批判理论的范式转向。身份政治是资本主义社会病理的反映，霍耐特提出了新的解决方案，超越身份政治的理论困境是其承认理论

---

① Nancy Fraser, "Rethinking Recognition," *New Left Review* Vol. 3（2000）：109.
② 霍耐特、王凤才：《〈自由的权利〉精粹（上）》，《学习与探索》2016 年第 1 期。

方案的应有之义。近些年来，承认理论与分配正义范式之争成为政治哲学领域的重点议题。

（一）包含再分配的承认多元正义

不可否认，近些年来社会批判理论领域内开始出现一些关于未解决问题的焦点话题，霍耐特等承认理论学者与其他学派开展了对话，进入论争阶段。近三十年来，第三代批判理论学者与其他学派围绕承认与再分配存在不少争论，试图实现承认范式对再分配范式的超越。20世纪90年代霍耐特与弗雷泽两人的论战，拉开了再分配与承认的范式之争的序幕。在1992年霍耐特的专著《为承认而斗争》出版后，弗雷泽三年后发表《从再分配到承认》。她指出将再分配包含在承认之中并不合理，反对霍耐特将再分配从属于承认。她提出克服再分配与承认的难题尤为重要，需要建立一种可以包容二者的理论框架。这种理论框架就是正义的框架，它包括经济与文化两个维度，经济上不平等与文化的歧视都可以归结为不正义。① 并且，她看到了身份政治与阶级政治的分裂，这种分裂实为左翼各派的内部分歧。左翼各派应当联合起来，弥合经济上的不平等与文化上不平等之间的分歧，解构多元文化主义与社会民主主义的对立。2000年，《再分配，还是承认？——一个政治哲学对话》的出版更加把这个争论推到政治哲学讨论的中心地位，在其中霍耐特与弗雷泽肯定了文化上身份不平等与经济不平等问题同等重要，有必要以新的框架来实现对二者的统摄。霍耐特认为承认是一种基础性的范畴，应当将再分配纳入进承认的范畴，而弗雷泽则认为应当以再分配来整合二者的分歧。值得肯定的是，二者的争论使得我们看清楚了再分配对于经济上不平等的价值，也注意到承认对于身份上被蔑视与侮辱状态的斗争意义。

具体而言，霍耐特与弗雷泽的争论在于再分配与承认的关系问题。

① 〔美〕凯文·奥尔森：《伤害＋侮辱——争论中的再分配、承认和代表权》，高静宇译，上海人民出版社，2009，第12~141页。

弗雷泽认为再分配仍然是一个至关重要的问题，而承认则是一种认同模式（Identity Model）。"承认政治的通常路径，即认同模式，这来源于黑格尔的思想……这种认同模式的主张者将黑格尔的承认模式变成了文化和政治维度的承认。"① 身份模式是承认的文化与政治维度，寻求对少数族群的特质的认同，使他们的特质获得社会承认。但是，"承认问题并不能使再分配斗争更加丰富更加多元，而使这些斗争边缘化与弱化"②。因而，弗雷泽提出，再分配不能被简单地划归于承认之下的一个维度，而应当与承认并列而存。而霍耐特认为承认具有三个领域的历史差异，包含正义维度。霍耐特提出爱、法律与成就三种承认形式，由此建立基本自信、自尊与自重三种实践自我关系，相应地具有关怀原则、平等原则与成就原则。③ 具体而言，霍耐特针对现实冲突中的文化诉求，提出分配正义不具有完备性，而其三个维度的承认将分配正义纳入其成就维度，指出针对经济不平等的分配正义的缺陷。社会承认不仅仅是文化承认，"至少在西方社会存在三种深植于根本的资本主义道德秩序的承认领域，它们各自的'有效性过剩'产生出不同的不公正的经验和无根据的蔑视"④。经济不平等的分配正义问题与承认问题并非完全对立的问题，因而承认问题理应包含经济维度的承认，也即分配正义所指向的成就维度的承认。

　　值得肯定的是，承认理论开辟了一个再分配范式之外的新范式。霍耐特将承认理解为一元论，它具有统摄性，是一种基础性的道德范畴。实际上，再分配正义是承认的附属物，应当被包含在承认的范畴之内，是承认的一个维度。即便弗雷泽不认为承认可以包括再分配，她也肯定了承认作为一种范式可以独立于正义的范畴之外。

---

① Nancy Fraser, "Rethinking Recognition," *New Left Review* Vol. 3（2000）: 108.

② 〔美〕南茜·弗雷泽、〔德〕阿克塞尔·霍耐特：《再分配，还是承认？——一个政治哲学对话》，周惠明译，上海人民出版社，2009，第105页。

③ 〔美〕南茜·弗雷泽、〔德〕阿克塞尔·霍耐特：《再分配，还是承认？——一个政治哲学对话》，周惠明译，上海人民出版社，2009，第115页。

④ 〔美〕南茜·弗雷泽、〔德〕阿克塞尔·霍耐特：《再分配，还是承认？——一个政治哲学对话》，周惠明译，上海人民出版社，2009，第132页。

她将承认与再分配、代表权置于同等重要的地位，构成正义的三个重要维度，即文化、经济和政治三个层面。虽然如此，不管霍耐特还是弗雷泽都将承认维度纳入社会批判理论之中，都遭到了严厉的批评与质疑。即使有学者提出将承认纳入正义的维度会造成对于伤害的固定化结果①，但是第四代社会批判理论学者弗斯特同样肯定了承认范式的价值。

值得指出的是，尽管承认范式力图将再分配纳入其范畴，经济不平等维度的正义仍然具有不可忽视的价值与地位。不可否认，霍耐特的承认一元论存在一定的问题，承认范式并不能真正涵盖经济维度与政治维度的正义。的确，性别、种族、肤色、信仰等非经济、非阶级划分的身份要素对于当代民主政治具有重要意义，并且承认概念对于分析当代资本主义社会的身份政治运动具有重要作用。但是，不能就此否定再分配正义的价值。经济上的不平等仍然是当今社会的主要问题，并且政治上的不平等对于贫富差距与社会歧视的产生有着催化剂的作用，因而弗雷泽对于再分配、承认与代表权的肯定具有一定的合理性。分配不公仍然是当代资本主义社会不平等的基础性原因，经济上的不平等对于错误承认与不代表来说具有决定性作用。因而，要消除社会的歧视与不平等状况，还需诉诸经济上的再分配的矫正方式。的确，霍耐特自身也意识到存在夸大承认问题在资本主义社会中意义与价值的问题，并不是所有的经济上的不平等斗争都是为了获得承认。当代社会的阶级不平等、身份认同问题反映的文化上的蔑视与政治上的不代表以及错误代表皆是当代资本主义社会面临的主要焦点问题，再分配、承认与政治上正确的代表权皆具有范式上的证成合理性。

（二）具有完备性的人的概念超越了具体身份的理念

身份政治关注边缘群体，但是存在内部分裂的问题。身份政治运

---

① 2007 年，西悉尼大学尼古拉斯·康普雷迪斯（Nikolas Kompridis）教授提出，承认对正义没有推动作用，批判理论应当放弃对承认范式的推崇。

动呈现为具体的女权主义运动、同性恋运动、黑人运动等，因具体身份认同的想象性与流动性使得身份政治具有巨大的偶然性。一定程度上，承认理论解决了身份政治的偶然性，从完整的人的概念出发的承认模式具有完备性。霍耐特认为，人的完备性就在于其尊严，在于获得的完全的人格的尊重与承认。当然，人的完备性取决于他者的认同与承认。在霍耐特看来，"人的完备性，在其存在的深层，乃是归因于我们一直在努力辨别的认可和承认模式，这么一种意义是我们日常语言运用中所固有的"①。在这个意义上，日常生活语言具有经验的意义，其运用指向人的完备性的达成。可见，人的完备性存在于人们具体的交往之中，与他者的认可与承认具有难以分割的联系。故而，主体间性是霍耐特承认理论的逻辑起点，主体在交往活动之中获得他者的承认程度，直接决定了主体是否实现个体的完备性认同。

完备的人是实践着的完整的人，具有社会价值关怀。在人的社会化进程中，爱的承认关系指向主体获得的情感上的相互承认。这种情感承认是父母与子女、伴侣、挚友之间无条件的信任，这情感为主体进入社会之后的自信心提供了心理基础。进入社会之后，主体需要在法律上的平等地位，法权赋予主体的普遍化承认，我者与他者处于平等关系。重要的是，团结为人的完整性提供了可能性。"承认关系的集体性存在形成了人的完整性的前提。"② 尊严与集体性共同为人的完整性提供了支撑，因为这三种承认模式建构了一种道德框架，人在这个框架之中能够保障个体的尊严。

在《为承认而斗争》中，作为"具有道德动机的斗争概念"是核心概念，霍耐特的承认道德论实现了普遍主义与差异政治的联合。实际上，霍耐特一直关注后现代社会的价值争论，先后发表《正义的他者：哈贝马斯及后现代伦理学挑战》（1994）、《在正义和情感

---

① 〔德〕阿克塞尔·霍耐特：《为承认而斗争》，胡继华译，上海人民出版社，2005，第182页。

② Axel Honneth, *The Fragmented World of the Social*, Edited by Charles W. Wright（Albany: State Univericity of New York Press, 1995），p. 253.

之间：作为道德论争领地的家庭》（1995）、《在亚里士多德和康德之间：承认道德概略》（1998）、《承认与道德》（2004）等著作。《为承认而斗争》是在《权力的批判》基础之上写作而成，"这项研究《为承认而斗争》与我在《权力的批判》中得出的结论密切相关：任何一种力求把福柯历史著作的社会理论内涵整合到交往行为理论框架中的努力，都必须依赖于具有道德动机的斗争概念"①。很明显，身份政治一直在解构普遍主义的价值机理，这实际上也在回应了社群主义与自由主义之争，因为二者的论争实质上是围绕普遍主义与差异性的论争。针对普遍主义的正义原则，霍耐特提出他者承认的道德框架，这是一种兼容差异性的体系。与此同时，他超越了身份政治的他者的具体化缺陷，三种承认模式指向一种共同体内部成员之间平等的承认关系。霍耐特承认理论具有修正自由主义与社群主义之间的价值论争的意义，某种程度上是一种"普遍主义与反对普遍主义的联姻"②。

（三）社会整合优于制度整合

社会批判理论要想超越身份政治，必然要解决身份政治使社会分裂的弊端。事实上，相对于自由主义的制度认同主张③，霍耐特的社会整合具有较大的价值。

在哈贝马斯看来，自由资本主义的系统性危机表现为无法解决的经济控制问题，这使系统整合面临着巨大的威胁，这直接威胁着社会整合。其中，"危机过程的客观性在于：危机是从无法解决的控制问题中产生出来的。认同危机与控制问题紧密相关"④。解决合法性危机需要构建一种整合性力量，即一种规范结构。这种规范结构

---

① 〔德〕阿克塞尔·霍耐特：《为承认而斗争》，胡继华译，上海人民出版社，2005，第5页。

② Simon Critchley, *The Ethics of Deconstruction: Derrida and Levinas* (Edinburgh: Edinburgh University Press, 1999), p. 268.

③ 参见张丽丝《制度认同的核心要义及其实践层面的评价——兼论自由主义对身份政治的回应》，《党政研究》2020年第1期。

④ 〔德〕尤尔根·哈贝马斯：《合法化危机》，刘北成、曹卫东译，上海人民出版社，2009，第6页。

具有一定的弹性，"既能有所变化，又不至于引起传统断裂的限度，并不只是依赖，或者说主要不是依赖规范机构本身的坚决要求，因为，社会系统的理想价值一方面是传统文化价值的产物，另一方面又是系统整合非规范要求的产物"①。但是，关于社会系统的理想价值与规范结构的建构方案有很多，事实上能解决资本主义系统性危机的少之又少。比如，自由主义的制度整合方案就力图建构一种"反思性"制度认同。这种认同并非一成不变，它处于一种动态平衡的状态，产生于民主商谈的过程之中。"关于规范和道德命令的证明只能产生于真正的对话协商，而不能产生于独白式的理论论证。"②对话的前提是公民具有审慎的理性，"这种深思熟虑并不只是采取这样的形式：追求哪一种行动过程会最大化一种被认为是无可争议的特定价值的形式"③。事实上，这种对话机制的制度整合并没有解决价值分歧，只是暂时搁置冲突，只是权宜之计。

　　霍耐特主张社会公民权而非平等公民权来达到社会整合的目的。在自由主义那里，"社会整合的要求只能被理解为涉及一种政治伦理学的规范原则，因为，在这个意义上这些要求反映了社会整合的主体期望"④。弗雷泽试图通过将承认纳入再分配之中，实现对身份政治的整合。与弗雷泽相反，霍耐特"设想根据一种承认理论的证明来重铸批判社会理论基础概念的正当性，不是身份认同诉求的崛起，与多元文化主义的那些目标无关，而是一直深入社会不满和反抗的动机来源的改良见解"⑤。与身份政治不同，霍耐特主张被压迫群体

---

① 〔德〕尤尔根·哈贝马斯：《合法化危机》，刘北成、曹卫东译，上海人民出版社，2009，第8页。

② Jürgen Habermas, *Moral Consciousness and Communicative Action* (Cambridge：The MIT Press, 1990), p. 68.

③ 〔加拿大〕威尔·金里卡：《自由主义、社群与文化》，应奇、葛水林译，上海译文出版社，2005，第11页。

④ 〔美〕南茜·弗雷泽、〔德〕阿克塞尔·霍耐特：《再分配，还是承认？——一个政治哲学对话》，周惠明译，上海人民出版社，2009，第96页。

⑤ 〔美〕南茜·弗雷泽、〔德〕阿克塞尔·霍耐特：《再分配，还是承认？——一个政治哲学对话》，周惠明译，上海人民出版社，2009，第119~120页。

对社会不满进行反抗，而非简单的反抗与共存。这种为承认而斗争的反抗，并不寄希望于产生限制身份歧视与压迫的机制，因为某一方面的政策与制度的调整与改变并不能从根本上改变身份压迫的现状。从某种程度上，社会整合具有革命意义，它寄希望于整个社会的改变，而非简单地对差异进行包容。

社会整合依据的是道德共识，道德共识是对社会冲突解决的尝试。霍耐特对后现代社会共同体的建构包含对个体价值目标的倡导，团结便是实现形式。"资本主义社会的中心制度通过相互承认的总体化原则要求理性的合法化，它们的再生产仍然依赖一种道德共识的基础，道德共识拥有相对于其他的整合机制的真正的首要地位，因为它是社会成员以及他们为冲突准备就绪的规范期望的基础。"① 承认模式为后现代社会提供了规范指导，共同体成员之间广泛的相互承认是解决价值冲突的必要条件与主要目标。社会整合较制度整合有现实意义，商议民主只是形式上的商议不平等而非真正意义上的裁决矛盾。对差异与同一性共同的承认才是重要的，从这个角度上，道德共识优于形式的重叠共识。霍耐特提出了"美好生活的形式概念"，也即在后现代社会之中人既具有个体的独立性，又保留共同体的共同价值目标。自我实现是霍耐特承认伦理的重要组成部分，个体的价值形式应当得到社会共同体其他成员的承认，所有个人在个体意义实现的实践中朝着共同的目标——社会承认努力，这就缔造了社会的团结。因而，霍耐特社会整合的基础是共同体成员的道德共识，也即对承认或尊严的认同。当然，我们也看到了霍耐特承认理论试图建构建立在差异性基础之上的道德一元学说的努力，不可否认这在现实生活中有一定的难度。但是，瑕不掩瑜，承认理论的社会整合意义为身份政治提供了新的发展方向，要跨越对具体身份与权利诉求的弊端，规避给社会内部带来分裂的问题，身份政治有必要吸收霍耐特的整体性承认伦理思想。

---

① 〔美〕南茜·弗雷泽、〔德〕阿克塞尔·霍耐特：《再分配，还是承认？——一个政治哲学对话》，周惠明译，上海人民出版社，2009，第 119～120 页。

三 承认政治对多元文化的整合

前现代社会不存在承认问题，现代人面临着认同危机与困境，主要原因是等级制度的消失使得人们转向对尊严的追求。这呈现为人们寻求身份认同的政治上承认，也呈现出与以往不同的政治形式与阶段。"民主开创了平等承认的政治，在不同的历史时期它表现为各不相同的形式，它在当前政治中的表现是，不同的文化和不同性别要求享有平等的地位"①，也即承认政治的阶段。承认并非单纯的理论问题，它以承认政治替代当代西方身份政治，并用其来整合多元文化。

（一）基于本真性论证认同的文化权

事实上，承认政治已然成为当今西方民主政治的一个重要组成部分，也是多元文化主义的核心议题。泰勒关注到承认与认同之间存在的内在关系，认同是其承认理论的重要内容。认同实质上在回答"我是谁"这个问题，泰勒基于三个层面来理解自我认同，即现代的内在性、对日常生活的肯定以及作为道德根源的本真性概念。

承认政治对于资本主义生活的批判体现为对现代性的担忧，这直指现代认同问题。现代性之隐忧是现代社会无法回避的问题，个体意义的丧失、工具理性的优先性与自由的丧失使得认同问题成为现代社会的核心问题。首先，现代性的第一个隐忧是意义的失落。随着祛魅对于权威的消解，传统价值处于消逝的状态，人们不再具有稳定的价值信念来源，需要对自己的生活进行选择。"个人都拥有发展自己生活形式的权利，这种生活形式基于自身对何为重要的或者有价值的理解。人们有责任真实对待自身，寻求自我实现。最终个体必须确定自我实现由什么构成。"② 现代性的第二个隐忧关于工

① 〔加拿大〕泰勒：《承认的政治》，载汪晖、陈燕谷《文化与公共性》，生活·读书·新知三联书店，2005，第293页。

② Charles Taylor, *The Ethics of Authenticity* (Cambridge: Harvard University Press, 1992), p. 14.

具理性。"过去服务于我们的那些稳定的、持久的、总是意味深长的东西，正在让位于那些堆积在我们周围的快捷的、廉价的、可替代的商品。"① 工具理性使得人本身成为手段，效率优先的评价标准使得人本身的价值被不断削减，意义本身也便逐渐消逝。自由的丧失是第三种隐忧，这是前两种隐忧的后果。工具理性使人们成为马尔库塞笔下的"单向度的人"，逐渐地人们对政治呈现出冷漠的态度，政治自由也丧失了。碎片化的社会中，共同体的整体利益难以被认同，那么相应地个人的特殊利益也难以被承认，这样个体的自由便存在消失的危险。泰勒指出，应对这种危险的有力手段是托克维尔所主张的分权，这有利于民主的强化。

泰勒基于现代性来分析现代社会的内部冲突，指出现代社会的文化转向，即由非文化的现代性（Acultural Modernity）转向文化的现代性（Cultural Modernity）。② 长期以来，非文化的现代性③分析主导了文化解释模式，但是这种解释往往会导向一种文化霸权，或者西方化。相反，文化的现代性④解释模式，它包含了对于各种文化的包容，否定了文化霸权主义。而道德层面的文化包容对于承认政治具有重要意义，但是泰勒不认为可以将规范性引入进文化领域。同样，也不存在一种规范的现代性，这种现代性具有一种批判性的反思能力，这种能力试图谋求多种文化之间的对话。

基于对于社会矛盾与危机的分析，泰勒指出要回归对于善的多

---

① Charles Taylor, *The Ethics of Authenticity* (Cambridge: Harvard University Press, 1991), pp. 6 - 7.

② Charles Taylor, "Two Theories of Modernity", *Public Culture*, Vol. 11, (1999): 1.

③ 韩升在其学位论文《查尔斯·泰勒对共同体生活的追求》中指出："所谓非文化现代性的观点是指从文化中立的立场来对社会文化发生的变化进行描述：科学自觉的增强、世俗观点的发展、工具理性的崛起、事实发现和价值评价之间更清晰的区别，体现在社会现实当中就是市场模式的推广、人口流动和集中的加剧、工业化进程的加快等。"

④ 韩升在其学位论文《查尔斯·泰勒对共同体生活的追求》中指出，"所谓文化现代性的观点指的是承认各种文化的价值自足性和正当性，从不同文化脉络来理解相应的文化转型。这样看来，西方文化的变迁只是一种新文化的出现而不是具有普世意义的文化模式的产生，那些本身具有跨文化普遍性的自然科学的发展是与其所处的某种特定文化（如宗教改革）相互共容的。"

元性的坚持，但是个体需要依据个人的倾向做出对于不同善的选择。这首先便要求对自由主义原子式的个人主义进行反思，因而要重新对自我进行认知。"通过分析那些已经形成并强烈批判当今人类生活理念的潜在特征，去解释造成这种既有助于社会经济增长而又不断提出批判意见的自相矛盾的社会现象。只有这种现代认同才有助于解释现代社会的合法化及其危机。"① 现代认同便是建立在对于人类本真性基础上，实现对于资本主义社会的身份不平等的问题的批判。

泰勒借助本真性概念实现对自我认同进行证成。"我们应该把我们最深层的道德本能，我们有关人类生命应得到尊重的根深蒂固的知觉，当作我们走向世界的模式，正是在这个过程中本体论的要求是可以辨识和理性地加以讨论和筛选的。"② 这个道德本能便是本真性，个体的本真性体现了个体的独特性，个体的独特性也需要得到他人承认的认同。"本真性观念为现代平等政治的出现提供了条件，每个人都有其独特的个性，这些都需要得到承认。当然，每个民族的文化也因其本真性而需要得到承认。"③个体的道德拯救也来自对于本真性道德的恢复，个体与群体的本真性都应当得到承认，相应地也应当保留个体与群体的文化权。

（二）共同善整合多元价值

加拿大魁北克省对于语言与文化的承认诉求是泰勒承认政治理论的时代语境，不同群体的文化与语言认同问题是加拿大的主要政治焦点问题，多元文化主义也成为西方民主政治的重要议题。群体认同的差异性是加拿大民主政治需要解决的棘手问题，因为"一种对社会中群体间相互承认的持续拒绝，会破坏一个运转有效的自由

---

① Charles Taylor, "*Legitimationerisis*?" in *Philosophy and the Human Sciences* (Cambridge: Cambridge University Press, 1985), p. 253.

② Charles Taylor, *Sources of Self, the Making of the Modern Identity* (Cambridge: Harvard University Press, 1989), p. 8.

③ Charles Taylor, *The Politics of Recognition in Multiculturalism and Politics of Recognition* (Princeton: Princeton University Press, 1992), p. 29.

民主制所主要依赖的对平等参与的共同理解"①。群体认同的承认诉求直接指向了西方民主赖以生存的个人主义基础，这就决定了承认政治的核心议题——个人与群体关系的争论。

泰勒承认理论的出发点是处理个体与群体的关系，不可否认，泰勒强调共同体的历史传统，同时呼吁自我认同的建构。自我与他者的平等关系是其承认框架的主要立场，当然泰勒并不是完全否认个人主义，相反只是否定原子化的个人主义。泰勒认为"有意义的他者"（Significant Others）② 是共同体的主要价值，自我不可回避群体对其的影响。共同体的历史、政治、语言、文化等背景塑造着自我的认同，共同体的成员不是原子式的，而是相互之间存在合作互惠的社会关系。

共同善具有整合多元价值的意义。自由主义与社群主义之间的论战，反映了身份政治面临的多元价值共存问题，论争的主要内容是规范意义上的善是否存在。泰勒指出社会不应推崇特定的善的标准，"一个自由社会不应立基于任何特定的善的生活观念上。自由社会的核心伦理是一种权利伦理而非善的伦理，即其基本原则关注的是社会如何回应和仲裁个人的竞争性要求。这些原则显然包含对个人权利和自由的尊重，但是核心部分是最大的和平等的促进原则。首先不是确定社会将会推进什么样的善，而是在既定组成个体的渴望和要求的情况下，如何确定要促进的善"③。与自由主义所倡导的个人主义原则不同，真正的自由社会并非建立在具体的善之上，相

---

① Charles Taylor, *The Tradition of a Situation in Reconciling the Solitudes: Essays on Canadian Federalism and Nationalism* (Montreal: McGill-Queen's University Press, 1993), p. 190.

② 泰勒从乔治·H. 米德那里借用了这个术语，指人类存在不是独白式的，而是对话式的组成的对话存在，其中蕴含了一种对话双方的平等承认关系；共同体是一种自由的处境化，是拯救原子主义自由观和社会碎片化的出路；共同体是一种展现人的本质存在，恢复人类生活丰富性和多样性，达到美好幸福的生活目的的场所。

③ Charles Taylor, *Cross-Purposes: The Liberal-Communitarian Debate in Philosophical Argument* (Cambridge: Harvard University Press, 1995), p. 86.

反应当以促进共同善为原则，以保障个体自我价值的实现为目标。

共同体的价值共识具有积极的意义，共同善（a Common Good）有助于整合多种认同。对于碎片化的社会而言，共同善的认同的建构有其必要性。共同认同需要回答我们是谁这个问题，"我们对自身的解释和经验构成了我们是什么"①。共同善具有两方面的含义，"（1）形成可理解的行动、情感和受尊重的生活方式的一种文化的诸善；（2）本质上包括对他们价值的共同理解的诸善。"② 群体共同的善对于民主政体尤为重要，优良的民主制需要以共同体的认同为基础。在此基础之上，泰勒提出真正的"公民尊严"（Genuine Citizen Dignity）概念，公民获得的真正尊严与对共同体的尊严有密切关系，而共同体成员因分享群体的历史记忆因素而生出忠诚。这与程序自由主义的原子式的公民理论不同，它以群体成员共享的意义为基础。

（三）承认消除扭曲需要对话

在《承认的政治》之中，泰勒指出个体的认同部分地由他人的认同构成，他人的承认是个体正当且非常重要的需要。如果得不到他人的承认，这会对个体认同产生不利的影响；他人的蔑视会伤害个体的内心，甚至会导致自我焦虑与对他者的仇恨。消除蔑视需要进行对话，多元文化需要在对话之中达成共识。

个体的认同是关于我是谁这个问题的回答，这事关他者的承认。泰勒强调个体的认同来源于其自身的同时，也受黑格尔主体间性思想的影响主张主体间的承认。社群对于个体认同的形成产生了至关重要的作用，认同的形成与个人所生活的群体有着不可分割的关系，因为这形成了个体的"视野"。生活提供了这种视野，社群构成了人们的特质，这说明个体的认同是由社群所决定。"我的认同是由提供

---

① Charles Taylor, *Self-interpreting animals*, *in Human Agency and Language* (Cambridge: Cambridge University Press, 1985), p. 47.

② Charles Taylor, *Irreducibly Social Goods. in Philosophical Arguments* (Boston: Harvard University Press, 1995), p. 140.

这种框架或视野的承诺和身份感规定的，在这个框架或视野内我能试图在不同情况下确定什么是好的，或有价值的，或应当去做的，或我应当去赞成或反对的。换言之，正是在这样的一种视界之中我能采取一种立场。"① 因此，社群为人们提供了善的认知与态度，这决定了人们的认同与价值诉求。

现代认同的形成离不开社群的存在，不能脱离他者而单独存在。"如果我们要有意义地界定自我，我们不能做的就是压制或否定事物对我们而言据以取得重要性的那些视野。"② 个体的认同提供了个人的价值立场来源，主体间的承认取向由生活视野所构成。因而，我们的认同离不开他者的承认，得不到他者的承认便会造成某种伤害。"我们的认同部分的是由他人的承认构成的；同样地，如果得不到他人的承认，或只是得到他人扭曲的承认，也会对我们的认同构成显著的影响。"③ 可见，得不到他者的承认，个体将会处于被压迫、被歧视的状态，要消除这种被扭曲的承认需要对话。

承认需要主体间性的对话。个体的认同不是单个人的认知或行为，它依赖于他者的承认，个体在孤立的状态之下也难以实现对自我认同的发现。"我的认同是通过与他者半是公开、半是内心的对话协商而成的。"④ 个体的认同建立在自我与他者的互动关系，而自我与他者的互动需要建立在彼此的表达基础之上，承认需要相互之间的深厚理解，这往往需要彼此之间的理解。整合多元价值，需要建构承认话语。⑤认同依赖于语言表达，同时语言表达也建构着认同。

---

① Charles Taylor, *Sources of Self, the Making of the Modern Identity* (Cambridge: Harvard University Press, 1989), p. 27.

② Charles Taylor, *The Ethics of Authenticity* (Cambridge: Harvard University Press, 1991), p. 37.

③ Charles Taylor, *The Politics of Recognition in Amy Gutmann ed.*, *Multiculturalism and Politics of Recognition* (Princeton: Princeton University Press, 1992), p. 25.

④ 〔加拿大〕泰勒：《承认的政治》，载汪晖、陈燕谷《文化与公共性》，生活·读书·新知三联书店，2005，第298页。

⑤ Charles Taylor, *The Tradition of a Situation in Reconciling the Solitudes: Essays on Canadian Federalism and Nationalism* (Montreal: McGill-Queen's University Press, 1993), p. 195.

认同不是独白式的存在，而是对话式的。语言表达是在与他者的交往之中产生的，独白式的生活不会产生个体认同。不仅如此，"通向表达的道路必须是历史性的道路"①。对话机制的实现必然建立在现实的基础之上，多元文化之间的对话需要交流以往并未对话过的内容，处理双方互相不了解的内容。当然，对话不仅包含日常的物质生活内容，还应当包含精神层面的内容，以此来达成社会共识。总之，与他者进行有意义的对话方能形成个体认同，同时私人领域内的对话有利于达成具有共享基础的社会认同。

综上，承认理论试图实现对身份政治的超越，首先，力争在范式上实现超越。承认理论对差异进行伦理证成，将规范研究与经验研究相结合。其次，承认多元正义纳入再分配维度。霍耐特认为再分配包含在承认的范畴之内，是承认的一个维度。不仅如此，霍耐特试图以具有完备性的人来替代具有偶然性的具体身份，主张以社会整合来弥合多种价值分歧。最后，承认政治对多元文化进行整合，泰勒以本真性概念来论证认同的文化权，以共同善来整合多元价值，主张对话是承认消除扭曲的必要渠道。的确，承认对于身份政治的超越具有极大的理论意义与现实价值，这也指明了社会批判理论的未来方向，而真正实现对身份政治理论的彻底超越还需要回归马克思主义。

第三节　社会批判理论的方向：回归马克思主义

实现对身份政治的超越，必然包含着对资本主义社会内部矛盾的彻底剖析，这需要坚持唯物史观。经济领域内的不平等与文化领域内的承认扭曲问题皆是当代资本主义社会的主要矛盾，立足于对现实的人的身份问题的关注才能实现对当代资本主义社会矛盾的全面而彻底的批判。同时，虽然身份政治与阶级政治之间存在一定的

①　Charles Taylor, *Sources of Self, the Making of the Modern Identity* (Cambridge: Harvard University Press, 1989), pp. 104 – 105.

张力，但是二者不应是绝对的二元对立关系。最终超越身份政治的限度，需要以人类的解放为斗争目标。

一　坚持唯物史观

20 世纪 80 年代末，美国学者弗朗西斯·福山提出"历史终结论"，认为大规模的社会主义制度的实践失败标志着"人类意识形态发展的终点"，西方自由民主制度是"人类最后一种政治形式"。① 但是，随着身份政治的推进，西方社会目睹了民主政治体制衰退的过程。2018 年，福山在看到了身份政治对自由主义产生的巨大的威胁，认识到西方社会并没有解决好精神层面的身份认同与归属的问题。② 身份政治对西方民主政治的冲击，揭示了"历史终结论"的妄断属性。同时，这也说明了站在唯物史观的角度与立场看待资本主义社会矛盾的重要性，身份政治实践便是西方社会矛盾与冲突的现实表现。同时，要实现对身份政治的彻底理论超越，社会批判理论还需坚持对社会现实批判的良好传统。

（一）立足于对资本主义社会现实的批判

唯物史观是哲学社会科学研究的立身之本，是构建科学学说的重要方法论。坚持唯物史观是超越身份政治的必经之路，坚持唯物史观以对资本主义社会的现实批判为基础。社会批判理论要实现对身份政治的超越，需要坚持唯物史观，这立足于对资本主义现实的批判。身份政治是当代资本主义社会矛盾的展现，对其超越必然需要回到对资本主义社会的内部矛盾的分析与揭露之上。

资本主义社会的生产方式决定了身份政治的发展方向与前景，对身份政治的超越建立在对资本主义现有的经济基础的分析之上。马克思对于旧世界的批判坚持了唯物史观，从资本主义的发展之中

---

① 〔美〕弗朗西斯·福山：《历史的终结及最后之人》，黄胜强等译，中国社会科学出版社，2003。

② Francis Fukuyama, *Identity: The Demand for Dignity and the Politics of Resentment* (London: Profile Books, 2018).

找到了资本主义必然灭亡的现实依据与经济根源。社会形态的更替受客观现实条件的制约，尤其受到物质条件的制约。"无论哪一个社会形态，在它所能容纳的全部生产力发挥出来以前，是决不会灭亡的；而新的更高的生产关系，在它的物质存在条件在旧社会的胎胞里成熟以前，是决不会出现的。"① "两个决不会"说明了资本主义社会的灭亡存在一定的物质条件的制约性，物质生产是基础。生产关系对社会形态而言是基础性的影响，当生产关系促进生产力的发展之时，社会形态便不会发生变迁；当生产关系阻碍生产力之时，新的生产关系便会替代旧社会。马克思已经看到了资本主义灭亡的苗头，股份制的产生蕴含着资本主义对私有制的部分扬弃。"由股份公司经营的资本主义生产，已经不再是私人生产，而是由许多人联合负责的生产。如果我们从股份公司进而来看那支配着和垄断着整个工业部门的托拉斯，那么，那里不仅没有了私人生产，而且也没有了无计划性。"② 可见，生产力已然具备了社会性的属性，联合生产已然成为主要的趋势。当代社会，频发的金融危机已然揭示了资本主义社会的结构性危机。身份政治运动更加进一步地凸显了西方自由民主体制面临的合法性危机，这与深层次的结构性经济矛盾有着因果关系。第四代社会批判理论也指出了传统社会批判理论对规范过多关注，缺少对社会现实的批判的问题。罗萨认为社会现实生活的整体性思想具有整合价值，"把社会生活视为一个总体形式，并在此意义上把社会视为一个整体"③。基于对资本主义社会的整体性了解，他建立了社会加速批判理论，这回归了批判理论对社会现实的本质批判。将资本主义社会看作一个整体有利于全面地剖析现代西方社会的矛盾，从根本上去剖析社会冲突的根源，这跳出了具体的身份政治运动的当前困境。

---

① 《马克思恩格斯选集》第2卷，人民出版社，2012，第3页。
② 《马克思恩格斯选集》第4卷，人民出版社，2012，第290页。
③ 〔德〕哈特穆特·罗萨：《新异化的诞生——社会加速批判理论大纲》，郑作彧译，上海人民出版社，2018，第70页。

　　身份政治的兴起与发展契合了历史的发展规律。近几年，陆续有学者以文化唯物主义的视角去审视身份政治，爱尔兰学者玛丽·莫兰（Marie Moran）在《身份与身份政治：文化唯物主义的历史》中，试图以唯物主义的方法去理解身份政治，基于威廉斯的文化唯物主义理论来考察了资本主义社会身份政治的历史。① "追溯不断变化的术语、概念与社会背景之间的历史关联——即将语言视为对一个'能动的、变化着的社会'的社会性表达——构成了文化唯物主义方法论的基础。依据这种文化唯物主义方法……'身份'之新义的爆炸式使用代表着使用者在理解并参与一种流变的社会现实方面的积极尝试……这也意味着将我们自身解释为'拥有身份'——无论是个人身份还是社会身份——是一种历史的新形态。"② 实际上，身份政治的兴衰符合历史发展的规律，特定的社会环境决定了不同时期身份政治的重心。20 世纪五六十年代，身份运动关注的是白人对黑人的就业歧视，70 年代女性主义身份政治反抗社会对女性的平等就业权与受教育权的剥夺，而 90 年代以来身份政治更多的是在寻求大众文化中文化身份平等。这一发展轨迹完全符合人类历史的发展诉求。这符合伯恩斯在《现代性的非理性主义》将"黑格尔－柯耶夫"的普遍历史理论解读的四个阶段论：第一阶段是原初自然状态之下的战斗，胜者没有向奴隶的欲望屈服；第二阶段时间较长，奴隶发展处"工作伦理"和平等观念，奴隶意识到需要用劳动来实现自己的道德自由与个人平等的地位；第三阶段较为关键，主人开始承认奴隶的道德自我，而人人平等观念成为主要共识，自由民主的国家的发展推动了这个阶段的发展；第四阶段是"后历史"阶段，所有人都意识到普遍存在的人性，需要在平等的状态之中相互承认。③

---

① Moran M., "（Un）troubling identity politics: A cultural materialist intervention", *European Journal of Social Theory* Vol. 1（2018）.

② 玛丽·莫兰、宁艺阳、陈后亮：《身份和身份政治：文化唯物主义的历史》，《国外理论动态》2019 年第 1 期。

③ 〔法〕科耶夫等：《驯服欲望：施特劳斯笔下的色诺芬撰述》，贺志刚等译，华夏出版社，2002，第 150 ~ 187 页。

后现代社会，人们更加注重主体间的承认，获得他者的承认是主体自我实现的道德目标。身份政治运动的兴起表达了他者对于身份承认的强烈诉求，现实的人处于特定的历史环境之下，具体的历史情境下个体的存在与活动方式决定了资本主义社会的基本矛盾。当代资本主义社会中的个人是处于社会关系之中的具体的人，不同的社会关系赋予了人们不同的社会身份。但是，其中不乏社会关系的不平等与扭曲，他者被迫边缘化是当代资本主义社会的重要矛盾。

对身份政治的超越，不能只在理论层面对资本主义社会进行批判，还需要在实践层面进行实质意义上的批判。革命便是对旧世界的实践批判，这与改良派的主张有较大区别。空想社会主义与资本主义改良派主张渐进的方式来改变现有的社会秩序，"愿意要现代社会的生存条件，但是不要由这些条件必然产生的斗争和危险。他们愿意要现存的社会，但是不要那些使这个社会革命化和瓦解的因素"①。他们认为，革命对于工人阶级而言只有经济关系的改变，并不能带来政治层面的变革。实际上，马克思与恩格斯明确指出革命是革除资本主义社会弊病的解药。"无产阶级将利用自己的政治统治，一步一步地夺取资产阶级的全部资本，把一切生产工具集中在国家即组织成为统治阶级的无产阶级手里，并且尽可能快地增加生产力的总量。"② 无产阶级建立无产阶级专政的前提是消灭资产阶级。对于当代资本主义社会所存在的身份压迫与文化殖民，改良解决不了问题，被压迫的他者需要团结起来，为承认而斗争。第四代社会批判理论肯定了承认理论对于资本主义社会的批判意义，"为承认而斗争在竞争社会当中就是社会持续加速的驱动力，它显著地随着社会变迁速度的增加，而改变了自己的形式"③。身份政治所反映的身份扭曲与压迫，揭露了资本主义民主政治所赖以生

---

① 《马克思恩格斯选集》第 1 卷，人民出版社，2012，第 429 页。
② 《马克思恩格斯选集》第 1 卷，人民出版社，2012，第 421 页。
③ 〔德〕哈特穆特·罗萨：《新异化的诞生——社会加速批判理论大纲》，郑作彧译，上海人民出版社，2018，第 83 页。

存的抽象的原子式的个体自由观的局限。现实的人才是现代政治的基础，只有从具体的身份中剥离出来的普遍身份才能摆脱个体利己的本性，才能摆脱他者的身份歧视与扭曲，实现作为类存在的人的身份承认。

（二）兼顾规范与事实批判

第四代社会批判理论指出第三代社会批判理论以承认理论介入身份政治，存在过度重视规范而忽视经济批判的问题。"过去几十年里，我们见证了一个变化：经济完全被置于'黑箱'之中。"① 近些年来，罗尔斯、哈贝马斯等哲学家聚焦于规范研究，着重从哲学、政治哲学与道德哲学的层面探讨规范问题。批判理论思想内涵具有规范性的特征，然而脱离历史现实与社会背景的规范就会成为泛泛而谈。"这一转向的严重后果是，所谓的批判理论家不再诉诸跨学科的研究来把握作为整体的资本主义，不再将规范问题与社会分析和时代诊断相结合，不再关注资本主义的深层结构、动力机制、矛盾冲突及其解放的可能，最后的结局只能是与自由主义阵营同流合污、难分彼此，这就是所谓的'左翼右转'。"② 这其实说明了一个问题，批判理论需要方法论层面的自觉。

当代批判理论学者在对身份政治进行批判之时，需要重启政治经济学批判。第四代社会批判理论家克服了上述缺陷，同时提出了包含对资本主义生活形式的批判与规范分析。实际上，对社会现实的分析与规范批判不能被严格区分，也不能被强制分割。社会批判理论有其资本主义社会分析的优良传统，比如，对工具理性、后殖民主义生活、文化的霸权、人的异化等资本主义社会的病例分析。真正彻底的批判应当同时包含对资本主义社会病理的分析与规范性探讨。资本主义社会存在难以回避的内部矛盾，经济利润率的下降

① Nancy Fraser and Rahel Jaeggi, *Capitalism: A Conversation in Critical Theory*, ed. by Brian Milstein (Cambridge: Polity, 2018), p. 4.

② 孙海洋：《资本主义批判取径的分化与整合——从耶吉和罗萨的批判理论谈起》，《国外理论动态》2019 年第 12 期。

必然会引发经济危机。不可否认，资本不仅使人们更加富裕，也制造了严重的贫富差距。这背后蕴涵了一个道德问题，即资本主义的生产方式蕴含着剥削因素，而这诱发了社会的不公正，这种社会不公正是在道德上难以自证的。究竟哪些人应当是富人，哪些人应当是穷人，这是资本主义需要回答的问题。因此，这个问题还引向了社会秩序的规范与标准问题。契约论适用于所有自愿签订契约之人，资本主义社会的不公平背离了最初的契约公平规范理念。分配的不公直接引发了道德上的批判，不公正的社会结构所产生的恶果有悖于资本主义社会赖以生存的核心理念。明显，社会分配的不公并非资本主义社会的偶然现象，剥削的事实难以被抹杀。其次，资本主义社会异化的关系割裂了人们之间的关系。这种异化的关系是"一种丧失关系的关系"①，人被迫与他人隔离开来。异化直接影响人们获取幸福的达成，因为人们丧失了他者的承认，更难以获取个体的认同感与归属感，因此最终丧失了个体自由。

以拉埃尔·耶吉（Rahel Jaeggi）为代表的第四代社会批判理论学者，揭露了资本主义社会危机的问题根源。的确，社会批判理论的主要内容与任务是对资本主义的批判，探寻资本主义危机与社会剥削的根源。冷战时期以来，资本主义作为一种意识形态获得了胜利，资本主义与社会主义也一直处于过于极端化的对立关系。2008年，全球金融危机的发生，使人们开始重新反思资本主义的深层危机。这些年，大规模的身份政治运动、社会抗议运动、生态运动、民粹主义等问题的爆发，揭露了资本主义危机的严重性、总体性与多样性。西方左翼学者开始从社会科学角度质疑资本主义，第四代批判理论家也逐渐更加深入地剖析资本主义危机的问题根源。耶吉从资本主义因何而被批判出发，总结了三种资本主义批判方法，即"功能性批判针对资本主义直接的功能失调与危机，但是这往往缺乏对规范性标准的叙述；道德性批判主要针对资本主义剥削，批判在

① Rahel Jaeggi, *Alienation*, Frederick Neuhouser and Alan E. Smith trans. (New York: Columbia University Press, 2014), p. 1.

日常生活中很难被发现的不平等交换；伦理性批判主要关注资本主义构成了一种非良性的生活方式，虽然对‘异化’的批判大多会受到怀旧与天真的影响，一种具有伦理与功能性的标准的生活方式值得倡导”①。耶拿大学社会学系主任哈特穆特·罗萨（Hartmut Rose）延续了马克思对资本主义危机的功能批判、对社会经济不平等的道德批判与对异化的伦理批判，并尽可能地以社会加速理论整合三种社会批判形式，并在继承的基础之上对社会批判理论的传统进行拓展。②并且，罗萨提出了新异化理论，以“加速社会”的角度分析了现代社会的结构变化，现代社会结构的变迁催生了新的异化。“共鸣”（Resonance）是与异化相区别，也是解决异化问题的方法。“共鸣”意味着对社会关系的承认，“在呼应过程当中两者始终保持自己的声音，不被对方占据、支配”③。此外，法兰克福大学社会哲学教授马丁·萨尔（Martin Saar）对权力进行了批判，对资本主义社会的破碎现状进行批判。可见，第四代社会批判理论学派不仅意识到了对资本主义社会矛盾进行事实批判的重要性，还真正从资本主义的具体现实的人与社会问题出发，剖析资本主义危机的问题根源。实际上，这对于身份政治理论本身而言具有重要的启示意义，跳出具体的认同危机从根源上去剖析产生矛盾的本质问题极为重要。

（三）对身份政治的理论超越不会一蹴而就

历史不会终结，社会批判理论对资本主义社会的批判也不会一蹴而就。马克思提出了“两个必然”，指出“资产阶级的灭亡和无产阶级的胜利是同样不可避免的”④。无产阶级是导致资本主义灭亡的社会力量，因为私人的占有与社会化大生产完全不相容。当然资

---

① Rahel Jaeggi, "What (If Anything) Is Wrong with Capitalism? Dysfunctionality, Exploitation and Alienation: Three Approaches to the Critique of Capitalism", *The Southern Journal of Philosophy*, Vol. 54, Spindel Supplement (2016): 45.
② 〔德〕哈特穆特·罗萨：《新异化的诞生——社会加速批判理论大纲》，郑作彧译，上海人民出版社，2018，第90页。
③ 〔德〕哈特穆特·罗萨：《新异化的诞生——社会加速批判理论大纲》，郑作彧译，上海人民出版社，2018，译者前言第14页。
④ 《马克思恩格斯选集》第1卷，人民出版社，2012，第413页。

产阶级的灭亡与无产阶级的胜利不是一蹴而就的，需要顺应社会的发展规律。建立新世界的目的达成需要一定的发展阶段，存在过渡时期、初级阶段与高级阶段。马克思曾经预测，"在资本主义社会和共产主义社会之间，有一个从前者变为后者的革命转变时期。同这个时期相适应的也有一个政治上的过渡时期，这个时期的国家只能是无产阶级的革命专政"①。马克思认识到了人类理想的实现不能一劳永逸，在生产力条件达不到过高水平之时，无产阶级的革命专政具有过渡性价值。并且，共产主义社会本身并非一成不变，相反是不断变化的社会。"所谓'社会主义社会'不是一种一成不变的东西，而应当和任何其他社会制度一样，把它看成是经常变化和改革的社会。"② 这意味着，即使共产主义社会达到高级阶段，历史并不会完全终结。"历史同认识一样，永远不会在人类的一种完美的理想状态中最终结束；完美的社会、完美的'国家'是只有在幻想中才能存在的东西；相反，一切依次更替的历史状态都只是人类社会由低级到高级的无穷发展进程中的暂时阶段。"③ 不仅如此，共产主义也只是人类史前史的结束，人类真正的历史才刚刚开始。

身份政治运动会在很长的时间内存在，对其批判与超越的任务也将长久存在。不可否认，对于未来社会的认识受制于具体的社会环境，立足于当下社会的实际是改造身份政治的基础。"我们只能在我们时代的条件下去认识，而且这些条件达到什么程度，我们就认识到什么程度。"④ 对于未来社会的讨论不能背离具体的历史环境，空而论道难以以理服人。在马克思所处的时代背景中，成功的社会主义实践并不存在。"我所在的党并没有任何一劳永逸的现成方案。我们对未来非资本主义社会区别于现代社会的特征的看法，是从历史事实和发展过程中得出的确切结论；不结合这些事实和过程去加

---

① 《马克思恩格斯选集》第 3 卷，人民出版社，2012，第 373 页。
② 《马克思恩格斯选集》第 4 卷，人民出版社，2012，第 601 页。
③ 《马克思恩格斯选集》第 4 卷，人民出版社，2012，第 223 页。
④ 《马克思恩格斯选集》第 4 卷，人民出版社，2012，第 933 页。

以阐明，就没有任何理论价值和实际价值。"① 马克思对于身份政治的最大贡献在于打破了个人与共同体之间的壁垒，现实的人是处于社会关系之中的个人，阶级也并不是独立于具体的现实的人之外的存在。正是基于对现实的人的概念，马克思总结了人类历史的规律。从直接的、现实的物质生产出发考察身份政治的现实是超越其的必经之路，站在现实的历史基础之上的理论超越才是科学的。特定历史背景环境之下的人与人之间交往关系是现实生活中的重要一环，精神交往是现代社会的重要议题。人与人之间长期存在的交往不对等问题不仅存在于物质交往领域，还存在于精神交往环节，这是经济领域不平等的反映。只要经济领域内的不平等尚未解决，文化领域的身份压迫必将继续存在，相应地身份政治问题及其超越也将长期存在。

在当代资本主义社会，个体与他人之间的社会关系错位是主要矛盾，这是当下这个历史阶段的产物。身份政治运动反映了全球化背景之下经济、政治、文化之间越来越紧密的关系变化，现实的人的身份问题不单是经济问题、政治问题或文化问题，相反反映了资本主义社会的整体性的、结构性的内部矛盾。在后工业社会，社会结构发生了一定的改变，信息化时代的社会关系促使文化整合成为资本主义社会的重要任务。身份政治运动与理论的产生直击文化领域内的社会矛盾，这背后是西方社会经济、政治与文化领域的综合性问题。当代社会历史现实与过去的、将来的社会历史状况皆不同，相应地不仅身份政治本身会随着历史发生变化，资本主义社会的矛盾也会随之发生变迁。马克思对具体问题的讨论是基于当时的社会背景，完全契合了唯物史观方法论。离开具体的实践条件，所有的思想便只是教条而非方法。因而，实际上马克思对于资本主义的批判与新世界的建构思想不是现实的教条，相反是一种研究方法与原则。当然，对于具体的身份问题的研究与超越，必然是以遵循基本

---

① 《马克思恩格斯选集》第4卷，人民出版社，2012，第582页。

的社会发展规律为前提。对于社会批判理论而言，超越身份政治并不意味着只是简单地回归到阶级理论，相反对阶级理论的创新性继承才是正解。

二　继承阶级理论

当前西方学界人为地制造了"身份政治"与"阶级政治"二元对立的政治话语，这其实是不恰当的。阶级理论对于经济不平等造成的社会分层有着巨大的解释力与现实启示意义，弥补了身份政治与承认理论对于经济维度不平等状况的忽视。

（一）阶级分析方法与身份政治理论之间的张力

阶级理论揭示了私有制是身份压迫的根源。19 世纪，对资本主义的批判集中于阶级剥削问题，庞大的工人阶级便是彼时的社会力量。新兴的产业工人是反抗的主要社会力量，此时的剥削问题已然成为社会的主要矛盾。劳动是人们自我实现的活动，是人的自由自觉的类存在的活动，是人们改造世界的对象性活动。但是，现实中劳动却成为资本家的剥削工具，"劳动已不再是人类特征的自由自觉活动"[1]。工人越努力，却越贫穷，资本家剥削劳动者是既成事实。本质上，劳动异化的根源在于私有制，并且劳动的异化导致了社会关系的异化。在异化的社会关系之中，人类的自我实现不复存在，而"自主活动表现为替他人活动或表现为为他人的活动，生活的活跃表现为生命的牺牲"[2]。不仅如此，私有制还是民族不平等的根源，消灭阶级才能彻底地实现民族平等。"因为现存的所有制关系是一些国家剥削另一些国家的条件。"[3] 资本主义社会所谓的政治权利平等并非实质上的平等，私有制度造成的剥削才是民族不平等的社

---

[1] 〔德〕卡尔·马克思：《1844 年经济学哲学手稿》，中共中央马克思恩格斯列宁斯大林著作编译局译，人民出版社，2000，第 79 页。

[2] 〔德〕卡尔·马克思：《1844 年经济学哲学手稿》，中共中央马克思恩格斯列宁斯大林著作编译局译，人民出版社，2000，第 64 页。

[3] 《马克思恩格斯选集》第 1 卷，人民出版社，2012，第 313 页。

会根源。同时，私有制也是女性受压迫的根源，"私有制体制地位的确立，注定了妇女受男性压迫的悲惨命运。此后轻视，乃至蔑视妇女的时代随之而来"①。此外，诸多其他身份不平等也是私有制的副产品，比如黑人的身份奴役、原住民的身份歧视等。以上身份压迫与剥削并不会因为再分配的补偿而得以消除，除非其根源私有制的消亡才能得到根本地解决。并且，资产阶级对无产阶级的压迫不会因为薪金的多少而改变或者消失，只有为承认而斗争才能获得独立的劳动。

身份政治问题开始具有一定的政治意义，因为它具备了一定的基础性条件——社会力量。对于当代资本主义社会而言，批判的焦点仍然集中于社会基础，即社会成员。来自边缘的"新群众"② 成为一种潜在的巨大的批判力量，第三世界的属民、女性、少数族群便是"新群众"的主要身份代表，这些力量旨在实现社会方案的替代。新群众基于被迫边缘的社会情境而形成了不同的认同，其交往方式也发生了较大变化。虽然，短期内分散的、不确定的生活方式使得这些力量难以大规模、成体系地组织起来，但是新群众是资本主义批判性力量的来源，一旦有焦点性的导火线，身份政治便会一触即发。这是资本主义社会的新形态，身份政治所赖以生存的新群众是资本主义社会批判的社会基础。以往社会批判理论对资本主义的理解存在四个特征，"首先，资本主义最根本的特征是生产资料的私人所有以及相应的阶级对立。其次，资本主义必须形成了完备的自由劳动力市场制度……再次，这种资本主义还包含着一种资本积累的动力学机制……最后，市场在资本主义中居于核心地位"③。但

---

① 〔德〕倍倍尔：《妇女与社会主义》，沈端先译，生活·读书·新知三联书店，1955，第 30 页。

② 2014 年，英国学者葛兰·瑟伯恩在 *New Left Review*（2014 年 1 月 2 号）提出"新群众"的理念，前资本主义的本土民众、排除在资本主义雇佣关系之外的群众、产业工人与新老中产阶级形成了一种新的反抗资本主义的社会基础。

③ 王贵贤：《论弗雷泽和耶吉对当代资本主义的批判》，《马克思主义理论学科研究》2019 年第 4 期。

是，当前资本主义社会的部分矛盾已然超出了以往社会批判理论的解释范围。很明显，以往的社会批判理论难以解释资本主义社会非经济维度的危机，身份政治所反映的社会问题并非传统的阶级问题。因而，社会批判理论自身要有所突破，有必要"去正统化"（de-or-thodox-ification）。第四代社会批判理论提供了一种新的空间话语，创建了对资本主义社会危机批判的新范式。因而，耶吉提出对资本主义"生活形式"（Forms of Life）进行批判，并与弗雷泽一起提出当代资本主义社会的四个新标准。首先，生产与"社会再生产"（So-cial Reproduction）分离；其次，非人的自然领域与经济领域之间的制度性分离；再次，经济与政治的制度性分离；最后，剥削与剥夺的制度性分离。① 对资本主义的重新解释，为更加全面、深刻地批判资本主义社会奠定了理论基础。弗雷泽总结了新一代的社会批判理论对现有的资本主义社会批判的主要趋势：作为社会斗争的特殊轴心的阶级的去中心化、作为社会正义的特殊维度的分配的去中心化、"威斯特伐利亚"正义观的去中心化、左翼缺乏对当前秩序的替代选择。② 这反映了经济问题不再是资本主义社会的唯一重要的矛盾，身份政治所反映的非经济领域的问题开始成为资本主义社会的矛盾焦点。

　　阶级与身份共同反映了社会与个体之间的原有矛盾问题。对当代资本主义的深入批判需要立足于对社会基础性力量的关注，个体的认同危机是当代资本主义社会的重要焦点问题。20 世纪以来，资本主义体系并没有面临崩塌性的危机，无产阶级与资产阶级的对抗并没有催生现代西方民主政治结构的崩溃。随着当代西方身份政治的兴起，资本主义社会文化领域内的矛盾不断激化成为现实政治实践中的焦点问题。因而，便有不少替代阶级的观点提出，例如乌尔里希·贝克便主张以个体化来取代阶级，因为工业社会中人们赖以

---

① Nancy Fraser and Rahel Jaeggi, *Capitalism：A Conversation in Critical Theory*, ed. by Brian Milstein (Cambridge：Polity, 2018), pp. 31 – 41.

② 〔美〕南茜·弗雷泽、〔德〕阿克塞尔·霍耐特：《再分配，还是承认？——一个政治哲学对话》，周惠明译，上海人民出版社，2009，序言第 3~4 页。

生存的集体意识被替代了，个体认同与个体规划优先于社会意识与需要。"一种马克思和韦伯都没有预测到的社会结构的变体将获得其重要意义。阶级社会将在一个个体化的雇员社会边黯淡下去。"① 实际上，阶级是一个解释社会不平等的分析方法，并且身份问题是反映个体不平等的一个维度。在现代西方社会，人们丧失了对传统社会的依赖，回归到对自身关注之上。消费社会中，个体化趋势成为不可阻挡的潮流，具体化的个人身份诉求在现实政治运动与斗争中所起的作用越来越突出，相反工人阶级在政治斗争中的历史作用日渐被忽视。当然，个体化本身也是一种人的解放，是人从前资本主义社会的等级关系解放出来的表现。但是，事实上，个人在资本主义社会中以个体身份获得解放是不彻底的，个体只有作为社会力量的成员才能真正获得解放。对于身份政治而言，如果个体以无组织、无目的的方式持续下去，结果必然是徒劳，这就是当下身份政治的困境。对于具体权利的极大关注分散了身份政治的反抗力量，以阶级的形式组织起来是未来趋势。

在整体上，二者之间的张力主要存在于三个方面，其一，阶级的分析方法本身关注经济维度的社会危机，而身份政治理论则旨在揭示文化维度的社会矛盾，二者区别在于资本主义的结构性危机的本质矛盾与具体矛盾之分。前者是不可调和的结构性危机，经济矛盾是资本主义生产结构内生的本质问题，而文化领域的身份不平等是资本主义生产方式及其政治体制的具体问题。其二，二者实际上是两个时代的矛盾，工业社会的生产结构催生了资产阶级与无产阶级不可调和的矛盾；而后工业社会的生产方式带来了产业结构的巨大转型，资本的逻辑发生了一定的转变，身份不平等问题相对阶级问题而言成为此时的焦点问题。其三，两个时代的矛盾实际上是社会与个体之间的原有矛盾。阶级本身则关注普遍贫困的阶层，经济领域的阶级斗争反抗的是资本主义体制的压迫，主体是工人阶级，

---

① 〔德〕乌尔里希·贝克：《风险社会》，何博闻译，译林出版社，2004，第122页。

提出的方案是社会主义方案。而身份政治关注的是多元主体，比如女性、黑人、魁北克人等具体的身份，主张个体认同与规划优先于集体的利益考量。这本质上是社会与个体的原有矛盾，是同一性与差异性的内在矛盾，这就又回到了柏拉图与亚里士多德之争。实际上，立足于具体的人，脱离个体的自私本性，寻找普遍性，聚合力量才是解决身份认同诉求的根本之道。

（二）阶级政治与身份政治不应二元对立

在很长的时间内，西方政治话语人为地制造了"身份政治"与"阶级政治"之间的二元对立，尤其这几年白人身份政治的兴起，更是使二者的对立更加明显。事实上，身份政治与阶级政治不是绝对的相互排斥的、二元对立的关系。"对种族和性别之他者的剥夺越严重，资本家阶级餐桌下的残羹剩饭就越多。这种战略有效地摧毁了大规模的、反抗资本主义的团结和抗争的一切基础。"[1] 身份政治与阶级政治皆是在反抗资本主义社会的压迫与剥削，文化领域的身份歧视与经济层面的阶级不平等存在同构的状况。身份政治与阶级政治从不同的领域出发，反对资本主义制度在文化、政治与经济层面的不平等与不正义。

身份政治跳出了资本主义社会编织的物质关系牢笼，祛除了金钱关系对其他社会关系的遮蔽。资本主义社会以金钱关系掩藏主体间性的身份关系，事实上它并不能覆盖所有社会关系。"资产阶级撕下了罩在家庭关系上的温情脉脉的面纱，把这种关系变成了纯粹的金钱关系。"[2] 在私人领域中，家庭身份关系被物化成物质关系，工资水平决定了男女家庭地位，财产的多少决定了人的社会地位的高低。事实上，在后现代社会之中，物质关系并不能代表所有的社会关系，主体之间的身份关系具有多样性，人们的身份也日益多元，担任的角色也较以往更为复杂。在马克思早期的文本中，"那些并非

---

[1]　阿萨克·库马尔等：《马克思主义对当代身份政治的介入》，《国外理论动态》2019 年第 1 期。

[2]　《马克思恩格斯选集》第 1 卷，人民出版社，2012，第 403 页。

直接源于合作的自我管理过程的主体间承认的全部特征，就被排除在马克思所处时代的社会斗争的道德范围之外"①。后现代社会中，我者与他者的身份关系不仅存在于资产阶级与无产阶级之间，还在于白人与黑人、同性恋与异性恋、男性与女性、多数族群与少数族群之间，这些身份关系暂时超出了阶级理论的解释范畴。因此，单纯地以阶级概念来解释所有的身份关系是不合理的，背离了马克思主义唯物史观的立场。

值得指出的是，身份政治并不能掩盖资本主义的结构性危机，阶级政治仍然具有不可替代的作用与价值。事实上，身份政治与阶级政治不具有替换与被替换的关系，异质性文化诉求与经济不平等都是现代政治的重要因素，都是资本主义结构性危机的重要矛盾。西方国家在经历了近 60 年的身份政治之后，深谙人们的心理，打出"白人身份政治"的旗号，民粹主义大行其道，以此来反攻身份政治。以美国为例，右翼共和党议员以白人身份政治为竞选理念，反对民主党人对少数族群的扶持，收紧移民政策，提出对有色人种与同性恋的资源倾斜是社会不公的源头。资本主义本身的结构性危机被政客曲解，甚至掩盖为身份政治与政治正确的矫枉过正所导致的问题。因而近些年马克思主义者尝试以新的理论范式介入身份政治的讨论之中，并指出左翼运动与身份政治具有联合的可能性。身份政治一直与自由主义保持着相伴相生的关系②，近些年西方马克思主义对身份政治的真正介入才开始，马克思主义者以批判交错性理论来介入身份政治。

交错性（Intersectionality）理论在近些年来逐步成为身份政治的热门理论，是左翼思想家用来理解身份政治的主要理论。"交错性理论由有色人种女性主义理论发展而来，它试图将有色人种女性经历

① 〔德〕阿克塞尔·霍耐特：《为承认而斗争》，胡继华译，上海人民出版社，2005，第 203 页。

② 参见张丽丝《自由主义国家认同思想的发展脉络与当代困境》，《高校马克思主义理论研究》2019 年第 2 期。

的具体问题理论化，这些问题包括种族主义、性别主义、阶级主义和异性恋主义等等，却常被那些孤立的单极化理论所忽略。"① 交错性理论一开始被用来批判马克思主义者将"社会、政治、文化和经济对抗皆化约为阶级对抗"②，将所有压迫等同为阶级压迫存在不合理性。事实上，马克思本人与诸多马克思主义理论家的著作中不乏对种族、性别、肤色、性取向等问题的讨论。不仅如此，当代马克思主义者指出了传统交错性理论对于主要矛盾的遮蔽后果。因为传统交错性理论主张对所有压迫等量齐观，正因为如此，"不同的身份以代表和承认的名义被不断地多样化、扁平化、自然化，这个过程牺牲了分析的深度，换来了无用的广度。这种政治文化表面上反对压迫制度，结果却使这些社会关系更加持久"③。其实，在两个学派争论的过程之中，马克思主义理论与交错性理论存在一定的理论上的融合。事实上，马克思主义者已经深入地介入身份政治的发展之中。"在有色人种女性被主流理论和政治实践所排斥和边缘化的历史语境中"，马克思主义者"重新聚焦于这些群体本身就构成了对支配的内在结构的介入"④。马克思主义的社会批判理论学者、后殖民理论家都在力图分析除了阶级剥削之外的身份压迫，例如，西尔维娅·沃尔拜（Sylvia Walby）试图以交错性理论来整合女性身份压迫与阶级理论。⑤

　　可见，身份政治与阶级政治之间并不具有不可调和的对立关系，身份政治也并没有完全消解阶级在社会运动中的主体性地位。虽然

① 阿什利·博赫勒、李哲、贾彦艳：《交错性与马克思主义：批判性的历史书写》，《国外理论动态》2019 年第 1 期。

② 阿什利·博赫勒、李哲、贾彦艳：《交错性与马克思主义：批判性的历史书写》，《国外理论动态》2019 年第 1 期。

③ 阿萨克·库马尔等：《马克思主义对当代身份政治的介入》，《国外理论动态》2019 年第 1 期。

④ 阿什利·博赫勒、李哲、贾彦艳：《交错性与马克思主义：批判性的历史书写》，《国外理论动态》2019 年第 1 期。

⑤ Walby S. , Introduction：Theorizing the Gendering of the Knowledge Economy：Comparative Approaches//Gendering the Knowledge Economy (Palgrave Macmillan UK, 2007).

公民政治与身份政治的讨论一定程度上削弱了阶级政治的话语权，但是阶级政治在现代西方政治运动的地位并没有因此而跌落谷底。每次西方社会发生金融危机之后，左翼思想便会成为一剂良药。"世界需要什么样的身份政治"成为西方民主政治面临的拷问，左翼政治成为弱势群体追求身份平等的抓手。另外，左翼思想家也逐渐关注到身份政治所反映的种族矛盾、性别差异、少数族群边缘化等社会矛盾，而这些问题并不能都简单地化约为经济不平等。因此，左翼思想家们以加入交错性理论的讨论来介入身份政治，开始关注具体身份的压迫，消解了宏大的叙事方式。当然，性别、族群等问题并没有抹杀身份政治背后的资本主义根源性、结构性矛盾，这调和了文化上的承认诉求与经济上的不平等因素之间的矛盾。再者，社会与个体之间的原生矛盾是社会性与个体性之间的对立，实际上二者之间的矛盾完全可以调和。在市民社会中，个体是作为私人而存在的，人是利己的存在物。而在政治国家中，人是社会存在物，是公民。市民的存在体现着个人的个体性，而公民的存在体现了人的社会性。政治国家与市民社会的分立，造成了现代人的认同分裂。马克思在《论犹太人问题》中指出："只有利己主义的个人才是现实的人，只有抽象的 CITOYEN〔公民〕才是真正的人。"① 作为市民的个体，是直接的现实的人。市民是排斥其他个体的，与此相对立的是抛弃利己本性的公民，它体现了社会性，是真正的人。仅仅在政治上对个人进行赋权是远远不够的，公民地位与公民权利并不能解放个体。现代人只有从私有财产制度中解放出来，才能摆脱利己的本性，才有可能成为马克思意义上的真正的公民，真正成为类存在物之时，才能真正实现人类解放。对于身份政治而言，既要认识到具体的、现实的人的身份，也需要站在真正意义上以及普遍的公民身份的基础之上才能真正地实现认同权利的承认诉求，实现以类存在物的人的解放的斗争目标。

----

① 《马克思恩格斯全集》第 1 卷，人民出版社，1956，第 443 页。

三　人类解放的最终目标

身份政治对具体身份的关注兼具利弊，一方面，它敏锐地关注到除阶级压迫之外的少数族群所遭遇的实质上不平等；另一方面，这也是它的弱点，关注特定的身份运动，整体便难以联合起来，难以真正彻底消除所有一切身份的压迫。身份政治或多或少地受到了新自由主义逻辑影响，身份政治与公民政治孰是孰非的讨论甚嚣尘上，实际上该讨论并不能真正消除压迫的根源——资本主义私有制。要想彻底消除身份不平等，多种身份需要联合起来，以全人类所有身份的解放为目标。在后现代社会，身份政治作为以解放全人类为最终目标的阶段性目标是建构一种整体的文化生活。

（一）身份政治凸显了解放的必然性

社会批判的目的是建构美好生活，这与马克思唯物史观对新世界的发现如出一辙。马克思恩格斯刻画了未来社会的蓝图，但是并没有对蓝图进行具体、详细的描述。虽然如此，马克思为新世界提出了纲领性目标，即"自由人的联合体"。"代替那存在着阶级和阶级对立的资产阶级旧社会的，将是这样一个联合体，在那里，每个人的自由发展是一切人的自由发展的条件。"[①] 这包含了人类解放的价值理想，人的全面与自由的发展需要摆脱物质与精神的奴役。这给未来社会提出了较高要求，包含高度发达的物质生产水平与思想基础。未来的社会需要生产力得到巨大的增长与高度的发展，因为"如果没有这种发展，那就只会有贫穷、极端贫困的普遍化；而在极端贫困的情况下，必须重新开始争取必需品的斗争，全部陈腐污浊的东西又要死灰复燃"[②]。承认理论要想实现对身份政治的超越，必然需要在霍耐特与泰勒承认伦理思想基础之上，实现对于社会美好生活的刻画。

社会批判理论旨在揭露社会奴役，并提出社会解放何以可能的

---

① 《马克思恩格斯选集》第 4 卷，人民出版社，2012，第 647 页。
② 《马克思恩格斯选集》第 1 卷，人民出版社，2012，第 166 页。

问题。其实，社会批判理论早就指出社会解放的重要性，承认理论对身份政治的超越也体现在其斗争性。霍克海默很早就指出，"无论批判理论与具体科学之间相互联系多么广泛，该理论的目的绝非仅仅是增长知识本身。它的目标在于把人从奴役中解放出来"①。对人类的彻底解放是其目标，这也是社会批判理论能够克服身份政治内在缺陷的根本原因。身份政治的目标是赋予边缘群体与弱势群体以特殊权利，这是并非真正的、彻底的解放，真正的解放应当实现所有人的自由而全面的发展。人类解放的思想在当代仍然具有其价值，是社会批判理论的最终价值归属。霍耐特回归黑格尔，重新揭示了解放的含义，从消极层面来说，解放意味着消除奴役；从积极层面来说，解放意味着人的真正自由。第四代批判理论学者也指出承认对于解决身份压迫的时代价值。在 2018 年，耶吉在主题为解放的国际会议上呼吁："'现在到了重新讨论解放的时候了'，'有多少压迫和排斥的体制，就应该有多少解放的努力'。"②

身份政治不应只追求形式上的平等，事实上的平等也尤为重要，这需要人类的解放运动。后现代社会，人们不仅遭受着经济不平等，还在文化上、政治上受到殖民与压迫。身份政治诉诸具体权利的达成，这并不能彻底地实现所有受压迫的他者的解放。以民族平等为例，马克思认为形式上民族平等解决不了根本问题，"古往今来每个民族都在某些方面优越于其他民族……任何一个民族都永远不会优越于其他民族"③。民族平等不仅指国内民族的平等，而且具有世界范围内的意义，民族特性对于世界文化具有重要价值。"每一个民族，不论其大小，都有它自己本质上的特点，都有只属于该民族而为其他民族所没有的特殊性。这些特点便是每个民族对世界文化共同宝库的贡献，补充了它，丰富了它。在这个意义上，一切民族，

---

① 〔德〕马克斯·霍克海默:《批判理论》，李小兵等译，重庆出版社，1989，第232 页。

② 孙海洋:《资本主义批判取径的分化与整合——从耶吉和罗萨的批判理论谈起》，《国外理论动态》2019 年第 12 期。

③ 《马克思恩格斯全集》第 2 卷，人民出版社，1957，第 194 页。

不论大小，都处于同等的地位，每个民族都是和其他任何民族同等重要。"① 各民族中的人都是劳动者，是人类物质文明与精神文明的创造者，各民族文化是世界文明的一部分。虽然，各民族在规模上有大小之分，发展水平上有先后之分，但是他们都是客观发展规律的一部分，都在为人类社会的发展作出贡献。屹立于世界民族之林的各民族对世界民族的最大贡献，便是其独特性，保持独特性需要维持各民族之间的平等关系。各种身份的平等在于事实上的平等。恩格斯指出，"平等应当不仅仅是表面的，不仅仅在国家的领域中实行，它还应当是实际的，还应当在社会的经济的领域中实行"②。出于历史原因，一些民族在经济与文化层面的发展有限，因而导致其在政治与文化权利上遭受着不平等的处境。列宁就此区分了形式上的民族平等与事实上的平等，指出"不仅要帮助以前受压迫的民族的劳动群众达到事实上的平等，而且要帮助他们发展语言和图书报刊，以便清除资本主义时代遗留下来的不信任和隔阂的一切痕迹"③。消除少数民族所受到的压迫，不仅需要形式上的政治权利的平等，还需要事实上的民族平等。身份政治反映的身份压迫问题的解决与马克思主义所倡导的事实上的民族平等殊途同归，马克思主义所倡导的民族平等建立在所有身份的平等的基础之上，并非诉诸单一身份平等的政治运动。

（二）整合身份政治的具体身份诉求

随着资本主义社会结构性、系统性危机爆发，越来越多的身份政治运动开始重视具体权利的实现。与此同时，自由主义在政治哲学领域内与社会批判理论发生了多场论战。第四代社会批判理论学者④试

---

① 〔苏联〕斯大林：《斯大林论民族问题》，中国社会科学院民族研究所编，民族出版社，1990，第436页。
② 《马克思恩格斯选集》第3卷，人民出版社，2012，第484页。
③ 《列宁全集》第36卷，人民出版社，2017，第101页。
④ 第四代社会批判理论的代表有法兰克福学派的代表人物莱纳·弗斯特（Rainer Forst）、克拉斯·君特（Klaus Günther）、拉埃尔·耶吉（Rahel Jaeggi）、哈特穆特·罗萨（Hartmut Rosa）等人。

图以新的方式来重新建立规范秩序（Normative Orders），这需要介入自由主义、社群主义关于身份认同的争论。[①]

首先，第四代社会批判理论学者对自由主义的证成（justification）方式进行了批判。弗斯特追溯了政治哲学的起点——证成方式，因为批判的与反思的政治哲学需要重新思考证成问题本身。证成方式的现实应用与实践便是秩序与规范，因而证成方式直接关系着规范秩序的稳定性与合法性。证成方式需要是合理的、可接受的与适当的。在政治实践中，证成方式直接决定了哪些权力应当掌握着权力的行使权。"只有在被证明是合理的情况下，规则才是合法的，这意味着具体的证明实践必须要制度化，而这是政治的与社会的正义的第一步。"[②] 证成方式不仅需要说明正义社会的实质基础与程序基础，还需要较为全面地确定正义社会的制度。

契约论是罗尔斯正义理论的证成方法，原初状态便是契约论的起点。在原初状态之下，双方在平等状态之下签订协议。因而所有签订协议的人都会被代表，被公平地代表的人们平等地选择社会秩序。这样的社会秩序才是正义的，这个秩序包含所有契约制定者的利益。实质上，罗尔斯通过契约对正义原则进行了道德层面的证明，正义原则是由契约所引出的道德原则。桑德尔总结了罗尔斯契约论的两种道德性，一是订立契约的自愿性；二是契约的互惠性。人们自愿签订契约，这肯定了理性的价值。这意味着签订契约之人需要服从契约之规则与秩序，因而个体需要一定自律。互惠原则不仅是缔结契约的基本原则，更体现了契约的功利性。二者共同实现了契约对正义理论的道德合法性证明。二者具有先后顺序，自愿原则优先于互惠原则。契约本身必须是由自愿的自由个体所签订，并且服从于契约秩序也是实现人们利益的基础。罗尔斯以"原初之幕"证

---

① Rainer Forst, "Contexts of Justice: Political Philosophy beyond Liberalism and Communitarianism", translated by John M. M. Farrell (Berkeley and Los Angeles, California: University of California Press, 2002), pp. 1 - 2.

② Rainer Forst, *Justification and Critique*, *Translated by Ciaran Cronin* (Cambridge: Polity Press, 2014), p. 3.

明了人们何以自愿签订契约，这也是其论证的问题症结所在。罗尔斯借助"原初之幕"来预设人们并不知道个体之间的差异，比如社会地位、出身、资质、能力等。原初状态之下，人们完全处于"无知之幕"之下，这样签订契约的人们需要在自利与利他之间保持平衡。"反思的平衡"（Reflective Equilibrium）是个体以自我考察为行为准则，使个体的判断适应于社会整体情况。这种平衡是一种整体主义的证成方式，作为公平的正义原则修正了功利主义的诉求。然而，现实中的人们往往会从自身的利益出发，罗尔斯一定程度上忽视了特殊利益对于人们的影响。

第四代批判理论提出的证成原则调和了自由主义普遍主义与特殊性情境的规范性原则——一种情境的正义理论。弗斯特把自由主义与社群主义之争作为批判对象，尝试重建规范。作为法兰克福大学的"规范秩序的形成"（Formation of Normative Orders）中心主任，弗斯特在哈贝马斯与罗尔斯的共同指导之下，完成其博士论文《正义的情境》。在该书中，弗斯特提出，长久以来自由主义与社群主义争论的问题是"正义的规范如何内在于情境，同时又能超越情境"[1]。其实，社群主义者桑德尔早就指出，自由主义"无负荷的自我"[2]（Unencumbered Self）忽视了具体的情境，因而具有脱离现实的弊端。对此，弗斯特指出社群主义虽然指出正义优先于善的弊端，但是存在矫枉过正的问题，"社群主义虽然强调了人在具体情境中具体的善对个人身份认同的重要性，但却忽视了人在不同情境中所具有的不同身份认同"[3]。并且，"桑德尔并没有足够地区分社群与个体……自由主义与社群主义的争论中，区分社群

---

① Rainer Forst, "Contexts of Justice: Political Philosophy beyond Liberalism and Communitarianism", translated by John M. M. Farrell（Berkeley and Los Angeles, California: University of California Press, 2002）, pp. 1 – 2.

② 〔美〕迈克尔·J. 桑德尔：《自由主义与正义的局限》，万俊人等译，译林出版社，2001，第 211 页。

③ 马庆：《正义的不同情境及其证成——论莱纳·弗斯特的政治哲学》，《哲学分析》2016 年第 2 期。

与个体极为必要……罗尔斯与桑德尔之争的结果催生了伦理之人与法律人之分。"① 因而，受哈贝马斯影响，弗斯特区分了伦理人、道德人、法律人，并指出这三者对身份认同的不同要求。法律规范针对法律人，存在于立法过程；道德规范具有普遍性，适用于所有共同体成员；伦理规范则只适用于认同该价值的人。并且，他指出桑德尔用伦理认同来批判罗尔斯的法律与道德认同，这种做法失之偏颇。因而，区分个体与群体善的观念极为迫切，具体哪种善具有优先性需要在具体情境之中讨论。

情境的正义并非简单的情境主义，而是强调普遍主义之下的具体情境。的确，长久以来身份政治以反对普遍主义为基本诉求，女性主义、差异政治、后殖民主义等皆反对一元善的存在。普遍主义被批评太过抽象，以男权依附关系为主导。实际上，普遍主义的确面临多样性的具体生活情境的冲击，这是它无法回避的具体情境问题。② 但是，情境式的正义理论的存在并不意味着价值冲突的消亡，存在分歧是人类社会的常态。③ 在弗斯特这里，不同身份认同的存在具有合法性，权力的分配应当是正义的对象，"权力是社会正义的元内容"④。具体情境之下的社会关系与权力关系是正义理论的证成性原则，因而弗斯特的正义理论是社会关系的证成。其实，弗斯特自己也看到了其证成原则的实践功能，从历史与社会分析的角度对不平等的社会关系证成进行批判，揭露社会和政治关系的证成失衡。⑤ 因而，弗斯特理论不仅具有规范批判的意义，还具有批判社会现实

---

① Rainer Forst, "Contexts of Justice: Political Philosophy beyond Liberalism and Communitarianism", translated by John M. M. Farrell (Berkeley and Los Angeles, California: University of California Press, 2002), pp. 25 – 27.

② Seyla Benhabib, *Situating the Self* (Cambridge: Polity Press, 1992), p. 5.

③ Rainer Forst, "Contexts of Justice: Political Philosophy beyond Liberalism and Communitarianism", translated by John M. M. Farrell (Berkeley and Los Angeles, California: University of California Press, 2002), p. 246.

④ Rainer Forst, *The Right to Justification*, pp. 3 – 5; *Rainer Forst, Justification and Critique*, translated by Ciaran Cronin (Cambridge: Polity Press, 2014), p. 248.

⑤ Rainer Forst, *Justification and Critique*, Translated by Ciaran Cronin (Cambridge: Polity Press, 2014), p. 7.

的价值。

（三）将文化承认纳入人类解放事业之中

文化对于阶级政治与身份政治起着关键作用，应当纳入人类解放的事业之中。实质上，文化对于阶级意识的塑造作用重大，对于身份政治而言更是关键一环。"文化因其对个人阶级的阶级意识、阶级觉悟的塑造而具有了社会批判的功能，他们不把文化看成是一种独立于政治经济的抽象实体，而是看成社会实践和政治框架的一部分。"① 在当代社会，大众文化已然成为一种政治抵抗形式。文化领域内充斥着权力关系的张力，大众文化已经不再是一种生活方式，更是作为一种斗争形式出现在现代政治运动之中。文化不再仅是一种意识形态工具，它已经成为身份政治运动反对他者压迫的斗争方式，是各方政治势力斗争的竞技场。

在后现代社会，大众文化成为政治斗争的重心，文化承认已经成为社会斗争的重要内容。资本主义的消费主义陷阱具有强烈的虚假性，文化上的革命有利于从心理层面释放被压抑的"爱欲"，解放人们被消磨的意志。② 身份政治要实现彻底的解放，不能回避文化承认对于人们意识、实践的塑造与影响作用。大众文化中承认斗争是阶级斗争的重要力量与主要内容，但是大众文化中的政治立场并不鲜明。

因而，社会批判理论需要进一步地推进文化批判的政治化。身份政治的超越建立在对西方自由主义的理论根基的批判，文化承认的达成需要依靠政治。③ 身份政治要真正获得文化承认需要进一步地

---

① 李应志、罗钢：《后殖民主义：人物与思想》，北京师范大学出版社，2015，第8页。

② 俞吾金等：《国外马克思主义哲学流派》，复旦大学出版社，1990，第260～275页。

③ 法国马克思主义者不仅延续了对大众文化与意识形态的批判，还推动了西方文化批判的政治化。葛兰西通过继承马克思的社会批判理论提出"文化霸权"将文化政治化，福柯在尼采与海德格尔对现代性的反思的基础上用"知识权力"将文化政治化，法国马克思主义者则结合结构主义进一步将西方文化政治化，结构主义具有批判的意义。

反抗西方中心主义的文化殖民，还需要更深层次地对西方文化的理性前提预设进行彻底批判。西方文化理性预设的根基是其本体论，结构主义批判了从笛卡尔到萨特的本体论。① 二元对立的本体论直接助长了资本主义战胜自然的原动力，相应的压迫与被压迫的关系得以产生。笛卡尔发现了作为主体的个体，这样也证明了作为独立个体的人对于其他存在物的优先性。这种优先性是一种对于他者压迫的合法性论证，身份政治所反对的文化压迫根源在于此。后现代社会的文化歧视与压迫，往往伪装成这样一种知识论。这种知识论伪装成一种客观的认知论，它会磨平文化差异，使得压迫具有知识论上的合法性。在这个过程之中，它确立了自己的中心位置，他者则完全对象化。"构成哲学的政治针对并萦绕着一个完全不同的问题：福柯直接揭示了这种从知识层面进行权力压制的存在，也即"统治阶级意识领导权的问题"②，各种所谓"真理"的存在便是理性对于非理性的压迫，理性直接摧毁了启蒙运动所推崇的自由理念。"恰恰相反，真理、知识和权力是使资本主义模式成为可能的条件。"③

因此，社会批判理论需要以对资本主义所赖以生存的所谓理性进行批判为基本任务。很长时间内，社会批判理论质疑的一个问题就是资本主义的合法性问题，这也是身份政治所反映的资本对弱势群体身份压迫背后的道德证成问题。"为什么资本主义利益没有在印度、在中国也作出同样的事情呢？为什么科学的、艺术的、政治的或经济的发展没有在印度、中国也走上西方现今所持有的这条理性

---

① 凯尔纳在《后现代理论：批判性的质疑》指出，结构主义"用语言和社会的结构、规律、符码及系统来描述社会现象，同时拒斥先前曾孕育了社会科学和人文科学的人本主义。"在《后殖民理论》中，里拉·甘地梳理了人道主义与殖民主义的关系，并指出后殖民主义通过后结构主义在学术界获得一定的地位。当然也有学者反对将结构主义当作后殖民主义的根源，查克拉巴蒂在《边缘化的欧洲》中明确"反对把后结构主义、后现代主义看作后殖民主义的根源，因为这样等于是重演他所反对的'首先是欧洲，其次在他处'的思想逻辑"。

② 〔法〕阿尔都塞：《在哲学中成为马克思主义者容易吗？》，载陈越编《哲学与政治：阿尔都塞读本》，吉林人民出版社，2003，第 174~175 页。

③ 〔美〕伊安·哈金：《福柯的考古学》，载汪民安等编《福柯的面孔》，文化艺术出版社，2001，第 114 页。

化道路呢？在以上所有情况中所涉及的实际上是一个关于西方文化特有的理性主义的问题。"① 自由主义将资本主义意识形态的根本归结于人性与理性，这正是结构主义与马克思主义所反对的。身份政治反对的正是这种文化殖民，"永不餍足的现代文化的巨大历史需求、对无数他者文化的强取豪夺、饕餮无度的认知欲望"② 直接催发了"神话家园的丧失"。但是，这并不意味着文化革命可以替代阶级革命，政治斗争不能仅仅停留在意识形态领域的斗争。因为"批判的武器当然不能代替武器的批判，物质力量只能用物质力量来摧毁"③。哲学家不仅需要解释世界，还要改变世界。人类的解放事业不能仅仅停留在文化批判层面，还需要落实到实践层面。值得肯定的是，身份政治揭露了当代社会的文化斗争还远远不够，需要进行持久的文化斗争，这是人类解放事业的阶段性任务。

---

① 〔德〕马克斯·韦伯：《新教伦理与资本主义精神》，康乐、简惠美译，广西师范大学出版社，2010，第 15 页。
② 〔德〕尼采：《尼采全集》柏林版 15 卷本，第 1 卷，转引自〔德〕于尔根·哈贝马斯《现代性的哲学话语》，曹卫东译，译林出版社，2011，第 97 页。
③ 《马克思恩格斯选集》第 1 卷，人民出版社，2012，第 9 页。

结语
身份政治与公共文化的建构

近几年，身份政治面临着衰落的窘境，一方面在金融危机余波背景下，弱势群体身份政治难以为继，退避回宗族主义；另一方面，身份政治成为西方右翼白人至上主义者的工具，民粹主义大行其道。民粹主义者自称为白人身份政治，这本身排斥着身份认同差异，将资本主义的结构性危机归结为身份政治与政治正确所导致的资源分配不公。身份政治要逃脱民粹主义编织的牢笼，须得自我革新。并且，身份政治所反映的问题并没有消失，全球化进程中社会关系的不平等并没有式微，相反有增无减。因而，身份政治理论有必要具备理论自觉。目前，身份政治理论具有两种选择，要么随波逐流，继续作为新自由主义的工具，追求具体权利，开展不彻底的身份政治运动；要么有所改变，回应再分配与承认政治的论争，以人类解放为最终目标，建立完备性的学说。很明显，建构完备性学说是唯一出路。

任何完备性学说首先都要回答一个问题，即什么是幸福生活。人类究其一生都在努力获得幸福，回答人应当如何生活这个问题，便是回答个体如何在共同体中获得幸福这个终极问题。通往幸福生活的道路有多种，而身份认同便是个体从自身的宗教、种族、性别、文化等方面对幸福的认知与获得幸福的具体观念。亚里士多德认为，幸福（eudaimonia）是一种人类渴望的积极的生活状态。幸福首先是一种主观的感受，大多数人所获得的幸福感与人类幸福的达成有关。幸福感的来源较为多元，幸福感的获得与优越感的获得并不相同。亚里士多德把人的幸福分为两种，内在的幸福与外在的幸福，内在的尺度是指人的灵魂，而外在的标准则包括金钱、地位、权力等。"外在的标准就好比是一个工具箱，工具箱中的每一件工具可以用来完成某些目的，但它们的用途都极其有限；一个人拥有的工具可以有很多，但它们不一定能为你带来多少好处；相反地，还可以成为一种负担。然而，灵魂的功效就大不一样；一个人拥有其越多，就越有好处。"① 很明显，亚里士多德认为外在的事物对个人幸福感的获得的作用是有限的，而内在的标准则需要美德，个体会因为自身的美德而感受到幸福。

幸福感并不等同于简单的快乐与愉悦。巴纳德·威廉斯（Bernard Williams）将幸福称为良好生活（Well-being）。"回来说柏拉图。他的目的是提供这样一幅自我的图画：如果人们正确地理解他们是什么，他们将看到，公正的生活并非外在于其自我的善恶，而是他们凡理性的行为就必定会去求取的目标。对柏拉图来说，对亚里士多德来说也是一样，如果去求取一种生活或成为一种人是理性的，那么，所求取的东西就一定会造就一种让人满意的状态，成为 eudaimonia……良好的生活是人的灵魂的可欲状态——而这里的人就意味着灵魂，因为不可毁灭的非物质灵魂才是一个人的真实所是。"② 幸福感的获得直接影响着人们良好生活的达成，简单的享乐主义并非真正的幸福，快乐只是简单的一时的体验。可见，德性是幸福的主要构成，是个体意义的重要来源。亚里士多德从人的本质与职能来理解幸福的构成，人之所以区别于其他动物是因为其灵魂，而灵魂具有思想的要素。因此，人们会选择符合理性之职能的职业与身份。

---

① 〔英〕保罗·霍普：《个人主义时代之共同体重建》，沈毅译，浙江大学出版社，2010，第 127~128 页。

② 〔英〕B. 威廉斯：《伦理学与哲学的限度》，陈嘉映译，商务印书馆，2017，第 44~45 页。

所以，"幸福或人的利益因而可以定义为符合优秀品格或美德的灵魂
活动，如果有若干美德，那就要符合最优秀和最完善的美德"①。

幸福的另一种构成是友谊，这也是构成个体认同的必要组成部
分。"的确，亚里士多德同意，良善之人需要朋友，实际上，友谊是
良好生活的组成部分；但他仍感到有必要为此争辩一番，以图调解
友谊与自足理想。"② 良好生活是包含德性的生活，而有德性的人需
要伙伴，伙伴关系对幸福生活来说必不可少。与他人建立一定的友
谊便是有德性，伙伴关系就是幸福生活的一部分。幸福生活的实现
不能缺少他者的存在。"财富作为幸福的外在条件不如人们的关系更
为重要，而人们的关系必然依赖于美德。这一信念反映了亚里士多
德的基本观点：人天生是社会动物或政治动物。"③ 因此，亚里士多
德极为推崇友谊，"友谊似乎是城邦间的凝聚力，立法者对友谊的严
重关切似乎有甚于对正义的关切。因为和谐似乎类同于友谊，这是
他们特别追求的目标，意在驱逐友谊的敌人和消除派系冲突。当人
们是朋友的时候他们不需要正义，但当人们有了正义的时候他们还
需要友谊；正义事物中的特别正义者被认为是与友谊相关的事
物"。④ 友谊使人们减少对私人利益的关注，友谊可以最大限度地使
人们保持利益的一致性。利益的一致性是共同体的基础。人们"不
能为别人而生活，只有朋友除外"。⑤ 主体间的相互承认对于后现代
社会的人们尤为重要，尊严的获得与承认的达成不能脱离社会关系，
不能背离共同体生活。

---

① 〔美〕列奥·施特劳斯、约瑟夫·克罗波西：《政治哲学史》，李洪润等译，法律
  出版社，2009，第112页。
② 〔英〕B. 威廉斯：《伦理学与哲学的限度》，陈嘉映译，商务印书馆，2017，第
  46页。
③ 〔美〕列奥·施特劳斯、约瑟夫·克罗波西：《政治哲学史》，李洪润等译，法律
  出版社，2009，第113页。
④ 〔古希腊〕亚里士多德：《尼各马可伦理学》，廖申白译，商务印书馆，2003，
  1155a22 - 28。
⑤ 〔古希腊〕亚里士多德：《尼各马可伦理学》，廖申白译，商务印书馆，2003，
  1124b31 - 1125a1。

因此，共同体事关人类幸福。不可置疑，共同体有利于满足现代社会人们对安全感与归属感的深层需求。偏狭性往往会在社会生活方式混乱、社会基础不稳定、文化共识松懈的地方才最容易发生。为了抵御身份政治面临的退避于宗族主义的困境，建构一个更具包容性的共同体极为必要。在自我认同的形成过程中，共同体具有不可忽略的作用，个体离不开共同体，也需要保留对共同体的归属感与认同感。

共同体是一种可以自足的系统。"城邦作为自然物而存在，并且先于个人。其原因就在于城邦是一个整体，而个人只是它的一个组成部分。当个人被隔离开时他就不再是自足的；个体如此之多，而且都是平等地依靠整体而只有在此时才能够形成自足。"① 城邦先于个体而存在，具有自身发展的能力。作为一个整体，共同体的一个组成部分是个体，维系着共同体成员的自足存在。并且，"共同体中城邦或政治共同体是最高层的，因为它真正体现了人的自然本性；对人来说，它是符合自然本性的，甚至说人就是天生的'政治动物'；它也是最重要的，因为它是人具有纯粹而又完美人生的先决条件"。② 可见，共同体是人的一种基本需求，符合人类的道德呼声，满足了人的合群属性。因此，人们可以在共同体中获得一种归属感，可见共同体事关人类幸福生活的实现。个体需要依赖整体的生活才能获得归属感，共同体提供的是非曲直的标准也是不同个体之间得以和谐相处的基础。共同体维持着生活秩序，个体生活的延续需要共同体的社会基础。

维持共同体的幸福是正义的，而正义指向公共精神。"如果从个人角度看构成道德美德之顶峰的是灵魂的崇高，那么从城邦的立场看构成道德美德之顶峰的便是正义。就是一般的意义而言，正义就

---

① 〔古希腊〕亚里士多德：《政治学》，高书文译，中国社会科学出版社，2009，第7页。

② 〔古希腊〕亚里士多德：《政治学》，高书文译，中国社会科学出版社，2009，第4页。

是创造和维护政治共同体的幸福，正义因而实际上等同于守法，因为法律的目的是通过对人们生活的各个领域的制约而确保城邦的共同利益。由于法律能够制约所有德行，所以，就美德的实践与他人相关而言，正义是完善的美德。"① 在此基础之上，亚里士多德区分了两种正义，一种是分配正义，对政治共同体成员进行财富、荣誉等事物的分配。这种平等不是绝对的算术的平等，而是一种比例上的相对平等。第二种是"矫正性"的平等，与交往活动有关。这种正义考虑人们的具体实践活动，由陪审法官决定如何矫正。正义是共同体存在的根本，它的消失意味着共同体的毁灭。亚里士多德的正义概念具有普遍意义，既包含经济维度的正义，又包含身份政治所诉求承认正义，矫正性正义指向主体间承认关系。实际上，在后现代社会，身份政治的诉求是获得矫正正义。共同体成员之间承认关系的达成，不应当依赖特殊文化或特殊权利的实现，相反应当诉诸公共精神。

公共精神有助于提升文化的包容性。公共精神不仅不会消除文化的多样性，相反有利于促进多元文化之间的交流。因为，公共精神有利于形成一种具有包容性的共同体关系，后现代社会的人们迫切需要相互之间的沟通与交往。"人类从本质上来说是一种社会性生物，并拥有阶级社会协作问题与创造道德规范来约束个人行为的固有的天然能力。人类本身并不需要多少激励措施，通过追求个人的日常目标并与他人进行交往活动，便能在一定程度上自动地创建起社会秩序。"② 后现代社会的重建需要人们的合作来重新整合社会资源。当然，公共精神并不是万灵药，只是后现代社会的一剂良药。

随着身份政治运动的深入，西方社会面临着社会分裂的可能，因而一些西方民主国家开始主张重构生活公共文化。后福特主义社

---

① 〔美〕列奥·施特劳斯、约瑟夫·克罗波西：《政治哲学史》，李洪润等译，法律出版社，2009，第115页。

② 〔美〕弗朗西斯·福山：《巨大的社会断层：人类本质与社会秩序重建》，转引自〔英〕保罗·霍普《个人主义时代之共同体重建》，沈毅译，浙江大学出版社，2010，第166页。

会，生产方式与消费模式不断地对人们的交往模式产生重大影响，个人主义的趋势越来越明显，重构公共文化成为必然选择。许多国家已经在公共文化的建设中获利很多，例如，英国 20 世纪 70 年代的"好邻居运动"；80 年代的"有所作为计划"；90 年代的"奉献的年代"等。不仅如此，全球性的志愿活动也越来越多，"时间银行"的影响范围极其广泛。在西方国家之中，美国社会是身份政治运动发展最早也最为彻底的国家，因而近些年来重铸国民特性是其政治文化的主要任务。

我国的历史演进也揭示了作为集体的公共文化存在的必要性。中国人自古就怀有强烈的身份认同意识，"区别中国与非中国的文化心理要素，始终是祖先意识、地缘意识以及政治归属意识，作为民族性基础的道德和制度因此也成为区分本民族与外民族的标准。其实，这是一种典型的文化民族主义的初始意识"。① 春秋时期，建立在同一血统的宗族基础上的族类观念是非常强烈的，当时流行的"非我族类，其心必异"的说法就是以血缘和地缘作为认同的标准。华夏族与非华夏族的生产方式和生活方式差异非常大，语言、宗教、风俗、利益、服饰等差别都可以被视为文化差异。汉唐时期，华夏中心观念与国家强大相联系，"尊王攘夷"作为族群意识与忠君思想深层契合，并且张骞出使西域，玄奘西出佛国，昭君出塞等历史事件使华夏文化得到进一步的传播。元明清三朝中，封建政权没有明确的疆界意识，中国人具有强烈的优越感，天下的概念深入人心。但是，随着西方对清王朝的侵略，天下体系逐渐瓦解。《尼布楚条约》签订之后，清政府原有的优越感逐渐被卑微的姿势所替代，标志着中华文化自信的逐渐消失。② 直至 1912 年，中国古代的专制主义制度就此崩塌，天下之认同也随之崩塌。

---

① 郭洪纪：《文化民族主义》，（台北）杨智文化实业股份有限公司，1997，第 39 ~ 40 页。

② 许倬云：《我者与他者：中国历史上的内外分际》，生活·读书·新知三联书店，2015，第 109 ~ 118 页。

对新时代的中国而言，重新建构中华文化认同对于我国国家认同的建构尤为重要。习近平总书记指出："坚定中国特色社会主义道路自信、理论自信、制度自信，说到底是要坚定文化自信。文化自信是更基本、更深沉、更持久的力量。历史和现实都表明，一个抛弃了或者背叛了自己历史文化的民族，不仅不可能发展起来，而且很可能上演一场历史悲剧。"[①] 文化认同是文化自信的逻辑起点与心理基础支点，公共文化凝结了国家的稳定基础。中国作为多民族国家，不光有极具差异的族群，还存有极为复杂的历史遗留问题，再加上近些年产生的新问题，重构文化认同迫在眉睫。重构文化认同不是一蹴而就的任务，肩负着中华民族文化繁荣与伟大复兴的重任。首先，文化自信植根于优秀传统文化的创新性发展、创造性转化中。中华文化的五千年烙印是中华儿女的共同集体记忆，炎黄子孙是所有生活在黄土地之上的人们的共同归属。中华文化与炎黄子孙的价值符号具有容纳众多本土族群与外来移民的价值。其次，培育和践行社会主义核心价值是培育时代新人的思想基础，具有引领社会文化的作用。最后，坚持马克思主义信仰，用马克思主义中国化时代化成果来武装头脑是文化自信的基本保障，这符合社会生产力发展的基本要求。

---

① 习近平：《在哲学社会科学工作座谈会上的讲话》，《人民日报》2016 年 5 月 19 日。

参考文献

一　重要文献

［1］《马克思恩格斯全集》第 1 卷，人民出版社，1956。

［2］《马克思恩格斯全集》第 3 卷，人民出版社，2002。

［3］《马克思恩格斯全集》第 40 卷，人民出版社，1982。

［4］《马克思恩格斯选集》第 1～4 卷，人民出版社，1995。

［5］马克思：《资本论》，人民出版社，2004。

［6］马克思：《1844 年经济学哲学手稿》，人民出版社，2000。

［7］《列宁全集》第 29 卷，人民出版社，1995。

［8］中国社会科学院民族研究所编《斯大林论民族问题》，民族出版社，1987。

［9］中共中央宣传部编《习近平总书记系列重要讲话读本》，学习出版社、人民出版社，2014。

二　学术专著

［1］〔古希腊〕亚里士多德：《尼各马可伦理学》，廖申白译，商务印书馆，2003。

［2］〔古希腊〕亚里士多德：《政治学》，高书文译，中国社会科学出版社，2009。

［3］〔古希腊〕柏拉图：《柏拉图对话集》，王太庆译，商务印书馆，

2019。

[4] 〔古阿拉伯〕阿尔法拉比:《柏拉图的哲学》,程志敏译,华东师范大学出版社,2006。

[5] 〔巴西〕特奥托尼奥·多斯桑托斯:《帝国主义与依附》,毛金里等译,社会科学文献出版社,1999。

[6] 〔法〕西蒙娜·德·波伏娃:《第二性》,陶铁柱译,中国书籍出版社,1998。

[7] 〔法〕普拉多:《柏拉图与城邦——柏拉图政治理论导论》,陈宁馨译,华东师范大学出版社,2016。

[8] 〔法〕雅克·德里达:《马克思的幽灵——债方国家、哀悼活动和新国际》,何一译,中国人民大学出版社,2008。

[9] 〔德〕康德:《康德著作全集》第6卷,李秋零编译,中国人民大学出版社,2013。

[10] 〔德〕黑格尔:《法哲学原理》,邓安庆译,人民出版社,2016。

[11] 〔德〕黑格尔:《精神哲学——哲学全书·第三部分》,杨祖陶译,人民出版社,2006。

[12] 〔德〕黑格尔:《精神现象学》(上卷),贺麟等译,商务印书馆,2017。

[13] 〔德〕黑格尔:《精神现象学》(下卷),贺麟等译,商务印书馆,2017。

[14] 〔德〕费希特:《自然法权基础》,谢地坤、程志民译,商务印书馆,2004。

[15] 〔德〕费希特:《伦理学体系》,梁志学、李理译,中国社会科学出版社,1995。

[16] 梁志学主编《费希特著作选集》第2卷,商务印书馆,1994。

[17] 〔德〕马克斯·韦伯:《新教伦理与资本主义精神》,康乐、简惠美译,广西师范大学出版社,2010。

[18] 〔德〕马克斯·韦伯:《学术与政治》,冯克利译,生活·读书·新知三联书店,1998。

［19］〔德〕施米特:《现代与柏拉图》,郑辟瑞等译,上海书店出版社,2009。

［20］〔德〕滕尼斯:《共同体与社会》,林荣远译,商务印书馆,1999。

［21］〔德〕马克斯·霍克海默:《批判理论》,李小兵等译,重庆出版社,1989。

［22］〔德〕尤尔根·哈贝马斯:《合法化危机》,刘北成、曹卫东译,上海人民出版社,2009。

［23］〔德〕阿克塞尔·霍耐特:《为承认而斗争》,胡继华译,上海人民出版社,2005。

［24］〔德〕阿克塞尔·霍耐特:《分裂的社会世界》,王晓升译,社会科学文献出版社,2011。

［25］〔德〕阿克塞尔·霍耐特:《自由的权利》,王旭译,社会科学文献出版社,2013。

［26］〔德〕哈特穆特·罗萨:《新异化的诞生——社会加速批判理论大纲》,郑作彧译,上海人民出版社,2018。

［27］〔德〕倍倍尔:《妇女与社会主义》,沈端先译,生活·读书·新知三联书店,1955。

［28］〔加拿大〕查尔斯·泰勒:《自我的根源:现代认同的形成》,韩震等译,译林出版社,2012。

［29］〔加拿大〕泰勒:《承认的政治》,载汪晖、陈燕谷《文化与公共性》,生活·读书·新知三联书店,2005。

［30］〔加拿大〕查尔斯·泰勒:《现代性中的社会想象》,李尚远译,(台北)商周出版社,2008。

［31］〔加拿大〕威尔·金里卡:《当代政治哲学》(下),刘莘译,上海三联书店,2004。

［32］〔加拿大〕威尔·金里卡:《多元文化公民权:一种有关少数族群权利的自由主义理论》,杨立峰译,上海译文出版社,2009。

［33］〔加拿大〕威尔·金里卡:《自由主义、社群与文化》,应奇、

葛水林译，上海译文出版社，2005。

[34]〔美〕克里斯托弗·希尔兹：《亚里士多德》，余友辉译，华夏出版社，2015。

[35]〔美〕马丁·杰伊：《法兰克福学派史（1923—1950）》，单世联译，广东人民出版社，1996。

[36]〔美〕南茜·弗雷泽、〔德〕阿克塞尔·霍耐特：《再分配，还是承认？——一个政治哲学对话》，周惠明译，上海人民出版社，2009。

[37]〔美〕安东尼·吉登斯：《现代性与自我认同：现代晚期的自我与社会》，赵旭东、方文译，生活·读书·新知三联书店，1998。

[38]〔美〕塞缪尔·亨廷顿：《我们是谁？——美国国家特性面临的挑战》，程克雄译，新华出版社，2005。

[39]〔美〕鲁恂·W. 派伊：《政治发展面面观》，任晓等译，天津人民出版社，2009。

[40]〔美〕塞缪尔·P. 亨廷顿：《变化社会中的政治秩序》，王冠华、刘为等译，生活·读书·新知三联书店，1989。

[41]〔美〕加布里埃尔·A. 阿尔蒙德、小 G. 宾厄姆·鲍威尔：《比较政治学——体系、过程和政策》，曹沛霖、郑世平、公婷、陈峰译，上海译文出版社，1987。

[42]〔美〕夸梅·安东尼·阿皮亚：《认同伦理学》，张荣南译，译林出版社，2013。

[43]〔美〕玛丽琳·J. 波克塞：《当妇女提问时：美国妇女学的创建之路》，余宁平、占盛利译，天津人民出版社，2006。

[44]〔美〕埃里克·H·埃里克森：《同一性：青少年与危机》，孙名之译，浙江教育出版社，1998。

[45]〔美〕查尔斯·蒂利：《身份、边界与社会联系》，谢岳译，上海人民出版社，2008。

[46]〔美〕詹姆斯·B. 雅各布、吉姆伯利·波特：《仇恨犯罪——

刑法与身份政治》，王秀梅译，北京大学出版社，2010。

[47]〔美〕迈克尔·J. 桑德尔：《自由主义与正义的局限》，万俊人等译，译林出版社，2001。

[48]〔美〕列奥·施特劳斯、约瑟夫·克罗波西：《政治哲学史》，李洪润等译，法律出版社，2009。

[49]〔美〕爱德华·W. 萨义德：《东方学》，王宇根译，生活·读书·新知三联书店，2007。

[50]〔美〕爱德华·W. 萨义德：《文化与帝国主义》，李琨译，生活·读书·新知三联书店，2003。

[51] 徐贲：《走向后现代与后殖民》，中国社会科学出版社，1996。

[52]〔美〕乔治·H. 米德：《心灵、自我与社会》，赵月瑟译，上海世纪出版社，2005。

[53]〔美〕约翰·罗尔斯：《正义论》，何怀宏等译，中国社会科学出版社，1988。

[54]〔美〕迈克尔·桑德尔：《民主的不满》，曾纪茂译，江苏人民出版社，2008。

[55]〔美〕约翰·罗尔斯：《政治自由主义》，万俊人译，译林出版社，2000。

[56]〔美〕A. 麦金泰尔：《德性之后》，龚群等译，中国社会科学出版社，1995。

[57]〔美〕曼纽尔·卡斯特：《认同的力量》，曹荣湘译，社会科学文献出版社，2006。

[58]〔美〕小埃·圣胡安：《超越后殖民理论》，孙亮、洪燕妮译，中国人民大学出版社，2016。

[59]〔匈〕卢卡奇：《历史与阶级意识——关于马克思主义辩证法的研究》，杜章智等译，商务印书馆，1999。

[60]〔美〕阿里夫·德里克：《后革命氛围》，王宁等译，中国社会科学出版社，1999。

[61]〔英〕巴特·穆尔－吉尔伯特：《后殖民理论——语境　实践

政治》，陈仲丹译，南京大学出版社，2001。

[62]〔英〕B.威廉斯：《伦理学与哲学的限度》，陈嘉映译，商务
印书馆，2017。

[63]〔英〕约翰·盖勒：《美国国民性演变历程》，杨叶青译，新世
界出版社，2013。

[64]〔英〕斯图亚特·霍尔、保罗·杜盖伊编著《文化身份问题研
究》，庞璃译，河南大学出版社，2010。

[65]〔英〕弗里德里希·奥克斯特·冯·哈耶克：《通往奴役之
路》，王明毅等译，中国社会科学出版社，1997。

[66]〔英〕保罗·霍普：《个人主义时代之共同体重建》，沈毅译，
浙江大学出版社，2010。

[67]〔英〕露丝·里斯特：《公民身份：女性主义的视角》，夏宏
译，吉林出版集团有限责任公司，2010。

[68]〔英〕巴特·穆尔–吉尔伯特：《后殖民批评》，杨乃乔等译，
北京大学出版社，2001。

[69]〔英〕T.H.马歇尔、安东尼·吉登斯等：《公民身份与社会阶
级》，郭忠华等编，江苏人民出版社，2008。

[70]〔英〕洛克：《人类理解论》（上册），关文运译，商务印书
馆，2019。

[71]〔英〕洛克：《人类理解论》（下册），关文运译，商务印书
馆，2019。

[72]〔德〕莱布尼茨：《人类理智新论》，陈修斋译，商务印书馆，
1982。

[73]〔意〕安冬尼奥·葛兰西：《狱中札记》，曹雷雨等译，中国社
会科学出版社，2000。

[74]贺玉高：《霍米·巴巴的杂交性身份理论研究》，中国社会科
学出版社，2012。

[75]江宜桦：《自由主义、民族主义与国家认同》，（台北）杨智文
化事业股份有限公司，1998。

［76］罗钢、刘象愚编《后殖民主义文化理论》，中国社会科学出版社，1999。

［77］罗如春：《后殖民身份认同话语研究》，中国社会科学出版社，2016。

［78］李应志、罗钢：《后殖民主义：人物与思想》，北京师范大学出版社，2015。

［79］李小江主编《平等与发展》，上海三联书店，1987。

［80］孟樊：《后现代的认同政治》，（台北）杨智文化实业股份有限公司，2001。

［81］马俊峰：《马克思社会共同体与公民身份认同研究》，中国社会科学出版社，2019。

［82］陶家俊：《文化身份的嬗变——E. M. 福斯特小说和思想研究》，中国社会科学出版社，2003。

［83］王岳川：《后现代后殖民主义在中国》，首都师范大学出版社，2002。

［84］王政、杜芳琴主编《社会性别研究选择》，生活·读书·新知三联书店，1998。

［85］许纪霖、刘擎主编《多维视野中的个人、国家与天下认同》，华东师范大学出版社，2013。

［86］许倬云：《我者与他者：中国历史上的内外分际》，生活·读书·新知三联书店，2015。

［87］徐贲：《通往尊严的公共生活全球正义和公民认同》，新星出版社，2009。

［88］禹燕：《女性人类学家》，东方出版社，1988。

［89］俞吾金等：《国外马克思主义哲学流派》，复旦大学出版社，1990。

［90］张念：《性别之伤与存在之痛：从黑格尔到精神分析》，东方出版社，2018。

三　期刊论文

［1］阿萨克·库马尔等：《马克思主义对当代身份政治的介入》，《国外理论动态》2019 年第 1 期。

［2］阿什利·博赫勒、李哲、贾彦艳：《交错性与马克思主义：批判性的历史书写》，《国外理论动态》2019 年第 1 期。

［3］爱德华·赛义德：《认知的策略》，《国外文学》1999 年第 1 期。

［4］曹卫东：《从"认同"到"承认"》，《人文杂志》2008 年第 1 期。

［5］陈锡喜：《"在批判旧世界中发现新世界"——论科学社会主义的一项基本原则》，《毛泽东邓小平理论研究》2008 年第 8 期。

［6］陈志明、罗左毅：《族群认同与国家认同：以马来西亚为例（下）》，《广西民族学院学报》（哲学社会科学版）2002 年第 6 期。

［7］陈浩：《自然与契约的彼岸——黑格尔"抽象法"中的人格财产权概念》，《哲学动态》2018 年第 4 期。

［8］弗雷德里克·诺伊奥瑟、张丽丝、Hans-Christoph Schmidt am Busch，Christopher F. Zurn：《卢梭与人类获得承认的需求》，《国外社会科学前沿》2020 年第 2 期。

［9］郭大为：《从先验主体性到主体间性——费希特伦理学思想简论》，《中共中央党校学报》1998 年第 2 期。

［10］郭台辉：《公民身份认同：一个新研究领域的形成理路》，《社会》2013 年第 5 期。

［11］霍耐特、王凤才：《〈自由的权利〉精粹（上）》，《学习与探索》2016 年第 1 期。

［12］何怀宏：《从现代认同到承认的政治——身份政治的一个思想溯源》，《当代美国评论》2019 年第 2 期。

［13］何怀宏：《承认的历史之维与道德之维》，《中国人民大学学报》2005 年第 3 期。

[14] 孔元：《民粹主义是一种身份政治吗？》，《中央社会主义学院学报》2019 年第 2 期。

[15] 刘岩：《发展与风险：现代性的两歧——西方风险社会理论述析》，《北华大学学报》（社会科学版）2010 年第 4 期。

[16] 路德维希·希普、罗亚玲：《"为承认而斗争"：从黑格尔到霍耐特》，《马克思主义与现实》2010 年第 6 期。

[17] 李松：《艾莉斯·M. 杨差异式正义论的诠释》，《价值论与伦理学研究》2018 年第 1 期。

[18] 刘擎：《身份政治与公民政治》，《中国图书评论》2019 年第 8 期。

[19] 刘擎：《国家中立性原则的道德维度》，《华东师范大学学报》（哲学社会科学版）2009 年第 2 期。

[20] 刘曙辉：《合乎理性与宽容——罗尔斯〈政治自由主义〉中的宽容观》，《华东师范大学学报》（哲学社会科学版）2007 年第 5 期。

[21] 李淑梅：《人类解放：消除对政治国家、宗教和金钱的崇拜——读马克思的〈论犹太人问题〉》，《学习与探索》2010 年第 4 期。

[22] 林尚立：《现代国家认同建构的政治逻辑》，《中国社会科学》2013 年第 8 期。

[23] 林震：《论台湾民主化进程中的国家认同问题》，《台湾研究集刊》2001 年第 2 期。

[24] 马庆：《正义的不同情境及其证成——论莱纳·弗斯特的政治哲学》，《哲学分析》2016 年第 2 期。

[25] 玛丽·莫兰、宁艺阳、陈后亮：《身份和身份政治：文化唯物主义的历史》，《国外理论动态》2019 年第 1 期。

[26] 〔美〕马克·里拉：《身份自由主义的终结》，《知识分子论丛》2018 年第 1 期。

[27] 庞金友、洪丹丹：《大变局时代的身份政治与西方民主政治危

机》,《行政论坛》2019 年第 6 期。

[28] 亓同惠:《法权的缘起与归宿——承认语境中的费希特与黑格尔》,《清华法学》2011 年第 6 期。

[29] 孙海洋:《资本主义批判取径的分化与整合——从耶吉和罗萨的批判理论谈起》,《国外理论动态》2019 年第 12 期。

[30] 宋国诚:《后殖民理论在中国——理论旅行及其中国化》,《中国大陆研究》2000 年第 10 期。

[31] 童世骏:《关于"重叠共识"的"重叠共识"》,《中国社会科学》2008 年第 6 期。

[32] 宋朝龙:《后现代主义身份政治的衰颓与新民粹主义的崛起》,《北京行政学院学报》2020 年第 2 期。

[33] 谭安奎:《身份政治:根源、挑战与未来》,《探索与争鸣》2020 年第 2 期。

[34] 陶家俊:《身份认同导论》,《外国文学》2004 年第 2 期。

[35] 陶东风:《全球化、文化认同与后殖民批评》,《马克思主义与现实》1998 年第 6 期。

[36] 威尔·金里卡、焦兵:《多元文化主义的兴衰?关于多样性社会中接纳和包容的新争论》,《国际社会科学杂志》(中文版)2011 年第 1 期。

[37] 王贵贤:《论弗雷泽和耶吉对当代资本主义的批判》,《马克思主义理论学科研究》2019 年第 4 期。

[38] 王福生:《黑格尔承认理论的四副面孔》,《吉林大学社会科学学报》2007 年第 4 期。

[39] 王建勋:《身份政治、多元文化主义及其对美国秩序的冲击》,《当代美国评论》2019 年第 3 期。

[40] 汪越:《身份政治的理论逻辑》,《学术界》2018 年第 3 期。

四 学位论文、报纸文章

[1] 韩升:《查尔斯·泰勒对共同体生活的追求》,复旦大学,博士

学位论文，2008。

［2］刘向东：《文化多元语境下的国家认同建构》，吉林大学，博士学位论文，2015。

［3］张亮：《资本主义当代危机与西方身份政治学兴衰》，《光明日报》2018 年 6 月 11 日。

五　外文资料

［1］Aristotle, *Metaphysics*, Makin, S. translated, Gloucestershire：Clarendon Press, 2006.

［2］Aristotle, *Nicomachean Ethics*, Pakaluk, Michael translated. Gloucestershire：Clarendon Press, 1998.

［3］Aristotle, *Politics*, Saunders, Trevor J. translated. Gloucestershire：Clarendon Press, 1995.

［4］Ashley Jardina, *White Identity Politics*. New York：Cambridge Univerty Press, 2019.

［5］Aijaz Ahmad, *In Theory：Classes, Nations, Literatures*, London：Verso, 1992.

［6］A. Giddens, The Consequences of Modernity, Cambridge：Polity Press, 1990.

［7］Amitai Etzioni, *The Parenting Deficit*. London：Demos, 1993.

［8］Axel Honneth, *The Fragmented World of the Social*. Edited by Charles W. Wright. Albany：State Univericity of New York Press, 1995.

［9］Axel Honneth, *Pathologies of Reason：On the Legacy of Critical Theory*. James Ingram and others trans. New York：Columbia University Press, 2009.

［10］Alex andre Kojève, *Introduction to the Reading of Hegel*. New York：Cornell University Press, 1980.

［11］Berlin, *Four Essays on Liberty*, Oxford：Oxford University Press,

1984.

[12] Bryson, V. *Feminist Political Theory*. Hampshire: Macmillan, 1992.

[13] Barbara Bush, *Imperialism and Postcolonialism*, New York: Routledge, 2006.

[14] Bart Moore-Gilbert, *Postcolonial Theory: Context, Practices, Politics*, London: Verso, 1996.

[15] Benjamin Moffitt, *The Global Rise of Populism: Performance, Political Style, and Representation.* Stanford: Stanford University Press, 2016.

[16] Charles Taylor, *The Tradition of a Situation in Reconciling the Solitudes: Essays on Canadian Federalism and Nationalism*, Montreal: McGill-Queen's University Press, 1993.

[17] Charles Taylor, "Two Theories of Modernity", *Public Culture*, Vol. 11, 1999.

[18] Charles Taylor, *The Ethics of Authenticity*, Cambridge: Harvard UniversityPress, 1992.

[19] Charles Taylor, *Cross-Purposes: The Liberal-Communitarian Debate in Philosophical Argument*, Cambridge: Harvard University Press, 1995.

[20] Charles Taylor, *Irreducibly Social Goods. in Philosophical Arguments*, Boston: Harvard University Press, 1995.

[21] Charles Taylor, *Self-interpreting animals. In Human Agency and Language*, Cambridge: Cambridge University Press, 1985.

[22] Charles Taylor, *Hegel and Modern Society*, Cambridge: Cambridge University Press, 1979.

[23] Charles Taylor, "*Legitimationerisis?*" in *Philosophy and the Human Sciences*, Cambridge: Cambridge University Press, 1985.

[24] Charles Taylor, *Sources of Self, the Making of the Modern Identity*, Cambridge: Harvard University Press, 1989.

[25] Charles Taylor, *The Politics of Recognition*, in *Amy Gutmann ed.*,

Multiculturalism and The Politics of Recognition, Princeton: Princeton University Press, 1992.

[26] Cas Mudde and Cristóbal Rovira Kaltwasser, *Populism: A Very Short Introduction*, Oxford: Oxford University Press, 2017.

[27] David Lloyd, *Nationalism and Minor Literature: James Clarence Mangan and the Emergence of Irish Cultural Nationalism*, Berkeley: Berkeley University Press, 1987.

[28] Dirlik, A., "The Postcolonial Aura: Third World Criticism in the Age of Global Capitalism", *Critical Inquiry*, Vol. 20, No. 2, 1994.

[29] Dipesh Chakrabarty, *Provincializing Europe: Postcolonial Thought and Historical Difference*, Princeton: Princeton Univeristy Press, 2000.

[30] David Miller, *On Nationality.* Oxford: Oxford University Press, 1995.

[31] David L. Miller, *Citizenship and National Identity*, Cambridge: Polity Press, 2000.

[32] Erik Christensen, "Revisiting Multiculturalism and Its Critics", The Monist, Vol. 95, No. 1, 2012.

[33] Ernesto Laclau, *New Reflections on the Revolution of Our Time*, London: Routledge, 1990.

[34] Edward Said, *Orientalism*, London: Routledge and Kagan Paul, 1978.

[35] Frank Jones and Philip Smith, "Diversity and Commonality in National Identities: An Exploration Analysis of Cross-National Patterns", *Journal of sociology*, vol. 37, no. 1, 2001.

[36] Frederick Neuhouser, Rousseau and the Human Drive for Recognition (Amour Propre). Hans-Christoph Schmidt am Busch and Christopher F. Zurn (eds.), *The Philosophy of Recognition: His-*

torical and Contemporary Perspectives, Maryland: Lexington Books, 2010.

[37] Francis Fukuyama, *Identity: The Demand for Dignity and the Politics of Resentment*, London: Profile Books, 2018.

[38] G. W. F. Hegel, *System of Rthical Life and First Philosophy of Spirit*, Albany: State University of New York Press, 1979.

[39] Gilles Deleuze, *Difference and Repetition*, Paul Pattan trans, London; New York: Continuum, 2004.

[40] Gerard Delanty, *Modernity and Postmodernity: Knowledge, Power and the Self*, London: Sage, 2000.

[41] G. C. Spivak, *In Other Worlds*, New York and London: Routledge Classics, 2006.

[42] Homi Bhabha, *Freedom's Basis in the Indeterminate*, In John Rajchman ed, TheIdentity in Question, New York: Routledge, 1995.

[43] Iris Marion Young, The Ideal of Community and the Politics of Difference. *Social Theory and Practice*, Vol. 12, 1986.

[44] Iris Marion Young. Polity and Group Difference: A Critique of the Ideal of Universal Citizenship. in: Anne Phillips (ed.), Feminism and politics. Oxford; New York: Oxford University Press, 1998.

[45] Iris Marion Young. "Difference as a resource for democracy communication" . James Bohman and William Rehg (eds.), Deliberative democracy: essays on reason and politics. Cambridge, Mass: MIT Press, 1997.

[46] Iris Marion young, Inclusion and Democracy, Oxford: Oxford University Press. 2000.

[47] Iris Marion Young. Together in Difference: Transforming the Logic of Group Political Conflict, Judith Squires (ed.), Principled Positions: Postmodemism and the Rediscovery of Value. London: Lawrence and Wishart, 1993.

[48] Jim Sidanius, Seymour Feshbach, Shana Levin, and Felicia Prat-to. the interface between Ethnic and National Attachment: Ethinic Pluralism or Ethnic Dominance? *Public Opinion Quarterly*, vol. 61, 1997.

[49] John. E. Transue, "Identity Salience, Identity Acceptance, and Racial Political Attitudes: American National Identity as a Uniting Force", *American Journal of Political Science*, vol. 51, no. 1, 2007.

[50] Jürgen Habermas, *Moral Consciousness and Communicative Action*, Cambridge: the MIT Press, 1989.

[51] John Locke. *An Essay Concerning Human Understanding*. P. H. Nid-ditch eds. Oxford: Clarendon Press, 1975.

[52] Jeffrey Church. The Freedom of Desire: Hegel's Response to Rous-seau on the Problem of Civil Society. *American Journal of Political Science Association*, 2010 (01).

[53] Jürgen Habermas, *The Philosophical Discourse of Modernity*, Bos-ton: The MIT Press, 1987.

[54] Jan-Werner Müller, *What Is Populism?* Philadelphia: University of Pennsylvania Press, 2016.

[55] John Sides, Michael Tesler & Lynn Vavreck, *Identity Crisis: The 2016 Presidential Campaign and the Battle for the Meaning of America*, Princeton: Princeton University Press, 2018.

[56] James T. Schutta, *Business performance through lean six sigma: linking the knowledge worker, the twelve pillars, and Baldrige*, Mil-waukee: ASQ Quality Press, 2006.

[57] Jean Bethke Elshain, *Democracy on Trial*, New York: Basic Books, 1995.

[58] John Rawls, *Lectures on the History of Political Philosophy*. edited by Samuel Freeman. Cambridge: Harvard University Press, 2008.

[59] Joseph Raz, *The Ethics of Liberty*, Oxford: Oxford University Press, 1988.

[60] Keith Faulks, *Citizenship*, London: Routledge, 2000.

[61] Karina Korostelina, "The Impact of National Identity on Conflict Behavior: Comparative Analysis of Two Ethnic Minorities in Crimea", *International Journal of Comparative Sociology*, vol. 45, no. 3 - 4, 2004.

[62] Kirsteva, J., *Desire in Language: A Semiotic Approach to Literature and Art*, New York: Columbia University Press, 1980.

[63] Mark Lilla, *The Once and Future Liberal: After Identity Politics*, London: C. Hurst & Co Publishers Ltd, 2018.

[64] Robert J. C. Young, *White Mythologies*, London: Routledge, 2004.

[65] Moran M., "(Un) troubling identity politics: A cultural materialist intervention", *European Journal of Social Theory* Vol. 1 (2018).

[66] M. Waters, *Globalization*, London: Routledge, 1995.

[67] Nancy Frazer, *Justice Interruptus: Critical Reflections on Postsocialist Condition*, New York: Routledge, 1997.

[68] Nancy Fraser & Rahel Jaeggi, *Capitalism: A Conversation in Critical Theory.* ed. by Brian Milstein, Cambridge: Polity, 2018.

[69] Nancy Fraser, "Rethinking Recognition", *New Left Review* Vol. 3, 2000.

[70] Paul Gilroy, The Black Atlantic: Modernity and Double Consciousness, Cambridge: Harvard University Presss, 1993.

[71] Patricia Hill Collins, *Black Feminist Thought: Knowledge, Consciousness, and the Politics of Empowerment*, New York, and London: Routledge, 2000.

[72] Rainer Forst, *Contexts of Justice: Political Philosophy Beyond Liberalism and Communitarianism*, translated by John M. M. Farrell, Berkeley and Los Angeles, California: University of California

Press, 2002.

[73] Rainer Forst. *Justification and Critique*, Translated by Ciaran Cronin, Cambridge: Polity Press, 2014.

[74] Rahel Jaeggi, "What (If Anything) Is Wrong with Capitalism? Dysfunctionality, Exploitation and Alienation: Three Approaches to the Critique of Capitalism", *The Southern Journal of Philosophy*, Vol. 54, Spindel Supplement, 2016.

[75] Robert B. Pippin, "What is the Question for Which Hegel's Theory of Recognition is the Answer?" European Journal of Philosophy Vol. 8, No. 2, 2010.

[76] Rahel Jaeggi, *Critique of Forms of Life*, Ciaran Cronin trans., London: The Belknap Press of Harvard University Press, 2018.

[77] Rahel Jaeggi, *Alienation*, Frederick Neuhouser and Alan E. Smith trans. New York: Columbia University Press, 2014.

[78] Robert Pippin, *Idealismas Modernism*, Cambridge: Cambridge University Press, 1997.

[79] John Hope Franklin, *From Slavery to Freedom: A History of Negro American*, New York: Alfred A. Knopf, 1980.

[80] Ronald Dworkin, *A Matter of Principle*, London: Harvard University Press, 1985.

[81] S. Hall. Cultural Identity and Diaspora, In J. Rutherfors ed., *Identity: Cummunity, Cuture, Difference*, London: Lawrence & Wishart, 1990.

[82] Sean Carey, "Undivided Loyalties: Is national Identity an Obstacle to European Integration", *European Union Politics*, vol. 3, no. 4, 2002.

[83] Seyla Benhabib, *Situating the Self*, Cambridge: Polity Press, 1992.

[84] S. Nombuso Dlamini, *Youth and Identity Politics in South Africa, 1990 – 94*, Toronto: University of Toronto Press, 2005.

[85] Slavoj Žižek, *Like the Thief in Broad Daylight: Power in the Era of Post-Humanity*, London: Penguin, 2018.

[86] Simon Critchley, *The Ethics of Deconstruction: Derrida and Levinas*, Edinburgh: Edinburgh University Press, 1999.

[87] Spivak, G. C. , "Three Women's Texts and a Critique of Imperialism", *Critical Inquiry*, Vol. 12, No. 1, 1985.

[88] Timothy O. Hagan, book reviews on "Rousseau's Theodicy of Self-love: Evil, Rationality, and the Drivefor Recognition", *Mind*, Vol. 119. 2010.

[89] T. K. Oommen, *Citizenship, Nationality and Ethnicity*, Cambridge: Polity Press, 1997.

[90] Tom W. Smith and Seokho Kim, National Pride in Comparative Perspective: 1995/96 and 2003/04. *International Journal of Political Science*, vol. 51, no. 1, 2007.

[91] Todd Gitlin, *Twilight of Common Dreams*, New York: Metropolitan Books, 1995.

[92] Will Kymlicka, *Multicultural Citizenship: A Liberal Theory of Minority Rights*, Oxford: Oxford University Press, 1995.

[93] Williams, Chrisman, *Colonial Discourse and Postcolonial Theory*, New York: Columbia University Press, 1994.

[94] Michael Hardt, Antonio Negri, *Empire*, Cambridge: Harvard University Press, 2000.

[95] Walby S. , *Introduction: Theorizing the Gendering of the Knowledge Economy: Comparative Approaches*//Gendering the Knowledge Economy, Palgrave Macmillan UK, 2007.

[96] Vinayak Chaturvedi (ed.), *Mapping Subaltern Studies and the Postcolonial*, London: Verso, 2000.

后　记

　　本书是在我的博士论文的基础之上进一步修改完成的。我对身份认同理论问题的兴趣，源自于我硕士期间关于自由主义国家认同思想的学位论文写作。博一下学期，随着修读完成马克思主义经典著作与国外马克思主义等课程，我明确了以社会批判理论视角审视当代西方身份政治历史演变的论文选题。论文的主要框架确定，集中于我博二在美国哥伦比亚大学哲学系联合培养期间。其间，我修读完成了四五门与博士论文相关课程的学习，比如《精神现象学》导读、承认理论、个体认同等课程，同时我也旁听了霍耐特、马克·里拉等人的讲座，对我启发很大。

　　整个写作历经春夏秋冬又是春，大多是我在外独自访学与疫情居家期间，因而我的论文写作之路好似泰戈尔所言的"以寂寞的镰刀收割空旷的灵魂；不断地重复决绝，又重复幸福"。从2020年1月16日归家到7月20日，半年多的居家论文写作让我感触颇深，论文的重点章节也在此期间完成。这段时间内，资料获取存在一定的困难，电子书成为写作的主要依托。同时，提前一年毕业也使得论文写作结束得有些仓促，有些部分研究得不够深入，比如一些新的身份政治问题没有来得及深入分析，只是作了一定的分析。近一年，我也力图能够对论文进行完善，一一校对所有的引文，并逐字逐句地修改，但是终归还是有一定的遗憾。

　　2020年11月，我入职中央党校马克思主义学院马克思主义基本原理与经典著作研究所，承担了《马克思主义经典著作》与《西方近现代史》的部分专题教学任务，这些工作对本书的修改提供了很多基础。同时，要感谢马克思主义学院，特别是，感谢社会科学文献出版社，本书才有机会出版。当然，论文能够顺利完成，我要感谢我的导师王传利教授，他对我的严格要求与谆谆教诲使我终身受益。此外，我还要特别感谢硕士导师邱吉教授多年对我日常生活的关心与学业的帮助，还尤其感谢本科老师吴玉军老师、哥伦比亚大学哲学院联合培养导师弗雷德里克·诺伊豪瑟（Frederick Neuhouser）教授，论文答辩委员会主席刘书林教授与刘敬东教授、李海青教授、王炳权教授、祝念峰研究员、左鹏教授、王贵贤副教授，还要感谢预答辩老师蔡万焕副教授、林毅副教授在我的论文写作与答辩过程中给予的指导意见。同时，加拿大哲学家金里卡教授、英国布里斯托大学塔里克·莫都德（Tariq Modood）教授、万俊人教授对我的论文与研究也提供了不少指导意见，特此感谢。在求学路上，聂智琪副教授、吴林龙副教授、夏清副教授也给予了我不少鼓励与支持。在过去的这几年，刘金玲师姐、方闻昊师兄、罗星师兄、党勤光师弟、以及朋友李恺华、刘利洁等人的宽慰与陪伴给我带来了很多温暖。最后，要感恩的是我的家人，他们让我既有不断出发的动力，也有抵达任何"陌生"的归属感。

张丽丝

2022 年 6 月 30 日于大有庄

中共中央党校（国家行政学院）
马克思主义理论研究丛书书目

第一批（11 册）

探求中国道路密码	张占斌/著
对外开放与中国经济发展	陈江生/著
国家治理现代化的唯物史观基础	牛先锋/著
中国道路的哲学自觉	辛　鸣/著
历史唯物主义的"名"与"实"	王虎学/著
马克思主义中国化的理论逻辑	李海青/著
发展：在人与自然之间	邱耕田/著
马克思主义基本原理若干问题研究	王中汝/著
马克思人学的存在论阐释	陈曙光/著
新时代中国特色新型城镇化道路	黄　锟/著
比较视野下的中国道路	张　严/著

第二批（12 册）

马克思主义经典著作与当代中国	赵　培/著
马克思主义政治经济学与当代中国经济发展	蒋　茜/著
马克思早期思想文本分析	李彬彬/著
出场语境中的马克思话语	李双套/著
当代资本主义新变化	张雪琴/编译
当代马克思主义若干问题研究	崔丽华/著
中国道路与中国话语	唐爱军/著
历史唯物主义的返本开新	王　巍/著
新时代中国乡村振兴问题研究	王海燕/著
被遮蔽的马克思精神哲学	王海滨/著
论现代性与现代化	刘莹珠/著
青年马克思与施泰因	王淑娟/著

第三批（6 册）

异化劳动与劳动过程	毕照卿/著
政党治理的逻辑	柳宝军/著
身份政治的历史演进研究	张丽丝/著
西方马克思主义文化批判理论研究	张楠楠/著
马克思利润率趋向下降规律研究	周钊宇/著
马克思恩格斯对黑格尔历史观的批判与超越	朱正平/著

图书在版编目（CIP）数据

身份政治的历史演进研究：以社会批判理论为视角 /
张丽丝著 . -- 北京：社会科学文献出版社，2023.12
（中共中央党校（国家行政学院）马克思主义理论研
究丛书）
ISBN 978 - 7 - 5228 - 2664 - 6

Ⅰ. ①身…　　Ⅱ. ①张…　　Ⅲ. ①政治 - 研究　　Ⅳ. ①D

中国国家版本馆 CIP 数据核字（2023）第 200595 号

中共中央党校（国家行政学院）马克思主义理论研究丛书
身份政治的历史演进研究
　　——以社会批判理论为视角

著　　者 / 张丽丝

出 版 人 / 冀祥德
组稿编辑 / 曹义恒
责任编辑 / 吕霞云
责任印制 / 王京美

出　　版 / 社会科学文献出版社 · 政法传媒分社（010）59367126
　　　　　　地址：北京市北三环中路甲 29 号院华龙大厦　邮编：100029
　　　　　　网址：www.ssap.com.cn
发　　行 / 社会科学文献出版社（010）59367028
印　　装 / 三河市尚艺印装有限公司

规　　格 / 开　本：787mm×1092mm　1/16
　　　　　　印　张：16.5　字　数：229 千字
版　　次 / 2023 年 12 月第 1 版　2023 年 12 月第 1 次印刷
书　　号 / ISBN 978 - 7 - 5228 - 2664 - 6
定　　价 / 98.00 元

读者服务电话：4008918866